Men in Black

Umschlaggestaltung: Peter Hofstätter, Angewandte Grafik, München
Satz und Layout: Agentur Pegasus, Zella-Mehlis
Druck und Bindung: GGP Media GmbH, Pößneck

ISBN 3-930219-92-1

Gerne senden wir Ihnen unser Verlagsverzeichnis
Kopp Verlag
Graf-Wolfegg-Str. 71
D-72108 Rottenburg
Email: info@kopp-verlag.de
Tel.: (0 74 72) 98 06-0
Fax: (0 74 72) 98 06-11

Unser Buchprogramm finden Sie auch im Internet unter:
http://www.kopp-verlag.de

PETER KRASSA

Men in Black

Phantome des Schreckens

JOCHEN KOPP VERLAG

Für Wolfgang und Christiane

Inhalt

Andreas von Rétyi:
Das scheinbar Undenkbare
Vorwörtliche Gedanken

Als mich mein Freund und erfahrener Autorenkollege Peter Krassa anrief und fragte, ob ich für sein neuestes Werk *Men in Black* ein Vorwort verfassen würde, sagte ich ohne lange Umschweife zu. Denn mich selbst hatten diese mehr als dubiosen Gestalten während meiner Auseinandersetzung mit eher unkonventionellen Themen ebenfalls immer wieder beschäftigt – und noch mehr. Darauf komme ich noch zurück. Jedenfalls wußte ich von daher auch, daß sich Peter Krassa keineswegs einer einfachen Materie angenommen hatte. Ganz im Gegenteil. Vor allem die cineastische Fiktion der *Men in Black* übertünchte den eigentlichen Hintergrund wirksam genug, um eine Darstellung der eigentlichen Vorgänge zu einer bald schon undenkbaren, zumindest aber undankbaren Aufgabe werden zu lassen. Außerdem konzentrieren sich zahlreiche verwirrende Einzelaspekte um die *MIB*, was die Sache gleichfalls nicht leichter werden läßt. Hier geht es nicht lediglich um einige gepflegte, dunkel gekleidete Herrschaften, die unterwegs sind, um Zeugen ungewöhnlicher Vorfälle und Phänomene einzuschüchtern. Vielmehr erwiesen sich die Men in Black oftmals selbst als Phänomen, zumindest, wenn man entsprechende Zeugenaussagen ernstzunehmen versucht.

Peter Krassa berichtet von spannenden und schicksalhaften Zwischenfällen, bei denen Menschen zunächst außergewöhnliche Begegnungen mit fremden Flugkörpern und Wesen hatten, um bald darauf von kaum minder fremdartigen Personen bedroht zu werden. Die Men in Black wissen bestens Bescheid über das, was dem Zeugen widerfuhr, sie setzen ihn unter Druck, keine Informationen weiterzugeben, verlangen die Aushändigung von Beweismaterial und schrecken selbst vor illegalen Aktionen nicht zurück, um ihr

Ziel zu erreichen. Sie legen gefälschte Ausweise vor, nutzen unechte Kennzeichen, wenden physische Gewalt gegen Zeugen an, brechen in Häuser ein, stehlen verräterische Beweismittel oder legen Brände, um brisantes Material auf immer zu vernichten.

Wer sind diese Männer?

Offenbar gehören sie zu einer von den offiziellen Regierungsbehörden komplett abgekoppelten und unabhängigen Organisation. Sie operiert weltweit, obwohl die meisten Berichte über Begegnungen mit den MIB aus den Vereinigten Staaten stammen. Diese Schattenagenten stehen jenseits der Gesetzgebung, was allerdings auch für viele Geheimprojekte zutrifft, die aufgrund oberster Priorität von allen sonst geltenden juristischen Restriktionen entbunden sind. Solche Aktivitäten beziehen ihre Macht aus einem jeder offiziellen Gesetzgebung übergeordneten Raum – einer Einbahnstraße zwischen Legalität und Illegalität. Wie erklärte einmal der später selbst auf mysteriöse Weise ums Leben gekommene Ex-CIA-Chef William Colby gegenüber dem US-Senator John DeCamp: »John, was Sie verstehen müssen, ist, daß es manchmal Kräfte und Ereignisse gibt, die zu groß, zu mächtig sind und wobei für andere Personen und Institutionen zu viel auf dem Spiel steht, so daß Sie nichts dagegen unternehmen können, ganz gleich, wie übel oder falsch deren Tun ist und ganz gleich, wie verpflichtet oder ehrbar Sie selbst sind oder wieviele Beweise Sie besitzen. Das ist einfach eine der harten Tatsachen des Lebens, der Sie ins Auge blicken müssen.«

Wer das einmal erkannt und anerkannt hat, der wird auch die Möglichkeit eines derart mysteriösen Teams wie der MIB ernstnehmen, ungeachtet dessen, ob nun jede diesen »Dunkelmännern« zugeschriebene Eigenschaft real existiert oder nicht. Zumindest eines dürfte klar sein: Während die Zeugen dem Zugriff der Justiz unterliegen, stehen die MIB unberührbar darüber. Einmal ganz abgesehen von ihren immer wieder geschilderten unergründlichen Eigenschaften, läßt genau dieser Umstand sie so unheimlich und bedrohlich werden.

Vieles, was auf den ersten Blick unwahrscheinlich klingt, kann auch leicht der Lächerlichkeit preisgegeben werden, und wer sich auf das Glatteis begibt, ungewöhnlichen Vorgängen nachzuspüren, wird kaum mit Samthandschuhen angefaßt. Der Organisation kann es nur recht sein, wenn diejenigen, die mehr über ihre de facto unglaublichen Aktivitäten in Erfahrung bringen, schlichtweg als leichtgläubige Phantasten abgetan und diffamiert werden. Wie schon gesagt, die MIB sind mehr als anonyme, düstere Agenten. Sie erscheinen den Zeugen selbst als Phänomen. Manchmal fallen sie durch extrem fremdartige Verhaltensweisen auf, manchmal zeigen sie übersinnliche Fähigkeiten. Beim Lesen all jener Berichte wird jedes rationale Denken auf eine harte Probe gestellt: Wo soll man die in jedem Falle subjektive Grenze zwischen Fakt und Fiktion ziehen? Kann man den Zeugen wirklich vertrauen? Vielleicht sollten wir bei all dem nicht vergessen, daß die Erforschung jener Geschehnisse noch nicht lange betrieben wird und natürlich keine offizielle Unterstützung erhält. Ganz klar: Eine wirklich mächtige Kraft, die oberhalb der offiziellen Gesetzgebung operiert, ist eben auch in der Lage, »ahnungslose« Behörden von jeglichen geplanten Untersuchungen abzuhalten. Sie wird die Ergründung ihrer Geheimnisse nicht noch selbst fördern. Insgesamt also kann mit schnellen Ergebnissen nicht gerechnet werden, wenn lediglich private Nachforschungen betrieben werden. Und genau die befinden sich gegenwärtig vor allem in der Sammelphase.

Was ist überhaupt über die MIB bekannt? Darum geht es zunächst einmal. Mein Freund Peter Krassa stellt im vorliegenden Buch eine beeindruckende Fülle an Informationen vor, die uns in ein Schattenreich und eine bizarre, geheimnisvolle Welt führen. Und doch spielt sich die Handlung auf unserem Planeten ab, in bekannten Ländern und Städten. Unweigerlich ertappt man sich bei den Fragen: Können sich denn so viele Zeugen irren? Können so viele Personen rein erfundene Geschichten zum Besten gegeben haben?

Bevor ich's am Ende vergesse: Eingangs sprach ich von »noch mehr«. Damit verbindet sich natürlich eine kleine persönliche Geschichte, die ich hier anfügen möchte. Sie könnte mit den MIB in Verbindung stehen. Auch wenn ich für meine Bücher seit Jahren teils sehr »direkte« Nachforschungen zu diversen Geheimprojekten und verborgenen Vorgängen auf unserem Planeten betreibe, fühle ich mich dennoch ganz bestimmt nicht dauernd verfolgt und beobachtet. Allerdings hatte ich – einmal ganz ungeachtet zahlreicher Begegnungen mit ebenfalls anonymem Wachpersonal der

US-Geheimbasis Area 51 in Nevada und anderen obskuren Gruppierungen – ebenfalls schon eine offensichtliche Begegnung mit einem MIB.

Zusammen mit einem guten Freund befand ich mich vor einigen Jahren auf einer ausgedehnten Recherchereise, die uns auch in die Region von Dulce im US-Bundesstaat New Mexico führte. Und das nicht rein zufällig. Denn hier, unter dem langgestreckten Tafelberg der Archuleta Mesa, die sich direkt hinter Dulce erhebt, wird bereits seit langem eine tiefe Untergrundbasis vermutet. Um sie ranken sich teils wilde Gerüchte über genetische Experimente in der »Alptraumhalle« viele Stockwerke unter der Erde. Wie gemunkelt wird, sollen dort Aliens und Militärs gemeinsam an geheimsten Genexperimenten arbeiten, an unvorstellbar grausamen Versuchen mit Menschen. Wenn nur ein Zehntel davon stimmen sollte, wäre das immer noch eine gründliche Recherche wert. Wir wollten damals zumindest einige vorbereitende Nachforschungen anstellen. Schon während der Fahrt zu unserem unheimlichen Zielort bemerkten wir, daß uns ein Fahrzeug aus Wisconsin folgte. Am Steuer ein Mann im dunklen Geschäftsanzug, mit weißem Hemd und dunkler Krawatte. Er blieb uns immer auf den Fersen, ganz gleich, wohin wir uns begaben. Was anfangs noch als Zufall hätte durchgehen können, wurde immer auffallender, bis wir schließlich jeglichen Zweifels enthoben waren. Dieser Mann folgte uns tatsächlich. Selbst als wir Umwege fuhren und schließlich auf eine sehr einsame, enge Schotterstraße direkt am Fuße der Archuleta Mesa abbogen, folgte uns der unheimliche Fremde. Eine Zeitlang war er weggeblieben und wir hatten ihn aus den Augen verloren. Wir hielten zur Mittagspause auf einer kleinen Lichtung. Bald nach unserer Ankunft tauchte der Wagen aus Wisconsin wieder in unserem Sichtfeld auf. Der Fahrer manövrierte ihn langsam über die staubige Straße und blickte zu uns herüber. Nachdem er uns passiert hatte, wendete er das Fahrzeug in einigem Abstand und richtete die Front genau auf uns aus. So verharrte er eine Weile, während wir unsere Mahlzeit gleichsam unbekümmert fortsetzten. Als wir uns entschieden, unsere Blicke gleichzeitig auf ihn zu richten, hob der in Schwarz gekleidete Mann sofort einen großen Plan vor sein Gesicht. Nach einer Weile legte er ihn beiseite und setzte den Wagen langsam in Bewegung, um wieder vorzufahren, und uns erneut ins Visier zu nehmen. Seine

Spuren verloren sich hinter einem kleinen Hügel, und wir sahen ihn nie wieder.

Wer war dieser Mann? War er ein echter MIB? Ich weiß es nicht, doch war uns völlig klar, daß wir seine düstere Präsenz von Anfang an bemerken und auch erkennen sollten, an diesem besonderen Ort nie alleine zu sein. Zumindest sein Erscheinungsbild erinnerte an die MIB. Wir werden irgendwann wieder zur Archuleta Mesa hinausfahren.

Ein solches Einzelerlebnis sagt noch nicht viel aus. Doch anhand zahlreicher Recherchen hat sich auch mir immer wieder gezeigt, daß eine Kontrollmacht hinter den Kulissen agiert, die eine ernste Bedrohung für uns darstellt. Auf diese latente Bedrohung macht auch Peter Krassa in der speziellen Facette der MIB deutlich aufmerksam, wobei es ihm nie darum geht, übertriebene Ängste zu wecken. Vielmehr bemüht er sich darum, Zeugen und Zeugnissen eines Phänomens gerecht zu werden, das diesen Menschen zu einer wirklichen Gefahr geworden zu sein scheint. Ich kann abschließend nur noch aufrufen: Folgen Sie dem Verfasser auf eine mehr als abenteuerliche und spannende Reise direkt zu jenen Personen und Ereignissen, um zu erfahren, was man heute jenseits der Kinoleinwand über die Men in Black weiß. Und seien Sie versichert: Nichts ist unwahrscheinlicher als die Wirklichkeit!

Andreas von Rétyi
Coburg im Sommer 2004

1. *Sind MIB nur eine Zeiterscheinung?*

Um jedweden Verdacht zu zerstreuen: Bei den *Men in Black* des vorliegenden Buches geht es *nicht* um den vor nicht allzu langer Zeit in unseren Kinos gezeigten amerikanischen Film-Klamauk desselben Titels. Jene *tatsächlich* existierenden, anonym agierenden Horrorgestalten von unbekannter Herkunft und Identität haben mit den Pseudoagenten der zweiteiligen Science-Fiction-Groteske nicht das geringste zu tun. Im Gegenteil: Die mysteriöse Crew, mit der wir uns auf den folgenden Seiten beschäftigen werden, ist alles andere als jenes dubiose Agentenduo, das es sich (laut Drehbuch) zur Aufgabe gemacht hat, nicht weniger dubiose Außerirdische zu bekämpfen. Bei den »originalen« Men in Black handelt es sich hingegen um eine äußerst gefährliche Gruppierung von im Bedarfsfall ziemlich skrupellosen Befehlsempfängern. Doch niemand kennt deren Auftraggeber. Niemand weiß, wem die *MIB* (wie die *»Männer in Schwarz«* in verkürzter Form zumeist genannt werden) unbedingt gehorchen und wessen Anordnungen sie danach widerspruchslos befolgen. Die MIB agieren nicht nur in den Vereinigten Staaten, sie sind *weltweit* präsent. Man fürchtet sie in Amerika ebenso wie in Europa oder Asien, wo sie gleichfalls bereits tätig wurden.

Der Folklorist Dr. Thomas E. Bullard, der sich eingehend mit zahlreichen UFO-Entführungsfällen befaßte, ging auch den Men-in-Black-Phänomenen nicht aus dem Weg. In seiner Entführungsstudie *UFO Abductions: The Measure of a Mystery; Volume 1, 2* stellte er dazu fest:

»Unter den Männern in Schwarz versteht man angebliche Personen, die ein seltsames Auftreten an den Tag legen und nach UFO-Sichtungen bei den Zeugen erscheinen und sie einzuschüchtern versuchen. Die meisten Zeugen bestätigen, daß diese Besucher meistens dunkel gekleidet sind, alles über sie wissen und zumeist einen nicht-irdischen Eindruck erwecken.«

Berichte über die »Männer in Schwarz« können, laut Dr. Bullards Studie, bis in die fünfziger Jahre des vorigen Jahrhunderts zurückverfolgt werden. Darin ist meist von unbekannten Besuchern die Rede, die gelegentlich auch als Trio in Erscheinung treten. Auffällig seien vor allem ihre blaßgraue Haut, die eher altmodische Kleidung sowie das künstlich wirkende Haar. Die Stimme der Fremden klinge irgendwie mechanisch, und ihre körperliche Fortbewegung ließe Beobachter unwillkürlich an den Gang von Robotern denken. In der Regel seien die »Männer in Schwarz« zumeist in dunklen Cadillacs unterwegs, behaupteten Augenzeugen, und im allgemeinen würden sie als allwissend und gefährlich beschrieben.

Bei 270 von Dr. Bullard untersuchten UFO-Entführungsfällen vermochte er immerhin sechzehn auszusondern, an denen MIB beteiligt gewesen seien. Zehn solcher Übergriffe hätten sich in den USA ereignet, je drei weitere in Kanada und England.

Einige dieser MIB-Begegnungen könnten natürlich durchaus auf das Einschreiten von FBI- und CIA-Agenten sowie andere Regierungsbeamte zurückgeführt werden, meint die Bullard-Studie – doch bliebe der Großteil von Aktivitäten der Men in Black weiterhin rätselhaft und scheine deshalb eher eine *paranormale* Komponente aufzuweisen.

Sowohl die Behörden als auch das Militär scheinen machtlos zu sein, denn die Men in Black schlagen zu, wo und wann immer sie wollen. 1967 war selbst das Oberkommando der US-Air-Force gezwungen, zuzugeben, bestimmte mit den MIB in Verbindung gebrachte Vorfälle nicht klären zu können. Männer in schwarzen Air-Force-Uniformen, die sich mit eindrucksvollen aber gefälschten Dienstausweisen zu legitimieren vermochten, hatten es mehrfach zuwege gebracht, arglose Zivilisten einzuschüchtern. Die betreffenden Augenzeugen hatten zuvor »UFOs« beobachtet, sie fotografiert und manchmal verlorene oder vergessene Gegenstände dieser Flugkörper an deren Landeplätzen gefunden und in Besitz genommen. Bald danach waren dann die Augenzeugen von angeblichen Luftwaffenoffizieren oder Regierungsbeauftragten aufgesucht und in vielen Fällen durch ultimative Drohgebärden gezwungen worden, diese Fundstücke sowie das Bildmaterial wieder herauszugeben. Danach verschwanden die fremden Besucher unerkannt.

»Diese Personen stehen in keinerlei Zusammenhang zur Air Force.« Darauf beharrte der offizielle Pentagon-Sprecher für das US-Projekt *Blue Book,* Colonel George Freeman, bereits vor 37 Jahren. »Wir konnten bisher nichts über sie in Erfahrung bringen«, gestand er gegenüber Pressevertretern und bestätigte den Journalisten: »Da sie sich jeweils als Offiziere der Luftwaffe oder auch als offizielle Beauftragte der Regierung ausgegeben hatten, haben sie mit ihrem Vorgehen eindeutig gegen die geltenden Bundesrechte der Vereinigten Staaten verstoßen.«

Bereits mehrmals hatte es zu den illegalen Aktionen der MIB dringende Anfragen im amerikanischen Repräsentantenhaus gegeben. So etwa versuchte der in Kalifornien lebende republikanische Abgeordnete James B. Utt offiziell zu erfahren, was es mit der amtlich geltenden UFO-Zensur auf sich hätte. Major General M. Magee, Stabschef des *North American Aerospace Defense Command (NORAD)*, war aber nicht willens, den kalifornischen Politiker zufriedenzustellen. »Zu Ihrer Information«, beschied er dem Fragesteller kurz und knapp, »die NORAD ist nicht zuständig für die Bewertung oder Beurteilung von UFOs. Sie hat daher keinen Anlaß, UFO-Fotos zu deren Auswertung zu sammeln!«

Unglaubliche Geschichten

Einer der kompetentesten UFO-Forscher der Gegenwart, der Engländer Timothy Good, ist dennoch nicht bereit, alle in diesem Zusammenhang noch ungelösten Fragen ausschließlich den MIB anzulasten.

»Viele dieser geheimnisvollen Agenten, die UFO-Zeugen einzuschüchtern versuchten, könnten durchaus auch von offiziellen Institutionen des Staates geschickt worden sein. Nicht immer waren es die ›Men in Black‹, wie fälschlicherweise vermutet wird«, korrigierte Good in seinem vor dreizehn Jahren erschienenen Sachbuch *Jenseits von Top Secret* derartige Gerüchte. Er leugnet deshalb jedoch keineswegs verschiedene andere Fakten. »Tatsächlich gibt eine ganze Reihe von beunruhigenden Berichten über Begegnungen mit üblen MIB, die nicht einfach beiseite geschoben werden können«, gesteht Timothy Good freimütig ein: »Da gibt es Geschichten, die so unglaublich sind, daß die davon Betroffenen aus Angst, sich bei ihrer Preisgabe in der Öffentlichkeit lächerlich zu machen, darüber nur selten berichten. Wenn die MIB wirklich jene, von Zeugen behaupteten, parapsychologischen Fähigkeiten besitzen sollten, dann liegt es auf der Hand, daß wir es dabei nicht mit simplen Einschüchterungsversuchen offizieller Behörden zu tun haben …«

Daß ich mich eingangs so vehement von dem Filmklamauk *Men*

in Black distanziert habe, geschah nicht etwa deswegen, um die beiden Hauptdarsteller des Streifens, Tommy Lee Jones und Will Smith, sowie deren Regisseur Barry Sonnenfeld in ihren Leistungen zu schmälern, sondern aus dem ausschließlichen Beweggrund, die MIB endlich so zu zeigen, wie sie *tatsächlich* sind – als ausschließlich für spezifische Angelegenheiten ausgebildete Geheimagenten im Dienst einer anonym agierenden, bloß *eigene Interessen* verfolgenden, unbekannten Macht.

Im vergangenen Vierteljahrhundert hat sich das Allgemeinwissen über die Men in Black erheblich verbessert. Ich gebe offen zu, daß der eigentliche Bekanntheitsgrad dieser ansonsten unerfreulichen Agentencrew nicht zuletzt durch die zweiteilige gleichnamige Filmpersiflage angestiegen ist. Aber gerade dieser trügerische Umstand veranlaßte mich schließlich, endlich über die *echten* und *authentischen* »Männer in Schwarz« ein Buch zu verfassen und es inhaltlich mit eindeutig dokumentiertem Beweismaterial über das terroristische und insgesamt ausgesprochen kriminelle Treiben der MIB zu versehen. Mir ging es dabei aber auch darum, die in dem Klamaukstreifen leider total *verfälschte* Identität der Men in Black den *wirklichen* Gegebenheiten anzupassen und ihr Rollenbild ein für allemal zu *korrigieren*!

Nicht um sensiblere Leser unmotiviert zu ängstigen wurde dieses Buch verfaßt, sondern um darin einer drohenden *Verharmlosung* des MIB-Phänomens zu begegnen. Bei dieser Gruppe, die sich keiner staatlichen Behörde verpflichtet fühlt und es gewohnt ist, ihre Interessen gegen arglose Staatsbürger der unterschiedlichsten Nationen auf eigene Faust durchzusetzen, handelt es sich – dies sei hier nochmals bekräftigt –, im Gegensatz zu der weitverbreiteten Filmfiction, nicht um zwei harmlose Darsteller auf der Kinoleinwand, sondern um mehrere sehr gefährliche und durchaus *real* existierende, unbarmherzig handelnde Beauftragte einer unbekannten Macht.

Verschiedene Skeptiker, die alles, was über die »Männer in Schwarz« gesagt oder geschrieben wird, gern als bloße Gerüchtemacherei bezeichnen und die verschiedenen bedrohlichen Aktivitäten dieser Agenten als aufgebauschte Gruselgeschichten nach wie vor ins Lächerliche zu ziehen versuchen, behaupten auch weiterhin, bei den sogenannten Men in Black handle es sich in Wahrheit um nichts anderes als um eine den heutigen gesellschaftlichen Verhältnissen geschickt angepaßte *Zeiterscheinung*. Die MIB seien somit nichts weiter als das traurige Phantasieprodukt sensationslüsterner Publizisten und eigene Interessen vermarktender Politiker. Doch würde die gänsehautfördernde, für manche so verführerisch schillernde Seifenblase – behaupten jedenfalls die scheuklappenbehafteten Skeptiker – sofort zerplatzen, sollte die ja nur zeitgebundene Modeströmung auf unserem Planeten dann wieder andere Interessen in den Vordergrund rücken – was jederzeit geschehen könnte.

Es scheint, daß bei solchen von Skeptikern ausgestreuten »Beruhigungspillen« nicht so sehr »vernünftige« Motive ausschlaggebend sind. Vielmehr scheint bei diesen »Allesbezweiflern« jene Unsicherheit zum Vorschein gekommen zu sein, die sie bisher – ebenso wie das in ihrem Innern ebenfalls vorhandene Angstgefühl – vergeblich ins eigene Unterbewußtsein zu verdrängen versuchten.

Mit dieser deutlich erkennbaren, bewußt aggressiv gehandhabten »Flucht nach vorn« in Wort und Schrift erhofft sich die Mehrzahl aller Skeptiker, endlich ein ihrer Abneigung gegen das Absonderliche passendes *Ventil* gefunden zu haben.

Kein Produkt der Phantasie

Was sind die eigentlichen Merkmale, mit denen die Men in Black – zumindest im modernen Zeitalter – in der Öffentlichkeit operieren? Sind sie tatsächlich nur eine spätpubertäre Nachkriegserfindung bestimmter Sensationsreporter, die in ihrer Verzweiflung, keine gängige Schlagzeile produziert zu haben, damals einen letzten Versuch wagten, ihre Artikel aus dem Hut zu zaubern und eine publizistische Mücke zu einem gruseligen Elefanten werden zu lassen?

Auch wenn es solche Anstrengungen auf diesem oder jenem Gebiet in der Welt des Journalismus zweifellos schon gegeben hat – die »Männer in Schwarz« sind leider weit mehr als ein bloßes Phantasieprodukt. Ihr Vorgehen ist belegt durch klare Hinweise und übereinstimmende Aussagen von Leuten, die – voneinander völlig unabhängig und auch geografisch weltweit verteilt – unfreiwillig mit den Men in Black in Berührung kamen und immer noch kommen.

Fast immer scheinen jene Unbekannten ihre Besuche erst dann zu absolvieren, wenn ihre Opfer (Mann oder Frau) allein zu Hause sind. Die Besucher, in der Regel zu dritt unterwegs, fahren zumeist in einem großen schwarzen Auto vor. In den USA handelt es sich dabei oft um einen Cadillac. Aber nicht ausschließlich. Andere Wagentypen wie schwarzlackierte Jaguar- oder Galaxy-Limousinen kamen bei den MIB ebenfalls schon in die engere Wahl.

Die Kennzeichen solcher Fahrzeuge haben sich zur großen Enttäuschung mancher sich für besonders clever haltende MIB-Opfer (die sich in gutem Glauben die Autonummern notiert hatten, um solcherart die wahre Identität jener mysteriösen Wageninsassen bei Polizei und Meldeamt nachweisen zu können) stets als falsch, manipuliert oder überhaupt nicht existent erwiesen.

Im allgemeinen setzen sich die als Men in Black auftretenden Besucher (wie ja auch aus der ihnen anhaftenden Bezeichnung hervorgeht) aus Vertretern des männlichen Geschlechts zusammen. Jedoch keine Regel ohne (gelegentliche) Ausnahme: Manchmal war auch eine ebenso unbekannte und anonym bleibende Frau mit dabei.

Ob es Absicht ist oder bloß das jeweils besuchte Opfer ängstigen soll – die MIB sehen in ihrem Erscheinungsbild tatsächlich so aus, wie sich der »kleine Moritz« Geheimagenten vorzustellen pflegt: Dunkle Anzüge und Krawatten, dunkle Hüte, dunkle Schuhe und ebensolche Strümpfe sowie (im geradezu krassen Gegensatz hierzu) leuchtendweiße Hemden. Verschiedene von den »Männern in Schwarz« besuchte Leute verhehlten bei ihrer späteren Schilderung des zumeist als unangenehm empfundenen Erlebnisses dennoch nicht, daß die unbekannten Besucher trotz allem ein sauberes, makelloses Erscheinungsbild abgegeben hätten. Ihre Kleidung habe jedenfalls wie neu gekauft ausgesehen.

Die Visagen der Fremden wurden (und werden) hingegen oft als »irgendwie fremdländisch« und ihre Gesichtszüge manchmal als *orientalisch* beschrieben. Vielfach wurde (und wird) dabei auch ein besonderes Merkmal im Gesicht der Unbekannten hervorgehoben: *Schlitzaugen*!

Häufig ist davon die Rede, daß diese Leute sehr stark gebräunt, wenn nicht gar dunkelhäutig gewesen seien. Aber auch bizarr anmutende Details blieben bei späteren Wiedergaben des Aussehens der MIB nicht unerwähnt: Das manchmal erschreckend bleiche Antlitz des (oder der) Fremden, oder (wie in einem Fall geschildert) die mittels rotfärbendem Lippenstift nachgezogenen Lippenpartien eines als Einzelagent aufgetretenen Besuchers.

Die Men in Black (und hier gleichen sich die Beschreibungen ihrer verschiedenen Opfer in bedeutsamer Weise) wirken bei ihrem Auftreten mimisch ernst und ausdruckslos, ihre körperlichen Bewegungen zumeist steif und unbeholfen. Sie werden als förmlich und ihre persönliche Ausstrahlung als kalt, finster und bedrohlich geschildert, bar jeder Wärme oder Freundlichkeit, andererseits aber auch nicht als direkt feindselig charakterisiert. Manche Zeugen gingen bei der Beschreibung der Fremden jedoch noch einen Schritt weiter und deuteten ängstlich an, die unbekannten Besucher hätten »nichts Menschliches« ausgestrahlt.

Oft werden die MIB-Opfer aufgefordert (wobei es sich in der Regel um Leute handelt, die UFOs gesehen, fotografiert oder ein am Landeplatz aufgefundenes Relikt des gelandeten Objekts mitgenommen hatten), sämtliches von ihnen gesammelte UFO-Material, dazugehörige Filme und etwaige Fundstücke an die dunkel gekleideten »Gäste« abzuliefern. Sie werden von den MIB außerdem zusätzlich gewarnt, anderen Menschen keinesfalls von ihrem Besuch zu erzählen und überhaupt jedwede UFO-Forschung ein für alle Mal zu unterlassen.

Ein UFO-Augenzeuge aus Kanada wußte zu berichten, daß ihn 1967 ein mysteriös aussehender Mann aufgesucht und ihm geraten habe, niemandem von seiner Beobachtung zu erzählen. Sollte er diese Warnung nicht befolgen, würde er von drei Männern in schwarzen Anzügen aufgesucht werden.

»Was soll das denn heißen?« habe ihn der Betreffende daraufhin verärgert gefragt. Worauf der Fremde kryptisch geantwortet habe:

»Nun, ich könnte Ihnen ganz schön einheizen … und Sie könnten dabei verletzt werden.«

Hinter verschiedenen Masken

Nicht immer begnügen sich die unbekannten Agenten damit, ihr vertrautes Aussehen beizubehalten. Mitunter tarnen sie sich auch als hochrangige Militärpersonen oder sie versuchen bestimmte Augenzeugen vorangegangener UFO-Aktivitäten in ihrer Scheinfunktion als offiziell auftretende Regierungsbeamte zu täuschen. Unvermutet stehen dann eines Tages ein, zwei oder drei sich legitimierende Luftwaffenoffiziere vor der Wohnungstür des arglos öffnenden Opfers. Das ahnt natürlich nichts Böses und ist vorerst bemüht, die zahlreichen Fragen des oder der Fremden zu beantworten. Schon bald aber hat der unfreiwillige Gastgeber das untrügliche Empfinden, einem regelrechten *Verhör* ausgesetzt zu sein, und wird zunehmend mißtrauisch. Wenn er dann von Seiten des oder der Unbekannten auch noch unmißverständlich aufgefordert wird, über sein Erlebnis gegenüber seinen Mitbürgern kein Wort laut werden zu lassen und eventuelle eigene Aktivitäten in dieser Richtung gänzlich einzustellen, ahnt der unbescholtene Staatsbürger, daß »etwas faul im Staate Dänemark« zu sein scheint. Nachträgliche Reklamationen bei der Behörde, und damit einhergehende Überprüfungen sowie Nachforschungen nach der Rechtmäßigkeit der vorgelegten Ausweise (die manchmal das Kennzeichen der CIA, des FBI oder sonst einer staatlichen Geheimdienstorganisation aufzuweisen scheinen), ergeben dann immer, daß es sich bei diesen sogenannten »Dokumenten« ausnahmslos um Fälschungen handelt. Gleiches stellt sich auch heraus, wenn die Fremden sich namentlich vorgestellt haben. Die Namen erweisen sich regelmäßig als erfunden.

Eine statistische Untersuchung von 32 als glaubwürdig geltenden Fällen, in denen angeblich offizielle Organe staatlicher Stellen bei Privatpersonen in Aktion traten, ergaben allerdings, daß viele Details von der typischen Version potentieller MIB-Eingriffe erheblich abwichen: In vier Fällen erfolgten keine Besuche, sondern lediglich Telefonanrufe; in den meisten Fällen erschien sogar nur ein einzelner Mann. Es scheint zwar, daß das Aussehen und Auftreten im Normalfall immer mit den Grundtypen übereinstimmt, doch werden auch hier unterschiedliche Varianten genannt.

Ein UFOnaut mit Zeitproblemen

Der amerikanische Schriftsteller und Sachbuchautor John A. Keel untersuchte in seinem Bestseller *Operation trojanisches Pferd* u. a. einen Fall, der sich vor etlichen Jahren in der näheren Umgebung des Städtchens Owatonna im US-Bundesstaat Minnesota ereignet haben soll.

In einer Novembernacht wollen zwei dort lebende Frauen, die sich auf einem freien Feld aufgehalten hatten, »seltsame Blitze« am

Firmament gesehen haben. Als »seltsam« bezeichneten sie ihre Beobachtung deswegen, weil es überhaupt kein Gewitter gegeben hatte. Während sich die beiden noch über dieses ungewöhnliche Naturphänomen wunderten, habe sich plötzlich aus dem Himmelsraum (so berichteten sie später dem Sheriff) eine Leuchterscheinung auf sie zu bewegt. Sie habe dann in etwa einem Meter Höhe über dem Erdboden am anderen Ende des Feldes angehalten. Während eine Augenzeugin in Trance fiel und auf die Knie sank, vernahm die andere Frau, Rosalie Butler, erstaunt ein merkwürdiges, metallisches Geräusch, das einer stockenden Stimme ähnelte, die gleichsam von den Lippen ihrer wie hypnotisiert wirkenden Freundin zu kommen schien.

»Wie … teilen … Sie … die … Zeit … ein?« wurde gefragt.

Frau Butler faßte all ihren Mut zusammen und versuchte dem unsichtbaren Fragesteller klarzumachen, daß das Jahr in Tage und diese in Stunden sowie Minuten und Sekunden eingeteilt werde. Das unbekannte Wesen, das sich anscheinend mit Hilfe der von ihm geistig in Besitz genommenen Frau mit deren bei klarem Verstand gebliebenen Freundin zu verständigen versuchte, richtete danach noch weitere, das Leben auf der Erde berührende Fragen an Frau Butler, die diese, so gut sie es eben vermochte, zu beantworten versuchte.

Ebenso plötzlich, wie ihre Freundin in Trance gefallen sei, sei sie wieder in den Normalzustand zurückgekehrt, berichtete Frau Butler weiter. Im gleichen Augenblick habe sich auch das fremdartige Objekt bewegt, sei blitzschnell emporgestiegen und im weiten Himmelsraum verschwunden, beschrieb sie ihr unheimliches Erlebnis ergänzend.

Man kann sich den Gefühlszustand beider Frauen lebhaft vorstellen. Sie hatten sich ja vordem mit UFOs und himmlischen Besuchern noch nie beschäftigt. Es scheint deshalb verständlich, daß sie über ihre außergewöhnliche Begegnung in helle Aufregung gerieten. Und schon bald war das Ereignis in Owatonna bevorzugtes Stadtgespräch.

Doch die Begegnung mit dem UFO und seinem Insassen blieb für beide Frauen leider nicht ohne Folgen: Sobald nämlich Frau Butler und ihre Freundin anderen Leuten von ihrem gemeinsamen Erlebnis erzählen wollten, bekamen sie plötzlich unerträgliche Kopfschmerzen. Es schien, als wollte eine unbekannte Kraft beide daran hindern, darüber zu sprechen.

Der unbekannte »Major French«

Es konnte nicht ausbleiben, daß die Wißbegierigere der beiden, Rosalie Butler, sich nunmehr ebenfalls mit der UFO-Thematik zu beschäftigen begann. Als sie in einem Magazin zufällig einen Artikel von John Keel gefunden und mit großem Interesse gelesen hatte, schrieb sie dem Autor kurzerhand von ihrer Begegnung.

Auch Keel wollte mehr darüber erfahren, und er traf sich mit der UFO-Zeugin. Während einer stundenlangen Diskussion stellte Frau Butler ihrem Gesprächspartner unvermittelt die ihn erstaunende Frage:

»Hat irgend jemand schon einmal über Besuche von sonderbaren Offizieren der Luftwaffe berichtet?«

Als ihr Keel bestätigte, von solchen Geschichten bereits gehört zu haben, berichtete ihm die Frau über ein entsprechendes Erlebnis:

»Im letzten Mai kam ein Mann zu mir. Er sagte, er sei Major Richard French, sei im Rundfunk tätig und an UFOs interessiert. Er war etwa 1,74 Meter groß, hatte olivfarbene Haut und ein spitzes Gesicht. Sein Haar war dunkel und sehr lang – zu lang für einen Offizier der Luftwaffe. Er sprach ein perfektes Englisch und machte einen intelligenten Eindruck.«

Nach der Beschreibung von Rosalie Butler trug der Besucher einen grauen Anzug und ein weißes Hemd mit schwarzem Binder. Alle Kleidungsstücke des Majors hätten sich in nagelneuem Zustand befunden, beeilte sich Keels Augenzeugin ihren Angaben hinzuzufügen. French sei in einer weißen Limousine der Marke Mustang vorgefahren, berichtete Frau Butler weiter, und ihr Ehemann habe es klugerweise nicht verabsäumt, sicherheitshalber die Autonummer des Besuches zu notieren. Wie sich später herausgestellt habe, sei es ein Mietwagen aus Minneapolis gewesen.

»Als sich der Unbekannte dann unvermittelt über Magenschmerzen beklagte, riet ich ihm zu einer bestimmten, die Magennerven nicht belastenden Speise. Ich stellte es meinem Gast frei, zurückzukommen, sollten seine Magenschmerzen dennoch nicht nachgelassen haben.«

Das sei bereits am folgenden Vormittag geschehen, erzählte Frau Butler. Sie sei mit dem Major in die Küche gegangen und habe ihm eine große Schüssel mit der empfohlenen Speise vorgesetzt. Zu ihrer großen Überraschung habe der Mann die Speise *trinken* wollen, statt sie mit dem Löffel zu essen, wunderte sich die Gastgeberin auch noch später.

»Ich mußte ihm zeigen, wie er mit dem Löffel essen kann«, verriet Rosalie ihrem Gesprächspartner. Später sei der Air-Force-Offizier dann auch noch bei einigen Freunden ihrer Familie in Forest City in Iowa aufgetaucht, ließ sie Keel zusätzlich wissen. Was ihr überhaupt nicht gefallen habe.

John Keels spätere Nachforschungen zur Feststellung der wahren Identität des eigentümlichen Besuchers ergaben freilich, daß bei der Luftwaffe in Minnesota zwar ein »Richard French« existierte, aber in keiner Weise der Person jenes mysteriösen »Majors« zu entsprechen vermochte, wie Frau Butler ihn zuvor beschrieben hatte.

War dieser angebliche Luftwaffenoffizier ein Man in Black? Besaß er eine irdische Heimat, oder aber – wie sein auffallend ungelenkes Verhalten vermuten ließe: Kam der unbekannte Besucher von *anderswo*?

Obskure MIB-Theorien

Nicht nur John Keel, sondern auch einigen anderen UFO-Forschern war es nicht entgangen, daß viele der bei gelandeten Flugobjekten in Erscheinung getretenen Gestalten dem Aussehen von Erdbewohnern glichen. Verschiedene Augenzeugen verwiesen wiederum auf die hervorstechend schmalen Visagen der Men in Black. Ihre Gesichtshaut sei (wie bei Major French) »olivfarben oder getönt« gewesen, die Augen auffallend groß mit einem unverkennbar fernöstlichen Einschlag.

Nachdem man bislang anscheinend nicht fähig war, das Rätsel der sogenannten »fliegenden Untertassen« einer befriedigenden Lösung zuzuführen, konzentrierten sich die Anstrengungen vieler UFO-Forscher später darauf, zumindest die Herkunft und Identität jener mysteriösen »Männer in Schwarz« festzustellen. In diesem Zusammenhang »erblühten« die obskursten Theorien. Da wurde behauptet, daß die MIB vermutlich einen Auftrag auszuführen hätten, der ihnen möglicherweise zur Aufgabe machte, die menschliche Rasse anzuführen, vielleicht aber auch – Theorie Numero zwei – den Lauf der irdischen Geschichte zu beeinflussen.

Einige besonders phantasiebegabte Befürworter derartiger zumeist von Science-Fiction-Literatur beeinflußter Gedankenspiele machten selbst vor der Bibel nicht halt. Sie behaupteten, daß es die Men in Black gewesen seien, die am Hof von König Herodes die Geburt Christi angekündigt hätten, und halten es auch für möglich, daß die drei Weisen aus dem Morgenland mit ihren orientalischen Visagen und dunkler Hautfarbe mit den heute auftretenden MIB *identisch* gewesen seien, zumindest aber als ihre biblischen Gegenstücke angesehen werden müßten. Man weist in diesem Zusammenhang darauf hin, daß die sogenannten »heiligen drei Könige« – ähnlich ihren modernen Nachfolgern – ebenfalls über kommende Ereignisse Bescheid gewußt hätten und in der Lage gewesen seien, die damals bereits an die Geburt Jesu glaubenden Menschen auf direktem Weg (dem Stern über ihnen vertrauend) nach Bethlehem zu führen. Aus gutem Grund seien sie danach nicht mehr zu dem einen Kindermord planenden Herodes zurückgekehrt, hätten vielmehr – wie angekündigt – »einen anderen Weg nach Hause« angetreten.

MIB auch im Altertum?

Es scheint, als würde sich der Einfluß der Men in Black über die *unterschiedlichsten* Zeitepochen erstrecken. Denn es waren nicht immer nur ausschließlich UFO-Gläubige, die mit den rätselhaften »Männern in Schwarz« in Verbindung gebracht wurden. So stieß man in den USA bei einer neuzeitlichen Untersuchung über die Tätigkeit einer frühen Erweckergruppe aus dem Altertum, die sich seinerzeit religiöse Bekehrungsversuche bei Andersgläubigen zum Ziel gesetzt hatte, auf seltsame Berichte. Sie ähneln erstaunlicherweise MIB-Besuchen der Jetztzeit. Nachfolgend ein Beispiel unter vielen anderen:

»In der Nachbarschaft wohnt eine äußerst intelligente junge Frau aus dem Bauernstand, bei der in drei aufeinanderfolgenden Nächten um Mitternacht ein *schwarzgekleideter Mann* im Schlafzimmer erschienen ist. Die Gestalt hat dem Mädchen eine Botschaft übermittelt, die sie jedoch nicht weitervermitteln darf.«

Die junge Frau hieß Mary Jones und war eine der führenden Kräfte dieser Gruppe. Ihr Bekanntheitsgrad war *geheimnisvollen Lichtern* zuzuschreiben, die sie angeblich ständig begleiteten. Als der Besucher eines Nachts abermals ins Zimmer von Mary einzudringen versuchte, soll eines dieser Lichter einen *weißen Strahl* gegen ihn ausgesandt haben, worauf der Unbekannte sofort wieder verschwand.

In einer anderen Überlieferung von 1603 erfahren wir hingegen von einem Burschen, der am 2. Juli desselben Jahres vor einem Gericht in Südwestfrankreich gestand, als *Werwolf* ein Kind entführt und aufgefressen zu haben. Seiner Aussage nach sei ihm dies vom *Herrn des Waldes* befohlen worden, dem er als Sklave habe dienen müssen. Der reuige Junge beschrieb dem Richter diesen Unheimlichen als großen dunklen, stets *schwarz* gekleideten Mann, der auf einem ebenfalls schwarzen Pferd zu reiten pflegte.

Diese wie auch einige andere unheimliche Geschichten veröffentlichte der aus Frankreich stammende Mönch und Gruselautor Montagne Summers (1880–1948) in seinem Horrorwerk *The Werewolf* (*Der Werwolf*). Bezeichnenderweise wurden von ihm sowohl die beiden zuvor wiedergegebenen, als auch die sonstigen Erzählungen seines Buches ernsthaft mit dem Höllenfürst in direkte Verbindung gebracht.

So abstrus es scheinen mag: Es gibt auch in unseren Tagen noch verschiedene Menschen, die der Meinung sind, die UFOs seien nichts weiter als ein Werk des Teufels und die Men in Black seine willfährigen Helfer.

Angeblich sollen in den USA bereits vor mehr als einhundert Jahren geheimnisvolle Flugobjekte gesichtet worden sein. So ist uns aus dem Jahr 1897 ein Artikel überliefert, der damals in der Zeitung *Daily Texarkanian* veröffentlicht wurde. Ihm soll eine angeblich wahre Begebenheit zugrunde liegen. Der Bericht erwähnt einen Richter namens Lawrence A. Byrne, dem im April des betreffenden Jahres in McKinney Bayou, Arkansas, eine ungewöhnliche Begegnung widerfahren sei. Sein Erlebnis schilderte er später einem Reporter des Blattes.

Der honorige Gesetzeshüter behauptete, kürzlich auf ein seltsam aussehendes Luftschiff gestoßen zu sein, das offenbar am Boden verankert war:

»In dem Gefährt befanden sich drei Männer, die eine ausländische Sprache sprachen, aber von ihrem Aussehen her könnten es Japaner gewesen sein. Sie bemerkten mein Erstaunen und bedeuteten mir, ihnen zu folgen. Dann zeigten sie mir ihr Schiff ...«

Siebenundzwanzig Jahre später, 1924, stieß ein Farmer im Bereich der Ortschaft Gem in Braxton County, West Virginia, auf ein großes, flügelloses Luftfahrzeug, das dort in einem Waldstück anscheinend abgestürzt war. Der Mann teilte seine Entdeckung dem lokalen Sheriff John Cole mit, der sich daraufhin sofort mit einigen Männern an den Unfallort begab. Das Objekt ähnelte zwar auffallend einem Flugzeug, doch konnte daran keine Antriebsvorrichtung festgestellt werden.

An der Absturzstelle trafen der Sheriff und seine Leute auf eine andere Gruppe, die dort offenbar schon früher eingetroffen war. Die Fremden, etwa fünf Fuß große Männer, unterhielten sich untereinander in einer für John Cole und seine Helfer unbekannten Fremdsprache, trugen zum Teil sowohl schwarze wie auch helle Ganzkörperanzüge und besaßen zudem auffallend orientalische Merkmale.

Einer der Unbekannten versicherte John Cole, daß bei dem Absturz niemand verletzt worden sei und man dem Sheriff über den Vorfall so bald wie möglich einen vollständigen Bericht übermitteln würde. Durch diese Information zufriedengestellt, verließen Cole und seine Begleiter daraufhin das Gelände. Zuvor hatte der Sheriff jedoch klammheimlich ein kleines Stück des Wracks als Souvenir an sich genommen. Doch blieb die illegale Aktion des Gesetzeshüters offensichtlich nicht unbemerkt.

In der folgenden Nacht wurde John Cole um drei Uhr morgens durch ein heftiges Klopfen an seiner Haustür aus dem Schlaf gerissen. Zu seiner Überraschung stand er einem der fremden Männer gegenüber, die er am Tag zuvor bei dem abgestürzten Flugobjekt angetroffen hatte. Der trug aber nunmehr keinen schwarzen Anzug, sondern eine Uniform der US Army.

Der unbekannte Störenfried hielt sich nicht lange mit Vorreden auf. Vielmehr forderte er energisch die Rückgabe des entwendeten Wrackteils. Etwas schuldbewußt gab ihm der Sheriff daraufhin den

Gegenstand wieder zurück. Damit gab sich der Fremde zufrieden und ging davon, ohne ein weiteres Wort zu verlieren.

Zwei Tage später suchte Cole noch einmal die Absturzstelle auf, wo er zu seiner Überraschung feststellen mußte, daß man die Reste des Luftschiffs inzwischen vollständig entfernt hatte.

Sie schrecken vor nichts zurück

Wer bisher der Meinung gewesen sein sollte, daß sich die MIB in ihren Aktionen darauf beschränkten, mit verbalen Drohungen, gelegentlichen Einbrüchen und in Szene gesetzten Brandstiftungen ihre bedauernswerten Opfer in Angst und Schrecken zu versetzen, es aber ansonsten bisher vermieden, sich persönlich auch an Menschen zu vergreifen – sie womöglich zu *töten* –, diesen Gutgläubigen muß ich diesen Irrglauben leider nehmen.

In einem späteren Kapitel werde ich den Nachweis erbringen, daß die Men in Black gelegentlich auch vor einem Verbrechen nicht zurückschreckten, wenn es die ihnen aufgetragene Aufgabe erforderte.

Um noch einmal auf die eingangs gestellte Frage »Sind MIB nur eine Zeiterscheinung?« zurückzukommen:

Im Gegenteil, sie scheinen *zeitlos* zu sein …

2. Die MIB in den Schlagzeilen

Wer da meint, daß bestimmte Geschehnisse sich lediglich im »Land der begrenzten Unmöglichkeiten«, in den Vereinigten Staaten, ereignen könnten, irrt gewaltig.

Manchmal passieren – egal wo und in welchem Winkel unseres Planeten – höchst sonderbare Dinge. So sonderbar und mysteriös, daß davor selbst die üppige Phantasie eines unkonventionellen Bestsellerautors verblassen muß. Ohne mich dessen in unbescheidener Weise über Gebühr rühmen zu wollen, weckte vor geraumer Zeit eine sensationelle Meldung der Münchner *Abendzeitung* dennoch mein ungeteiltes Interesse. Zunächst waren mir die riesigen, rot unterstrichenen Schlagzeilen auf der letzten Seite des verbreiteten Boulevardblattes aufgefallen. Da hieß es wörtlich:

Nachts, wenn der Wagen mit dem Sarg kommt

Und darunter, etwas kleiner gedruckt:

Polizei jagt unheimliches Leichenauto

Dem Verfasser des Berichts mag möglicherweise die von ihm recherchierte Meldung eher bedeutungslos erschienen sein, auch wenn es die Story, meiner Meinung nach, durchaus in sich hat, auf der Gänsehaut ein gewisses Prickeln zu erzeugen.

Was war geschehen?

In der deutschen Stadt Tirschenreuth (sie liegt in der Oberpfalz) wagten sich damals viele Menschen abends nicht mehr aus ihren Häusern. Eltern verboten ihren Kindern, nach Einbruch der Dunkelheit auf die Straße zu gehen; Mädchen ließen sich zu späterer Stunde von ihren Freunden vom Arbeitsplatz sicherheitshalber abholen – und das alles nur, weil zahlreiche Einwohner, in der Mehrzahl Frauen, mit einem wahrlich unheimlichen Phänomen konfrontiert worden waren.

Immer wieder hatten verschreckte Augenzeugen der örtlichen Polizei die gleiche Begebenheit gemeldet: Aus der Dunkelheit sei plötzlich ein Kombi mit verhängten Seitenfenstern aufgetaucht, um danach ebenso unvermutet anzuhalten. Sodann wären dem Fahrzeug *drei Männer in Schwarz* entstiegen. Vor den entsetzten Passanten wäre von dem unheimlichen Trio ein Sarg aus dem parkenden Wagen gehievt und vor den Augen aller Unbeteiligten geöffnet worden.

Friedhofs-Horror in Tirschenreuth

Eine ähnlich unheimliche Begebenheit will damals auch die 14-jährige Sylvia S. in Tirschenreuth angeblich erlebt haben: »Ich kam von einer Freundin und mußte am städtischen Friedhof vorbei. Da sah ich im Schatten der Mauer den schwarzen Kombiwagen stehen. Dunkle Männer öffneten die hintere Autoklappe. Da stand plötzlich ein Sarg ...«

In panischer Angst habe sie die Flucht ergriffen, schilderte das Mädchen ihr weiteres Tun. Wer kann es ihr verdenken? Als Sylvias Mutter von dem Erlebnis ihrer Tochter erfuhr, alarmierte sie umgehend die Polizei. Doch auch die sofort reagierenden Beamten wurden nicht fündig: Sie entdeckten auf dem Friedhof weder eine Spur von schwarzgekleideten Männern, noch jene ihres Fahrzeugs. Vergeblich rätselten die Kriminalisten über deren Verbleib. Später versicherten sie den neugierig herbeigeeilten Zeitungsreportern glaubhaft: »An diesem Abend, soviel steht fest, gab es keinen Leichentransport in unserer Stadt.«

Ungeachtet dessen nahm man aber das unglaubliche Phänomen, das die Tirschenreuther Bürger so verschreckt hatte, durchaus ernst. Nicht verwunderlich, wenn man erfährt, daß in einem anderen Fall eine junge Frau – nach einem ungewollten Zusammentreffen mit den schwarzgekleideten Männern und deren makabrer Fracht – einen so schweren Schock erlitten hatte, daß sie sofort in ein Krankenhaus gebracht werden mußte. Wahrscheinlich hätte sich damals auch kein Tirschenreuther Polizist gewundert, hätte irgendein Bewohner der Stadt ernsthaft behauptet, Graf Dracula begegnet zu sein. Wobei hier jedoch der kleine, aber feine Unterschied anscheinend mit einbezogen werden muß: Die unglaublich klingende Geschichte von den »Männern in Schwarz« hatte sich offenbar *tatsächlich* ereignet. Dutzende Augenzeugen in der Oberpfalz wären jedenfalls zum Zeitpunkt des Geschehens sogleich bereit gewesen, ihren absoluten Wahrheitsgehalt zu beschwören. Was der Polizei allerdings auch nicht weiterhalf. Denn weder Ordnungshüter noch Augenzeugen vermochten den wohl wichtigsten Anhaltspunkt zu eruieren: Das *Kennzeichen* des Leichenwagens ...

Bitterer Ernst

Gesetzt den Fall, das hier Geschilderte hat sich wirklich so abgespielt, dann fragt man sich unwillkürlich: Was soll das alles? Es ergibt doch einfach keinen logischen Sinn. Die Sache wirkt skurril und unwirklich. Und dennoch scheint sie sich *real* ereignet zu haben.

Was steckt hinter diesem makabren Spuk? Spaßvögel mit wahrlich sonderbarem Humor? Durchgedrehte Zeitgenossen mit höchst abstrakten Ideen? Oder vielleicht doch jene *Phantome aus dem Nichts*, die auf den kommenden Seiten durch dieses Buch geistern werden, bei jenen Unglückseligen Angst und Schrecken verbreitend, denen sie aus bestimmten Gründen begegneten?

Die »Männer in Schwarz« ...

Nur schemenhaft treten sie in Erscheinung, die MIB, machen sich da und dort in unangenehmster Weise bemerkbar – um danach ebenso plötzlich von der Bildfläche zu verschwinden, auf der sie zuvor unerwartet aufgetaucht waren. Sie hinterlassen fast niemals Spuren, die uns in die Lage versetzen könnten, ihre eigentliche Identität herauszufinden. Sämtliche Versuche, ihrer habhaft zu werden, schlugen bisher fehl. Und dennoch sind sie keine Phantasieprodukte, sondern wirklich und wahrhaftig existent. Die MIB sind auch keine ätherischen Wesen, sondern – wie wir alle – aus Fleisch und Blut. Und doch scheinen sie irgendwie anders »getimt«. Auf ihr Konto gehen ungezählte, unaufgeklärt gebliebene, jedoch authentische Fälle.

Er schoß auf die MIB

C. Watt, ein texanischer Landwirt, der sich dem Handel mit Baumwolle verschrieben hatte, wußte nichts über das Phänomen der »fliegenden Scheiben«. Es fehlte ihm berufsbedingt die Zeit, um sich mit derartigen Dingen zu beschäftigen. Watt war aber auch nicht darauf aus, Berichte dieser Art zur Kenntnis zu nehmen. Es interessierte ihn einfach nicht, und Behauptungen, UFOs seien Raumschiffe erdfremder Intelligenzen, hielt der Landwirt überhaupt für totalen Schwachsinn.

Dennoch mußte es ausgerechnet ihm passieren: Auf einem Baumwollfeld im Umkreis seiner Farm landete eines Tages ein zylinderartiges Flugobjekt. Wer da nun meinen mag, von da an sei Watt geheilt gewesen und hätte seinem Unglauben über die Existenz außerirdischer Astronauten endgültig abgeschworen, irrt gehörig. Nicht einen Augenblick dachte der Farmer ernsthaft daran, daß ihm womöglich etwas ganz Einmaliges zugestoßen wäre. Er hielt den Gegenstand auf seinem Feld für eine Flugkonstruktion der amerikanischen Regierung.

Sicherheitshalber holte Watt seine Polaroidkamera und fotografierte mehrmals das seltsame Ding auf dem Feld. Insgesamt sieben Aufnahmen kamen auf diese Weise zustande.

Weil aber der biedere Landwirt dennoch gerne gewußt hätte, was da auf seinem Grund und Boden niedergegangen war, erkundigte er sich nach einer verläßlichen Quelle. Gute Freunde gaben ihm den Rat, sich in dieser Angelegenheit an die Universität von Colorado zu wenden, wo ein gewisser Dr. Condon gerade dabei war, eine von der US-Regierung finanzierte Studie über UFOs und alles, was damit im Zusammenhang zu stehen schien, mit Hilfe einiger Mitarbeiter durchzuführen.

C. Watt schickte deshalb ein paar seiner Polaroidbilder an die Universität in Colorado, wartete jedoch vergeblich auf eine Reaktion der dort Verantwortlichen. Also griff der darüber verärgerte Baumwollpflanzer zum Telefon, um Dr. Condon um eine Stellungnahme zu ersuchen. Zu seiner Überraschung erklärte ihm der Universitätsprofessor, niemals Fotografien des texanischen Landwirts erhalten zu haben. Sie waren – auf welche Weise auch immer – unterwegs »verlorengegangen«.

Schüsse aus dem Hinterhalt

Doch das war nicht alles. Unvermittelt begann bei Watt mehrmals am Tag (und immer wieder) das Telefon zu läuten. Ein ihm unbekannter Anrufer – eine Männerstimme – forderte ihn auf, künftig keinem anderen Menschen etwas über den auf seinem Feld gelandeten zylindrischen Gegenstand mitzuteilen. Sollte er diese Anordnung nicht beherzigen, würden entsprechende Maßnahmen gegen ihn erfolgen.

Alle Versuche des darob zurecht empörten Farmers, die Identität des fremden Anrufers festzustellen, schlugen fehl. Der Unbekannte weigerte sich mit absoluter Hartnäckigkeit, seine Anonymität preiszugeben.

In seiner Not versuchte C. Watt neuerlich, einen Experten aufzutreiben, der ihm über den gelandeten Gegenstand (der inzwischen von offizieller Seite – der US Air Force – abtransportiert worden war) Auskunft geben konnte. Freunde verwiesen den ratlosen Farmer nunmehr an Amerikas »UFO-Papst«, Professor Dr. J. Allen Hynek. In einem persönlichen Gespräch riet ihm dieser, sich im Städtchen Amarillo einem Testverfahren zu unterziehen.

Auf der Fahrt zur betreffenden Ortschaft wurde Watt auf eine blaugrüne Plymouth-Limousine aufmerksam, die am Straßenrand parkte. Eine attraktive junge Frau schien den bisher anscheinend vergeblichen Versuch unternommen zu haben, ihren Wagen wieder fahrtüchtig zu machen. Hilfsbereit stoppte der Landwirt sein Fahrzeug und stieg aus, um der verzweifelten Lenkerin zur Hand zu gehen. Kaum hatte er sich ihr aber genähert, als plötzlich mehrere Schüsse auf ihn abgefeuert wurden. Glücklicherweise verfehlte ihn der unsichtbare Schütze. Watt und die erschrockene Frau flüchteten panikartig in das nächstliegende Haus, wo man die Polizei telefonisch wegen des Attentatsversuchs alarmierte.

Der Farmer hatte nunmehr die Nase voll. Er verzichtete darauf, nach Amarillo weiterzufahren und sich dem von Prof. Hynek vorgeschlagenen Test zu unterziehen. Später machte der verunsicherte Mann seinem aufgestauten Ärger Luft. Er bezeichnete die angebliche UFO-Story, die von einigen übereifrigen Zeitungsreportern mit der Landung jenes zylindrischen Flugobjekts auf Watts Baumwollfeld in Zusammenhang gebracht worden war, als »blinden Alarm« und »üblen Scherz«!

Inzwischen war auch der bekannte amerikanische Abduktionsforscher Donald Worley, der sich angelegentlich mit Entführungsfällen von Personen jeden Alters und Geschlechts durch die sogenannten »kleinen Grauen« (wie die zwergartigen Aliens allgemein genannt wurden) befaßt, auf die Geschehnisse bei C. Watt aufmerksam geworden.

Aber alle seine Anstrengungen, mit dem Farmer in Verbindung zu treten, schlugen fehl. Worley wunderte sich zunächst über das merkwürdige Verhalten des Mannes, das er sich nicht zu erklären vermochte. Bis C. Watts Bruder den Forscher darüber informierte, daß bei dem Baumwollpflanzer seit einiger Zeit Verhaltensstörungen aufgetreten seien, die wohl auf die negative Einflußnahme jenes ihm unbekannten anonymen Anrufers zurückgeführt werden müßten. Der Farmer litt anscheinend unter Verfolgungswahn. Das sei kürzlich erkennbar geworden, als Watt von einem Offizier des Verteidigungsministeriums aufgesucht worden war. Dieser wollte sich mit ihm über den UFO-Fall unterhalten, wurde aber dann von Watt völlig grundlos mit einem Gewehr bedroht. Es sei tragisch, klagte der Bruder des texanischen Landwirts, den Verfall des einst glücklichen Ehemannes und Vater mit ansehen zu müssen.

Der Farmer verlor die Nerven

Was immer C. Watt auch unternahm, um sich endlich aus der UFO-Zwangslage zu lösen, in die ihn das fremdartige, zylindrische Flugobjekt hineinmanövriert hatte, er kam einfach nicht zur Ruhe. Während eines Spazierganges wurde ihm unversehens der Weg von zwei großen, muskulösen Männern von orientalischem Aussehen versperrt. Beide trugen dunkle Anzüge und bedrohten den Farmer mit einer Schußwaffe. Sie verlangten von Watt, sich einem Test mit dem Lügendetektor zu unterziehen – eine Forderung, die der Farmer willig befolgte.

Während der folgenden Nachtstunden beobachtete man vor dem Haus des Baumwollpflanzers eine große schwarze Limousine. Als das Fahrzeug am folgenden Morgen dann aber auch noch Watt in dessen Auto verfolgte, drehte der Farmer durch. Mit seiner Schrotflinte nahm er den fremden Wagen ins Visier, dessen Insassen daraufhin mit einem Karabiner auf den Farmer schossen. Watt flüchtete daraufhin in panischer Angst in ein nahegelegenes Getreidefeld. Glücklicherweise blieb er unverletzt.

Der Gebrauch seiner Schußwaffe brachte den Landwirt kurzzeitig hinter Schloß und Riegel. Dort wurde Watt von Donald Worley besucht, dem er dann sein Leid klagte. Habe ihn doch das UFO-Ereignis in eine Ehekrise gestürzt, hohen finanziellen Schaden zugefügt und den Verlust von Freiheit und Gesundheit eingetragen.

»Und das allein deshalb, weil irgend etwas mit mir geschehen ist, das ich bis heute nicht verstanden habe. Es wäre für mich vielleicht besser gewesen, wenn ich durch diesen Vorfall gestorben wäre«, ließ Watt den Abduktionsforscher in resignierendem Ton wissen.

Ein weiteres Opfer der anonym agierenden »Männer in Schwarz«.

In der Gewalt der MIB

Womöglich noch brutaler agierten die Men in Black im Jahr 1972, als sie eine junge FBI-Agentin in ihre Gewalt brachten.

Die in Arcadia, Florida, wohnende Pat Hyde hatte sich an einem Juli-Abend entschlossen, gemeinsam mit ihrer Mutter die Abendvorstellung eines Autokinos zu besuchen. Auf der Fahrt dorthin, gegen 21 Uhr, bemerkte Pat am Firmament einen höchst merkwürdigen Stern. Er strahlte in einem intensiven gelblichen Licht. Von den anderen Gestirnen am Abendhimmel hob er sich auch deshalb ab, weil er nicht still zu stehen schien, sondern sich unübersehbar von Norden nach Süden bewegte. Pat und ihrer Mutter, die inzwischen in dem Kino nach einem Parkplatz gesucht hatten, fiel auf, daß sich der »Stern« inzwischen mehr und mehr dem Erdboden genähert hatte. Seine Flugbahn erinnerte die beiden Frauen an das Niederschweben eines fallenden Blattes. Schließlich befand sich das leuchtende Objekt unmittelbar über ihrem Fahrzeug. Pat, die am Lenkrad gesessen hatte, reagierte sofort und stieg aus. Die warnenden Rufe ihrer Mutter ließ sie unbeachtet. Auch die anderen Besucher des Autokinos starrten jetzt neugierig (viele unter ihnen aber auch beunruhigt) auf den fremden Himmelskörper.

Das über Pats Fahrzeug schwebende Objekt verharrte regungslos. Pat war sich inzwischen im klaren, daß es sich bei dem Flugkörper nur um ein UFO handeln konnte. Neugierig blickte sie nach oben, da öffnete sich an der Unterseite des Objekts plötzlich ein schmaler Spalt. Aus ihm drang ein greller, weißer Lichtstrahl, der systematisch begann, sämtliche auf der Freifläche parkenden Fahrzeuge der Kinobesucher abzutasten. Auch Pat befand sich für mehrere Sekunden im Lichtkegel des fremdartigen Objekts.

Im Gegensatz zu ihr waren nicht alle Kinogänger von der unheimlich wirkenden Erscheinung unbeeindruckt geblieben. Pats Mutter reagierte geradezu hysterisch und zitterte am ganzen Körper. Ähnlich aufgeregt verhielten sich auch die meisten anderen Besucher. Sie wußten mit dem Objekt nichts anzufangen und rätselten untereinander über dessen Identität. Einige fragten verwirrt: »Ist das ein Helikopter?«

Pat Hyde, die das UFO, trotz der ganzen Aufregung rings um sie her, weiterhin sehr aufmerksam beobachtet hatte, bemerkte nunmehr, daß das Licht des Suchscheinwerfers immer schwächer zu werden begann. Kaum war es völlig erloschen, als das unbekannte Objekt auch schon senkrecht nach oben stieg, um innerhalb weniger Sekunden am Nachthimmel zu verschwinden.

Pat kehrte daraufhin zu ihrem Fahrzeug zurück, in welchem ihre zutiefst schockierte Mutter auf sie wartete. Nach diesem unheimlichen Erlebnis, so heißt es, soll die Frau noch längere Zeit von bösen Alpträumen geplagt worden sein.

Ihre Sichtung veranlaßte Pat Hyde, nunmehr auch noch andere in ihrer Ortschaft lebende Personen nach deren UFO-Beobachtungen zu befragen. »So erhielt ich einige wirklich interessante Daten«, informierte die Amateurforscherin danach erfreut eine im lokalen Bereich existierende UFO-Organisation.

Dann aber erfolgte für sie eine unerwartete Ernüchterung:

»Eines Nachmittags traf ich auf der Straße vor unserem Haus einen Mann, der unbedingt mit mir reden wollte«, berichtete die junge Frau über die nachfolgenden Geschehnisse. »Er sei ein Zeitungsreporter, der wisse, was passiert sei, behauptete der Unbekannte, und er sei zudem auch persönlich an außerirdischen Raumfahrzeugen interessiert. Dann begann er mir von seltsamen Dingen zu erzählen: So etwa über UFO-Antriebe und dergleichen. Er sei jederzeit in der Lage mir beizubringen – machte er mich neugierig – auch selbst ein UFO zu bauen. Spontan lud er mich ein, ihn in seinem Haus zu besuchen. Ich hielt den Mann von Anfang an für einen Verrückten. Während des gesamten Gesprächs mit dem Fremden wurde ich von einem merkwürdigen Gefühl beherrscht. Letztlich vermied ich es sogar, dem Unbekannten die Hand zu geben. Irgendwie machte er mir Angst. Ich bekam auch nie heraus, von wem er tatsächlich von meinem Interesse an dem UFO-Phänomen erfahren hatte. Er behauptete mir gegenüber, meiner Mutter am Supermarkt begegnet zu sein. Damals dachte ich darüber nicht weiter nach, da wir in einer kleinen Stadt leben, wo die meisten Menschen irgend etwas voneinander wissen.«

Pat Hyde hatte bei der Begegnung mit dem angeblichen Reporter kein gutes Gefühl. Sie hielt den Mann für nicht ganz astrein. Dennoch war sie überrascht, als ihr der Fremde einzureden versuchte, ihre UFO-Sichtung niemand anderem mitzuteilen.

Es blieb jedoch nicht bei dieser seltsamen Begegnung. Pat berichtete weiter:

»Ich befand mich an jenem Tag im Hinterhof unseres Anwesens, als ich ein schwarzes Auto vor unserem Haus bemerkte, das beim Vorbeifahren seine Fahrt deutlich verlangsamte. Gleich darauf kehrte dasselbe Fahrzeug zurück. Diesmal blieb es direkt vor dem Tor stehen und ich gewahrte hinter den dunklen Scheiben mehrere Gesichter. Im gleichen Augenblick läutete im Haus das Telefon. Als ich den Hörer abnahm, hörte ich zu meiner Überraschung die Stimme des angeblichen Reporters. Vorwurfsvoll schrie er: ›Was versuchen Sie mir anzutun? Warum haben Sie diese Männer ausgeschickt, um mich von der Straße zu drängen?‹ Dann erzählte er mir, er sei spazieren gegangen, als plötzlich ein Auto auf ihn zugerast sei, das ihn gezwungen habe, sich in den Straßengraben zu retten. Als er daraufhin in das Wageninnere geblickt habe, sei das fremde Fahrzeug wieder losgefahren, doch habe er darin drei orientalisch aussehende Männer erkennen können.«

Einige Jahre blieb Pat Hyde unbelästigt. Die Ruhe war trügerisch:

»Ich vermied es konsequent, mich während der Arbeitszeit mit irgend jemandem über mein Interesse am UFO-Phänomen zu unterhalten. Eines Nachts hatte ich mich, da es schon spät war, in meinem kleinen Apartment zur Ruhe begeben, als jemand an der Wohnungstüre klopfte. Vorsichtshalber öffnete ich nur einen Spalt und beließ die Sicherheitskette in ihrer Position. Im Vorraum stand ein orientalisch aussehender Mann, der mich erst mit meinem Namen ansprach und mir danach unmißverständlich deutlich machte: ›Miss Hyde, Sie werden sofort aufhören, nach fliegenden Untertassen zu forschen!‹ Verärgert entgegnete ich: ›Sie müssen verrückt sein. Ich bin nicht so leicht zu erschrecken.‹ Worauf der Orientale bekräftigte: ›Und ich sage Ihnen: Sie werden!‹ Da ich keine Lust verspürte, mit dem mir Unbekannten zu nächtlicher Stunde über meine Interessen zu diskutieren, schlug ich ihm die Tür vor der Nase zu. Als ich etwas später vorsichtig durch den Türspalt spähte, war niemand mehr zu sehen.«

Pat Hyde beschrieb den Unbekannten: »Er trug einen dunkelblauen oder schwarzen Anzug; Augen und Gesicht waren von eindeutig orientalischem Aussehen.«

Bald nach dieser Begegnung beendete die junge Agentin ihre Tätigkeit beim FBI. Ihre seltsamen Erlebnisse waren damit aber noch immer nicht zu Ende.

Auf dem Weg nach Hause wurde ihr von einem unbekannten Mann die Handtasche entrissen und deren Inhalt hastig durchsucht. Dabei fiel ihm Pats Notizbuch in die Hände, in welchem sie die Ergebnisse ihrer Untersuchungen verschiedener UFO-Sichtungen in Florida aufgezeichnet hatte. Ohne sich damit näher zu befassen, wurden die Notizen von dem Unbekannten zerrissen. Pat gegenüber versuchte sich der Fremde mit dem Argument zu rechtfertigen, er sei Polizeibeamter. Als die Ex-Agentin von ihm verlangte, sich ihr gegenüber auszuweisen, wurde sie zur Seite gestoßen – und im nächsten Augenblick von zwei anderen Männern von hinten gepackt und zu einem nahe parkenden Kombiwagen gezerrt, dessen Türen weit offen standen. Alle drei Kidnapper trugen dunkle Kleidung und sprachen während des Überfalls – mit Ausnahme des Unbekannten, der Pat die Handtasche entrissen hatte – kein Wort. Miss Hyde war von Anfang an klar, daß sie es nicht mit regulären Polizisten zu tun hatte.

Die Kidnapper legten Pat Handschellen an, dann zerrte man sie in den bereitstehenden Kombiwagen. Während der Fahrt vermochte sie aufgrund der dunklen Scheiben nicht zu erkennen, wohin sie gebracht wurde.

»Meine nächste Erinnerung setzte erst sieben Stunden später wieder ein. Ich habe keine Ahnung, was während dieser Zeit mit mir geschehen ist. Das einzige, was ich sagen kann, ist, daß wir sicher nicht mehr als fünfzehn Minuten mit dem Auto unterwegs waren. Als wir schließlich an unser Ziel gelangten, war es fünf Uhr früh, obwohl es eigentlich erst neun Uhr abends sein sollte.«

Pat Hyde wurde einen Korridor entlang geschleppt, und zwei andere ihr unbekannten Männer versuchten ihr einzureden, sie befände sich in einem Krankenhaus, weil sie zuvor versucht habe, durch einen Sprung aus dem Fenster des FBI-Gebäudes Selbstmord zu begehen.

Dazu die Ex-Agentin: »Ich wußte, daß dies eine Lüge war, da

ich in dem Gebäude bereits seit mehreren Wochen nicht mehr gewesen war und in meinem ganzen Leben nie daran gedacht hatte, Selbstmord zu verüben.«

Pat Hyde wurde einen Gang entlanggeführt, der sie an ein altes Waffenlager erinnerte. Indem ihr Nacken traktiert wurde, zwang man sie, eine Flüssigkeit zu trinken. Dann nahm man ihr die Handschellen ab und versuchte sie zu zwingen, ein Papier zu unterschreiben. Als sich die junge Frau weigerte, ließ man sie in einem kleinen Raum allein zurück.

Als Pat am nächsten Morgen erwachte, fühlte sie sich ziemlich benommen. In dem Zimmer gewahrte sie eine kleine Tür. Zu ihrer Überraschung ließ sich diese, nachdem sie den Türknauf berührt hatte, problemlos öffnen. Die ehemalige FBI-Agentin verließ den Raum und bemerkte in der Eingangshalle einen Mann. Als sie ihn fragte, wer er sei, entgegnete er unwirsch, das wäre völlig unwichtig. Dann erklärte er Pat Hyde, sie befinde sich in einer Psychiatrie, wohin sie von ihrem Arzt wegen eines Selbstmordversuches eingewiesen worden sei. Was die Gekidnappte in Rage brachte. Sie erklärte dem Mann energisch, keinen Arzt zu haben, völlig gesund zu sein und nach Hause gehen zu wollen. Daraufhin brachte man die junge Frau in ein Büro, wo ein anderer Mann mit hellem Haar und deutschem Akzent ihr zu erklären versuchte, ihr Arzt zu sein. Als Pat seinen Namen wissen wollte, wurde ihr bedeutet, das sei unwichtig. Auch dieser Unbekannte war bestrebt, Miss Hyde einzureden, sie hätte versucht, aus dem 5. Stock des FBI-Gebäudes zu springen. Worauf ihm von ihr entgegnet wurde, daß dies nicht gut möglich wäre, da alle Fenster fest verschlossen seien.

Pat konnte sich eines mulmigen Gefühls nicht erwehren, als der angebliche Arzt ihr bedeutete: »Sie werden freiwillig zugeben, daß sie vorgehabt haben sich umzubringen – oder Sie werden diesen Ort nie mehr verlassen!« Dann fragte sie der »Doktor«, ob sie über parapsychologische Kräfte verfüge, mit Toten sprechen könne und an fliegende Untertassen glaube? Die Ex-Agentin verweigerte daraufhin die Antwort.

Mehrere Tage wurde Pat Hyde in einem kleinen Raum gefangengehalten. Sie glaubte allen Ernstes, das Opfer einer Gehirnwäsche geworden zu sein. Regelmäßig unterzog man die Gefangene einem Verhör und versuchte sie davon zu überzeugen, einen Selbstmordversuch unternommen zu haben. Sie leugnete weiterhin. Nach einer Woche stellte ihr der »Arzt« ein Telefon zur Verfügung und gestattete Pat, die Mutter anzurufen. Scheinbar großmütig ließ er sie wissen: »Sagen Sie ihr, sie soll kommen und Sie von hier abholen.« Als die Gekidnappte nach dem Hörer griff, zog ihr der »Arzt« das Telefon weg und meinte zynisch: »... aber nur dann, wenn Sie versprechen, künftig keine UFO-Forschung mehr zu betreiben.«

Entnervt wurde ihm das von Pat versprochen. Dann erlaubte man ihr, mit der Mutter zu telefonieren. Ein Kombiwagen brachte sie anschließend zu einer Adresse in Georgetown. Dort wartete Pats Mutter bereits sehnsüchtig auf ihre Tochter. Danach gingen beide zur örtlichen Polizeistation.

Dort verschaffte sich die Entführte endgültig Klarheit: Man teilte ihr mit, daß in letzter Zeit niemand in der Stadt wegen eines Selbstmordversuchs unter Aufsicht gestellt worden war.

Die Men in Black hatten wieder mal ganze Arbeit geleistet. Pat Hyde verspürte von da an kein Bedürfnis mehr, sich mit dem UFO-Thema weiter zu beschäftigen.

3. Ein Ärgernis für Käpt'n Raab

Flugkapitän Alexander Raab kann man dieses oder jenes vorwerfen – sicher aber nicht, ein unkritischer Phantast zu sein. Die Pilotenlaufbahn des Österreichers begann im Jahr 1939, und er bekam während seiner Tätigkeit als verantwortungsvoller Flieger so manches zwischen Himmel und Erde zu sehen, das uns Durchschnittsbürgern noch nie vor die Augen gekommen ist. Heute genießt er zu Recht seine Pension, erinnert sich aber immer noch gerne an seine aktive Zeit, als er große Verkehrsmaschinen mit Passagieren der *Austrian Airlines* und später dann mit solchen der Fluggesellschaft *Lux-Air* Jahrzehnte durch den Himmelsraum steuerte. In punkto Flugerfahrung und Beobachtungsgabe kann ihm somit auch heute noch keiner ein X für ein U vormachen. Als »alter Hase« in seinem Metier war Alexander Raab deshalb ein absoluter Realist. Und weil in technischen Belangen ebenfalls stets »up to date«, neigte er seit jeher – durch Erfahrungswerte vorsichtig geworden – dazu (und hat dieses grundsätzliche Verhalten beibehalten), seine Ansichten niemals voreilig, also spontan, von sich zu geben.

Aus eigener Anschauung kann ich es bestätigen: Raab war stets darauf bedacht, im Dialog mit Außenstehenden alles zu vermeiden, was die Gefahr nach sich zog, ihm den Makel des Unseriösen einzutragen. Alle diese beispielgebenden Eigenschaften machten den ehemaligen Chefpiloten zweier wichtiger Fluggesellschaften zu einem Gesprächspartner, dessen Aussagen man tatsächlich vertrauen konnte.

Es hatte mich einige Telefonate im In- und Ausland gekostet, ehe ich Alexander Raab direkt und persönlich an der »Strippe« hatte. Früher war der Österreicher nämlich nur über eine Geheimnummer erreichbar gewesen – die ich zu meinem Leidwesen nicht kannte. Bei der *Austrian Airlines*, Raabs damaliger Dienststelle, biß ich jedenfalls auf Granit, denn dort schwieg man eisern und verweigerte mir die Auskunft. So war ich gezwungen, mein Glück über Raabs späteren Luxemburger Dienstgeber, die *Lux-Air*, zu versuchen. Dorthin nämlich war der routinierte Chefpilot von österreichischer Seite für einige Zeit »verliehen« worden.

Endlich war mir das Glück hold. Über Raabs Büro in Luxemburg erfuhr ich endlich doch die österreichische Geheimnummer des Käpt'ns.

Alexander Raab wohnt in der niederösterreichischen Schulstadt Mödling, am Rande von Wien, in einem hübschen, von einem Garten umgebenen Bungalow. Dort empfing er mich an einem Apriltag in dem weiträumigen Empfangssalon seines Domizils, in welchem die Bar ebenso wie auch die umfangreiche Bibliothek des Hausherrn untergebracht waren. Zwei volle Stunden stand mir Raab für ein Interviewzur Verfügung. Wir verbrachten diese Zeit – was ich sehr zu schätzen wußte – in angeregtem Gespräch.

UFO-Sichtung über Linz

Daß es zu diesem Gespräch überhaupt kommen konnte, war einem ungewöhnlichen Erlebnis des Österreichers zu verdanken. Es lag zum Zeitpunkt meines Besuchs zwar schon einige Jahre zurück, was aber den Aktualitätsgehalt des damaligen Ereignisses in keiner Weise schmälert. Raabs Erlebnis hatte danach in der Öffentlichkeit (und nicht nur in Österreich) ziemlichen Staub aufgewirbelt. Auch die deutschen Medien berichteten sehr ausführlich über diesen Vorfall. Es gab eigentlich nur eine Person, die dieser Rummel, der rund um sie gemacht worden war, sichtlich unangenehm berührte: nämlich den davon unmittelbar Betroffenen selbst – Alexander Raab.

Nicht verwunderlich: Mußte es doch einem geradezu hundertprozentigen Realisten wie dem AUA- und *Lux-Air*-Chefpiloten schon sehr gegen den Strich gehen, als Augenzeuge für ein schlechthin phantastisches und fast unerklärliches Geschehen herhalten zu müssen.

Ausgerechnet ihm mußte das passieren: Alexander Raab war bei einem seiner routinemäßigen Flüge von Wien nach Frankfurt mit einer rätselhaften Himmelserscheinung konfrontiert worden.

Einem *UFO*!

Die außergewöhnliche Sichtung ereignete sich vor etlichen Jahren in den Abendstunden des 18. März. Raab flog eine DC-9 der *Austrian Airlines*. Ungefähr über der oberösterreichischen Landeshauptstadt Linz, in etwa 6000 Metern Höhe, geschah das Unerwartete: Die Maschine des Österreichers wurde links von einem kegelförmigen Flugobjekt überholt. Der feurige Körper hatte die Form eines Trichters, mit einer nach *unten* gerichteten Spitze, die ein gleißendes Licht ausstrahlte. Raab war nicht der einzige Augenzeuge. Mit ihm wurde das UFO auch von seinem Copiloten Otto Herold etwa zwanzig Minuten lang gesichtet.

»Wie hat es gewirkt?«, wollte ich wissen.

»Es war ein Kegel«, beschrieb mir Raab das Objekt.

»Der Fußpunkt war eindeutig zusehen. Aber der Trichter war bestimmt nicht materiell vorhanden. Es hat ausgesehen wie viele Punkte. Der Fixpunkt und der Kegel waren sehr hell. In dem Moment, als ich den Fixpunkt sah, war er ganz weiß.«

»Wie war die Flugrichtung?«

»Es kam auf unserer linken Seite herunter.«

»Was war Ihr erster Gedanke?«

»Nichts. Ich habe keine Vergleiche angestellt.«

»Kam Ihnen in diesem Moment der Gedanke: ›UFO‹?«

»Nein, auch nicht. Am Anfang dachte ich, es kann ein Meteorit sein, aber der Eintrittswinkel war viel zu steil. Der Winkel betrug zirka 60 Grad. Auch der Trichter hat keine Konturen gehabt, aber der Punkt ganz klare.«

»Haben Sie sich wirklich keine Gedanken gemacht, was es gewesen sein könnte?«

»Bis zu einem gewissen Punkt kann man nachdenken, aber alles nach diesem Punkt ist Phantasie. Irgendeine Theorie aufstellen, das kann ich nicht, da ich zu realistisch denke.«

»Was haben Sie vom Standpunkt eines Technikers gedacht, der Sie doch sind, ohne gleich an Marsmenschen zu denken?«

»Ich habe keinen Bezug zu dieser Angelegenheit.«

Schon aus diesem kurzen Dialog wird deutlich, wie vorsichtig sich der damalige AUA-Chefpilot über sein außergewöhnliches Erlebnis äußerte. Dabei waren die Begleitumstände während jener zwanzigminütigen UFO-Sichtung gewiß nicht dazu angetan, Gelassenheit vorzutäuschen.

Der Lichtkegel war zunächst, wie schon erwähnt, in einem Winkel von 60 Grad zum Erdmittelpunkt geneigt gewesen, ehe er nach weiteren zwei Minuten plötzlich seine Richtung und seinen Neigungswinkel änderte und nunmehr zur Linken der AUA-Maschine, fast parallel, vorüberraste.

Ehe das unheimliche Ding am fernen Horizont aus dem Blickfeld der beiden DC-9-Piloten Raab und Herold verschwunden war, hatte sich an Bord des Flugzeuges – und zwar im Cockpit – Ungewöhnliches ereignet: Denn plötzlich hatten auch die Kompasse begonnen, »verrückt« zu spielen. Unvermittelt wichen sie nunmehr um sieben Grad ab, und auch die Warnanlagen begannen, scheinbar ohne jeden Anlaß und völlig unerwartet aufzuleuchten.

»Herr Raab, Sie haben während Ihrer langjährigen Pilotenlaufbahn (wie Sie mir am Beginn meines Besuches bestätigten) schon manches am Himmel gesehen. So zum Beispiel Nordlichter, Sonden oder Meteoriten. Haben Sie auch Satelliten beobachten können?«

»Satelliten habe ich bei unseren Atlantikflügen gesehen. Einmal waren es sogar siebzehn oder achtzehn während einer einzigen Nacht.«

»War der Lichtkegel, den Sie an jenem 18. März beobachteten, anders geartet als die Ihnen bekannten Satelliten?«

»Ja, völlig anders. Das Ding war aus meiner Sicht heraus viel größer. Es war links neben dem Flugzeug. Meiner Meinung nach hatte es mit Satelliten oder dem Rest einer Raketenstufe nichts zu tun.«

»Sie selbst haben damals die Sichtung nach Ihrer Rückkehr zum Wiener Flughafen Schwechat ordnungsgemäß Ihrer vorgesetzten Dienststelle bei der AUA gemeldet?«

»Ja. Ich habe eine normale, routinemäßige Meldung gemacht ... Übrigens waren mein Copilot und ich nicht die einzigen Beobachter gewesen. Dieses Objekt war zur selben Zeit auch von Besatzungsmitgliedern einer Cessna- sowie einer Lufthansa-Maschine gesichtet worden ...«

Über irgendeinen undichten Kanal hatten jedoch auch einige österreichische Journalisten von der eigentümlichen Beobachtung des AUA-Kapitäns Wind bekommen. Als Alexander Raab am späten Abend dieses 18. März aus Frankfurt zurückkehrte, wurde er im heimatlichen Flughafen bereits von einigen aufgescheuchten Zeitungs- und Radioreportern erwartet, die natürlich allesamt mehr über diesen abnormen Zwischenfall im oberösterreichischen Luftraum erfahren wollten. Raab selbst war über diesen für ihn dadurch unfreiwillig herbeigeführten Aufenthalt »not amused«. Aber wenn sich auch deshalb seine Rückkehr nach Mödling einige Zeit verzögerte, berichtete er den Journalisten dennoch wahrheitsgetreu, was er während seines Passagierfluges über Linz erlebt hatte.

Am folgenden Morgen gab es erwartungsgemäß riesige Schlagzeilen in den österreichischen Blättern. Auch dem heimischen Fernsehen war Raabs UFO-Sichtung eine Sondermeldung wert, und schon bald danach lud man den AUA-Chefpiloten exklusiv zu einer speziellen UFO-TV-Diskussion.

Mein Besuch bei dem erfahrenen Flugkapitän in Niederösterreich hatte ursprünglich allein seinem ungewöhnlichen Erlebnis an jenem Märzabend gegolten. Mir ging es darum, diesen Bericht »aus erster Quelle« zu erfahren, und ich hatte mich hierfür wohlweislich mit einem tragbaren Kassetten-Recorder ausgerüstet. Auf diese Weise war ich sicher, durch mein an Ort und Stelle aufgezeichnetes Gespräch von Alexander Raab mit authentischen Informationen nach Hause zurückkehren zu können. Mein Gastgeber hatte im übrigen auch nichts gegen mein Vorhaben einzuwenden.

Aber da war noch etwas. Es traf mich völlig unvorbereitet.

Zum ersten Mal erwähnt

Erstmals nämlich sprach Raab mit mir über ein Geschehen, das sich erst einige Zeit *nach* seiner UFO-Sichtung ereignete und seine Privatsphäre auf unangenehmste Weise beeinträchtigte. Bei ihm läutete nämlich irgendwann das Telefon.

»Wissen Sie noch ungefähr die Tageszeit?«, wollte ich es etwas genauer wissen.

»Ich glaube, es war an einem Nachmittag.«

»Wie hat sich der unbekannte Anrufer bei Ihnen vorgestellt?«

»Er hat mir in englischer Sprache nur mitgeteilt: ›We are investigating your case!‹ (›Wir untersuchen Ihren Fall!‹; P. K.) Und er hat mich mit dem Nachnamen angesprochen.«

»Was hat er gesagt?«

»Er sagte, daß sich seine Leute mit dieser Angelegenheit befassen.«

Für Raab war die knappe Auskunft des anonymen Anrufers zu unergiebig. Zudem war er verständlicherweise höchst ungehalten darüber, daß der Unbekannte ihm die namentliche Vorstellung verweigerte, wie es die Höflichkeit erfordert hätte.

»In der Folge fragte ich den Anrufer, was er denn überhaupt von mir wolle. Er antwortete in ziemlich barschem Ton: ›Es wäre weder in Ihrem noch in unserem Interesse, über diese Angelegenheit (den

UFO-Vorfall betreffend; P. K.) weiter zu reden.‹ Im übrigen sprach der Anrufer mit deutlich amerikanischem Akzent.«

»Welchen Grund sollte ein Amerikaner haben, Ihnen nahezulegen, nichts mehr über Ihre UFO-Sichtung zu sagen?«

»Ich kann es mir nicht vorstellen.«

»Hat der Unbekannte den Namen NASA (die amerikanische Weltraumbehörde; P. K.) erwähnt?«

»Nein, auch nicht. Er sagte lediglich, er sei von einer Stelle, die solche Fälle untersuche. Soweit ich mich erinnern kann, war das vier Tage nach meiner Linzer Beobachtung ...«

Mir brannte jetzt eine weitere, sehr logische Frage auf der Zunge:

»Woher hatte der anonyme Anrufer eigentlich Ihre geheime Telefonnummer?«

»Ich weiß es wirklich nicht. Wie Sie ja inzwischen selbst festzustellen vermochten, erhält man meine Nummer weder über die AUA-Pressestelle noch von der Flughafen-Zentrale.«

Diese Aussage bedarf keinerlei Kommentars. Was jenen Anruf des unbekannten Amerikaners (?) so besonders mysteriös erscheinen läßt, ist vor allem der Umstand, daß zum Zeitpunkt seines Telefonats – fünf Jahre bevor ich selbst mein Glück über die AUA (wenn auch vergeblich) versucht hatte – für den anonymen Anrufer noch keinerlei Möglichkeit bestand, die Geheimnummer Raabs (wie es mir dann später glückte) etwa über die *Lux-Air* zu erfahren. Denn damals flog der österreichische Chefpilot *noch nicht* für Luxemburg.

»Der Unbekannte hat also über Sie offenbar alles gewußt, aber Sie durften anscheinend über ihn nichts Näheres erfahren ...«

»Ich weiß nicht einmal, ob der Anruf aus Übersee gekommen ist, oder sonst von einem beliebigen Ort«, konnte mein Gastgeber selbst Jahre später seinen Ärger über diesen akustischen Zwischenfall noch nicht ganz unterdrücken.

»Haben Sie instinktiv den Eindruck gehabt, mit einem Spinner zu telefonieren?«, bemühte ich mich Käpt'n Raab aus der Reserve zu locken.

Der aber blieb vorsichtig:

»Das kann ich nicht sagen.«

»Haben Sie dennoch versucht, von dem Anrufer Näheres zu erfahren?«, ließ ich nicht locker.

»Ja«, meinte mein auskunftsbereiter Partner, »aber es war nichts zu machen. Ich habe dem Anrufer dann jedenfalls auch klargemacht, daß ich im Auftrag der *Austrian Airlines* über den Linzer Vorfall nichts mehr sagen solle.«

»Haben Sie in diesem Zusammenhang Ihre Dienststelle über dieses seltsame Gespräch informiert?«, konnte ich meine Neugier noch immer nicht zügeln.

Raabs Antwort überraschte mich.

»Nein! Ich habe der AUA nichts von diesem Telefonat erzählt.«

»Glauben Sie, daß der anonyme Anrufer nach diesem Gespräch mit Ihnen beruhigt war?«

Der Flugkapitän zuckte mit den Schultern.

»Das kann ich nicht beurteilen. Ich sagte ihm jedenfalls, daß für mich der Fall abgeschlossen sei, und meinte zu ihm wörtlich: ›Sie brauchen keine Angst zu haben, daß ich darüber weiter reden werde.‹ Und ich habe mich in der Folge auch tatsächlich nicht mehr dafür interessiert. Alle Briefe, die ich zu diesem Vorfall aus aller Welt, sogar aus Japan, bekommen habe, wurden von mir weggeworfen. Und ehrlich –«, hier konnte sich mein Gesprächspartner eines leisen Schmunzelns nicht ganz enthalten, »ich hätte den Fall fast vergessen, wenn ich von Ihnen nicht angerufen worden wäre ...«

Wer aber war nun der unbekannte Anrufer, der partout anonym bleiben wollte? Wem war das Verschweigen der UFO-Beobachtung durch einen erfahrenen und sachlich urteilenden Flugkapitän so wichtig, daß er sich sogar zu einer verkappten Drohung verstieg: »Es wäre weder in Ihrem noch in unserem Interesse, über diese Angelegenheit weiter zu reden«?

Raabs unerwünschter Telefonpartner war auch auf Drängen des Angerufenen nicht bereit gewesen, seinen Namen oder wenigstens seine Dienststelle zu verraten. War dieser Fremde Mitglied jener Organisation, die vorzugsweise aus der Anonymität agiert, deren Einfluß aber ganz offensichtlich weltweit zu spüren ist?

Gehörte der Unbekannte zu den MIB – den Men in Black?

Diese Frage bleibt bis auf weiteres ungeklärt.

4. Benders wundersame Geschichten

Unter den Erscheinungsformen, in denen von den Men in Black berichtet wird, nimmt das damit eng verknüpfte Geschick des amerikanischen UFO-Forschers Albert K. Bender zweifellos eine bevorzugte Stelle ein. Schon viele Male wurde darüber in den vergangenen fünf Jahrzehnten diesseits und jenseits des Ozeans in den verschiedensten Medien berichtet. Aber wie immer man sich zu dem damals stattgefundenen Geschehnis auch stellen mag – was sich rund um diese vielfach umstrittene Persönlichkeit ereignet haben soll und angeblich mit den MIB in unmittelbarem Zusammenhang stand, scheint mir berichtenswert.

Der »Fall Bender« ist ein klassisches Beispiel für das – wie im konkreten Fall – geradezu *rücksichtslose* Einschreiten der »Männer in Schwarz«.

Begonnen hatte alles Anfang der 1950er Jahre, als sich das allgemeine Interesse an dem UFO-Phänomen wie ein Lauffeuer verbreitete. Die skurrilsten und abenteuerlichsten Überlegungen wurden während dieser Zeit von den »gläubigsten« Anhängern der UFO-Hypothese in ihren Klubs diskutiert und von sensationsheischenden Gazetten entsprechend marktschreierisch veröffentlicht.

Einige Enthusiasten, die meinten, »das Gras wachsen« zu hören, verfolgten dabei eine besonders außergewöhnliche Spur. Sie suchten nämlich die, ihrer Meinung nach, längst hierorts existenten außerirdischen Besucher nicht am Firmament, sondern auf der Oberfläche dieses Planeten. Waren sie doch von der Idee besessen, daß die UFOnauten sich schon längst bei den Menschen eingeschlichen hätten und seither unerkannt unter uns lebten und wirkten. Die Verfechter derartiger Gedanken beriefen sich dabei auf angeblich erfolgte Kontakte verschiedener Zeitgenossen, die hartnäckig behaupteten, mit außerirdischen Raumfahrern in Berührung gekommen zu sein.

Regen Zuspruchs jener Phantasten erfreute sich dabei ein Mann, der im Jahr 1952 deswegen eigens eine spezielle Anlaufstelle in dem Städtchen Bridgeport, Connecticut, eröffnet hatte: das *International Flying Saucer Bureau (IFSB)* – deutsch: das *Internationale*

Büro für Fliegende Untertassen. Möglicherweise würde sich der Gründer der Organisation – jener Albert K. Bender – noch heute im Rahmen dieser Gesellschaft ufologisch betätigen, hätte er seinerzeit nicht den verhängnisvollen Fehler begangen, das Aufgabengebiet des IFSB um ein weiteres, ganz offensichtlich zu brisantes Thema zu erweitern: Ihm ging es, wie sich bald herausstellte, nämlich nicht nur darum (was beispielsweise die bei Bender ein- und ausgehenden UFO-Enthusiasten ausschließlich im Sinne führten) »das Geheimnis der Unbekannten Flugobjekte« aufzudecken. Er hatte es sich ebenso in den Kopf gesetzt, jene mysteriöse Gruppierung zu demaskieren, die unter der Bezeichnung Men in Black vor allem in den Vereinigten Staaten ihr unerfreuliches Unwesen trieb.

Benders Gesellschaft war überraschenderweise nur ein kurzes Dasein vergönnt. Bereits nach einem Jahr ebbten die bis dahin eifrigen Aktivitäten ihres Gründers ab, ohne daß man in der Öffentlichkeit die Beweggründe hierfür festzustellen vermochte. Albert K. Bender selbst schwieg beharrlich, und erst in der allerletzten Ausgabe von *Space Review* – jener Zeitschrift, die von seiner Gesellschaft seit ihrem Bestehen regelmäßig herausgegeben worden war – las man nunmehr eine vorsichtige Andeutung des UFO-Forschers für die tatsächlichen Beweggründe, die zur unerwarteten Auflösung seiner Organisation sowie zur ebenso konkreten Schließung seines Büros geführt hatten. Da hieß es, vom Verfasser höchst kryptisch formuliert:

»Das Geheimnis der fliegenden Untertassen ist kein Geheimnis mehr. Ihre Herkunft ist bekannt, aber jede Information darüber wird auf Anordnung höherer Stellen zurückgehalten. Wir hatten die Absicht, die ganze Angelegenheit im *Space Review* darzustellen. Aber aufgrund der Natur der erhaltenen Informationen müssen wir uns entschuldigen, daß wir dies nicht tun werden. Wir raten jedem, der sich in Fragen der Untertassen engagiert hat, äußerst vorsichtig zu sein.«

Nur in der näheren Umgebung Benders wußte man, daß der UFO-Experte den Besuch dreier schwarz gekleideter Männer erhalten hatte, aber niemand vermochte Näheres über diese Fremden in Erfahrung zu bringen oder gar ihre Identität zu eruieren. Einige Leute wiederum waren davon überzeugt, von Bender zum Narren gehalten zu werden, weil es dieser offenbar nur darauf angelegt hatte, in der Öffentlichkeit Aufsehen zu erregen. So war es nicht weiter verwunderlich, daß man dem Betreffenden mißtrauisch entgegentrat. Andere hingegen vertraten die Ansicht, Bender habe vielleicht wirklich das Rätsel des UFO-Phänomens gelöst, sei aber schließlich von der US-Regierung zum Schweigen verpflichtet worden. Jedenfalls verlor er nach und nach Freunde, und sogar die eigenen früheren Mitarbeiter begannen sich jetzt ebenfalls gegen ihren Organisationsleiter zu stellen.

Psychodruck auf UFO-Forscher?

Bender selbst weigerte sich strikt, genauere Auskünfte zu geben oder – wie er es auf etwas bombastische Weise kundtat – *»die Wahrheit zu enthüllen«*. Erst 1962 veröffentlichte er dann sein Buch *Fliegende Untertassen und die drei Männer*, doch dessen Inhalt, der sich wie ein sensationsheischender Science-Fiction-Roman las, war nicht dazu angetan, Benders seltsame Geschichten glaubwürdiger zu machen. Im Gegenteil: Er wurde noch mehr zur Zielscheibe öffentlichen Spotts, und Verunglimpfungen seiner Person waren an der Tagesordnung.

In dem Buch hatte Bender nämlich behauptet, bereits kurz nach Eröffnung des Büros mit unangenehmen Zwischenfällen konfrontiert worden zu sein. Auf ihn sei plötzlich Psychodruck ausgeübt worden. So will er telepathische Weisungen erhalten haben, alle weiteren Untersuchungen des UFO-Phänomens sofort einzustellen. Dann seien in seinem Zimmer leuchtende Objekte sichtbar geworden, die einen penetranten Schwefelgeruch hinterlassen hätten. Eines Tages sei ihm in einem Kino ein Mann aufgefallen, der »zwei seltsame Augen besaß, die in seinem dunklen Gesicht wie kleine Taschenlampenbirnen aufleuchteten«. Als er seinen seltsamen Nachbarn genauer fixiert habe, sei dieser plötzlich verschwunden gewesen, um ebenso unversehens an seiner anderen Seite wieder aufzutauchen. Als Bender (laut Buchtext) erschrocken den Kinobesitzer alarmiert habe und dieser den Störenfried mit seiner Taschenlampe anzuleuchten versuchte, seien die Plätze zu beiden Seiten leer gewesen. Nichts schien darauf hinzudeuten, daß hier irgendwer gesessen hatte.

Die »glühenden Augen« sollen den UFO-Forscher angeblich

auch weiterhin verfolgt haben. Als Bender einige Monate nach dem Kinovorfall die Treppe zu seiner Wohnung emporgestiegen sei, habe er zu seiner Überraschung bemerkt, daß bereits eine der Zimmertüren geöffnet worden war und sich jemand darin aufzuhalten schien. Aus der Dunkelheit des Raums sei ihm – behauptete Bender in seinem Buch – ein seltsames blaues Licht entgegengeschimmert. Mutig habe er sich daraufhin mit einem Besen »bewaffnet«, um danach die dunkle Räumlichkeit zu betreten. Erst jetzt sei ihm aufgefallen, daß das geisterhafte Leuchten aus einer Ecke des Zimmers zu kommen schien, wobei sich in der Mitte der bläulichen Lichtquelle ein undefinierbares »Objekt« zu befinden schien. Verärgert habe er dann gerufen: »Laß den Unsinn und komm' aus der Ecke heraus!« Daraufhin habe das intensive Leuchten nachgelassen. Nur die beiden glühenden Augen hätten im Dunkel noch eine Weile geleuchtet. Danach sei die unheimliche Erscheinung wieder verschwunden und alles sei so gewesen, als hätte es den mysteriösen Zwischenfall nie gegeben. Lediglich jener unangenehme Geruch, der Bender an Schwefel erinnert habe, habe noch eine Weile wie eine unsichtbare Wolke im Raum gehangen.

Es roch nach Schwefel

Kurz bevor das »Internationale Büro« des UFO-Forschers am 15. März 1953 für immer seine Pforten schloß, war von den Mitgliedern der einvernehmliche Beschluß gefaßt worden, mit Hilfe von Telepathie eine Botschaft an die »Besatzungen von fliegenden Untertassen« abzuschicken. Die UFOnauten wurden darin gebeten, mit den Menschen doch endlich Kontakt aufzunehmen und ihnen zu helfen, ihre Probleme zu lösen. Man einigte sich auf einen bestimmten Zeitabschnitt, zu dem jedes Mitglied der Bender-Organisation einen gleichlautenden Text telepathisch an die kosmischen Helfer absenden sollte. Auch Bender selbst akzeptierte dieses ungewöhnliche Vorhaben.

In seinem umstrittenen Buch schilderte er, seinen telepathischen Kontakt deshalb vom Bett aus versucht zu haben, weil er meinte, sich hier besser konzentrieren zu können. Beim dritten Versuch habe er plötzlich einen furchtbaren Schmerz im Kopf verspürt und abermals einen penetranten Schwefelgeruch im Zimmer wahrgenommen. Dann seien plötzlich »kleine Lichter« durch sein Gehirn gegeistert, und er habe zu frieren begonnen.

Als Bender seine Augen langsam geöffnet habe, sei es ihm vorgekommen, als ob er über seinem Bett schwebte. Es hatte das Empfinden, als hätte ihn seine Seele verlassen und er sei plötzlich in die Lage versetzt worden, auf den eigenen, im Bett liegenden Körper hinunterzuschauen. Dann will der UFO-Kontaktler eine Stimme vernommen haben, die ihn förmlich zu durchdringen schien, ohne daß er im eigentlichen Sinn einen Ton vernommen hätte. Eindringlich sei er nunmehr gewarnt worden, sich nicht mehr mit den Geheimnissen des Universums zu befassen und in dieselben einzumischen. Als Bender zu widersprechen wagte, habe ihm die Stimme wörtlich zu verstehen gegeben: »Wir sind unter euch und kennen alle eure Gedankengänge. Nimm zur Kenntnis, daß wir hier auf eurer Erde sind!«

Einige Tage danach, berichtete Bender in seinem Buch, seien die mysteriösen Sprecher leibhaftig bei ihm aufgetaucht. Wie bei vielen anderen später noch folgenden Besuchen, habe ihre Ankunft bei ihm Schmerzen und Unwohlsein ausgelöst. Nach seinen schriftlichen Angaben soll sich das erste Rendezvous des UFO-Forschers mit den Men in Black folgendermaßen abgespielt haben:

»Von irgendwoher tauchte blaues Licht auf und schwirrte im Raum umher. Mir wurde schwindelig, es hämmerte wild in meinem Kopf, und ich fühlte mich wie aufgebläht. Ich schwankte zum Bett und warf mich nieder. Dabei wurde mir eiskalt. Ich fühlte richtig, wie ich gänzlich unter den Einfluß irgendeiner Kraft oder irgendeiner Person geriet. Das Zimmer schien dunkel zu werden, obwohl ich noch alles erkennen konnte. Dann bemerkte ich drei schattenhafte Figuren, die etwa dreißig Zentimeter über den Fußboden schwebten. Im Kopf hämmerte es, mein Körper wurde immer leichter. Ich hatte das Gefühl, gewaschen zu werden. Die drei Figuren wurden deutlicher. Sie sahen wie Geistliche aus, trugen aber Hüte aus weichem Filz. Die Gesichter waren nicht klar erkennbar, weil die Hüte sie teilweise abdeckten und beschatteten … Plötzlich leuchteten die Augen aller drei Figuren wie Taschenlampen auf; sie waren direkt auf mich gerichtet.«

Erst dann will Bender bemerkt haben, daß ihm die unheimlichen Besucher telepathisch eine Nachricht übermitteln wollten. Einer der

Männer habe die Kopie des von ihm verfaßten Berichts gezeigt, und die beiden anderen MIB hätten sodann bestätigt, daß Benders UFO-Theorie auf korrekten Unterlagen beruhe. Danach hätten ihm die drei Fremden sogar zusätzliche Informationen übermittelt.

Bender beschrieb seine unheimlichen Besucher sehr genau. Sie seien alle drei völlig identisch gekleidet gewesen: Schneeweiße Hemden, schwarze Anzüge und gleichfarbige Filzhüte mit schmaler, geschwungener Krempe und einer Einbuchtung.

Es fällt schwer, diese Gruselstory für bare Münze zu nehmen und nicht als reine Phantasterei abzutun. Andererseits aber hat sich inzwischen die tatsächliche Existenz der »Männer in Schwarz« – selbst wenn man nicht bereit sein sollte, den Erzählungen Albert K. Benders Glauben zu schenken – vielfach bestätigt. Anscheinend scheint doch nicht alles, was der UFO-Forscher von sich gab, von ihm bloß erdacht worden zu sein. Es sieht so aus, als wäre Bender von irgend jemandem in bestimmter Weise wesentlich beeinflußt worden. Jedenfalls muß es einen extrem zwingenden Grund gegeben haben, der den UFO-Forscher schließlich zu dem spontanen Entschluß kommen ließ, sein UFO-Büro von einem Tag zum anderen zu schließen.

Selbst wenn man bereit sein sollte, Benders dubios klingende Erzählungen allein auf eine vielleicht überreizte Phantasie zurückzuführen – irgendeiner Bedrohung scheint dieser Mann von unbekannter Seite tatsächlich ausgesetzt gewesen zu sein. Drangsalierte man ihn womöglich mit Psycho-Terror – wobei man möglicherweise nicht davor zurückgescheut hatte, dabei mit Hilfe von raffinierten technischen Finessen zu operieren?

Inwieweit Bender in seinem Buch über die Men in Black mehr verraten hat, als ihm von den Fremden letztlich zugestanden worden war, entzieht sich meiner Kenntnis. Jedenfalls will er, so behauptete er, von den Außerirdischen auf telepathischem Wege neuerlich kontaktiert worden sein. Ihrer ihm übermittelten Botschaft zufolge wäre der Besuch unseres Planeten durch UFOs durchaus begründet. Bei ihrer Tätigkeit – so sei ihm ferner mitgeteilt worden – dürften sie so lange nicht gestört werden, bis sie ihre Aufgabe im Sinne ihres Auftrags erfüllt hätten.

Märchen aus Tausendundeiner Nacht?

»Was du von uns hier siehst«, wurde Bender angeblich verraten, »ist nicht unsere natürliche Form. Wir hielten es aber für notwendig, in diesem Äußeren aufzutreten.«

Die unbekannten Verbindungsleute sollen dem UFO-Forscher ferner mitgeteilt haben, daß sie schon sehr oft in ihren Raumschiffen Kontakt mit der Erde aufgenommen hätten. An einer einsamen Stelle unseres Planeten soll, so läßt uns Bender wissen, von den Fremden sogar eine Basis errichtet worden sein. Er selbst sei aufgrund seines durchschnittlichen, sprich *unauffälligen* Aussehens als Kontaktperson ausgewählt worden. Und man sei sicher, daß man ihm in der Öffentlichkeit ohnehin nicht glauben würde, sollte er es darauf anlegen, das Geheimnis um die UFO-Präsenz auf diesem Planeten unerlaubterweise weiterzugeben.

»Wir hielten es auch für notwendig, Erdmenschen hinwegzutragen, um mit ihren Körpern unsere eigenen zu verstecken«, kann in Benders merkwürdigem Buch nachgelesen werden. Zudem will er von den Fremden eine kleine Scheibe von der Größe einer Münze erhalten haben. Diese sollte er in die Hand nehmen, sein Radio einstellen und das Wort »Kazik« dreimal wiederholen, wenn er mit seinen Auftraggebern in Kontakt treten wolle.

Die Geschichte erinnerte irgendwie an die orientalischen Märchenerzählungen aus »Tausendundeiner Nacht«.

Spätestens an dieser Stelle begannen manche, sich ehrlich mit diesem Phänomen befassende UFO-Experten, an Benders Seriosität zu zweifeln. Ernsthaft dürften sie sich gefragt haben, ob der Mann seinen Verstand verloren habe.

Der vormalige Initiator der zivilen UFO-Forschungsgruppe hatte aber noch Unglaublicheres zu berichten. Bei der nächsten Zusammenkunft, behauptete er, hätten ihn jene drei Wesen – die unheimlichen Men in Black – mitgenommen und in einen riesigen, kreisrunden Raum gebracht, der sich unter einer in hellem Licht strahlenden Glasglocke befand. Seiner Meinung nach handelte es sich dabei vermutlich um das Innere einer Fliegenden Untertasse. Dort sei er, erfahren wir in Benders Buch, von einem Mann begrüßt worden, der ihm erklärte, daß die UFO-Insassen planten, aus den irdischen Meeren wertvolle Chemikalien zu entnehmen. Um dies möglich zu machen, seien sämtliche wichtigen Positionen der Regierungen der verschiedenen Staaten – selbstverständlich auch jene im amerikanischen Pentagon – mit Gewährsleuten besetzt worden, die den Aliens hörig waren. Die Okkupanten (auch das will Bender von den MIB erfahren haben) sei es jederzeit möglich, durch das Bedienen eines bestimmten Schalters die ganze Welt zu zerstören. Man habe ihm, lesen wir weiter, auf einem dreidimensionalen Schirm verschiedene Bilder gezeigt. Unter anderem auch das Bild eines *Monsters*, das so schrecklich ausgesehen habe, wie er Derartiges noch nie zu Gesicht bekommen hatte.

Plötzlich habe er den Eindruck gewonnen, daß dieses Monster direkt mit ihm spreche. Das Wesen behauptete, genauso auszusehen. Alle intelligenten Lebewesen auf seinem Planeten würden die gleiche Gestalt besitzen, die sie natürlich selbst keineswegs (im Gegensatz zu Benders Auffassung) als entsetzlich empfänden. Auf ihrem Planeten – will der UFO-Kontaktler von dem monstergleichen Lebewesen zusätzlich erfahren haben – gäbe es drei Geschlechter: Das männliche und das weibliche; während das dritte über allen stünde: Nämlich die Anführer ihrer Rasse. Der Planet, von dem sie mit ihren Raumschiffen gekommen seien, sei viele, viele Lichtjahre von der Erde entfernt.

Bei einer anderen Begegnung Benders mit den seltsamen Raumbewohnern hätten sie ihm auch ihre Erdenbasis gezeigt. Sie soll sich, nach seinen Angaben, in der Antarktis befinden, wohin er dann auch gebracht worden sei. Man verschaffte ihm angeblich auch die Möglichkeit, eine dieser »Fliegenden Untertassen« näher in Augenschein zu nehmen und auch deren Hangar zu besichtigen, worin sie untergebracht war.

Bisexuelles Wesen mit leuchtenden Augen

Damit nicht genug: Schließlich will Bender von Angesicht zu Angesicht einem Angehörigen des sogenannten »dritten Geschlechts« – einem der Anführer der Weltraumbesucher – gegenübergestanden haben. Einem fast drei Meter großen, bisexuellen Wesen mit den gleichen leuchtenden Augen, wie sie jene drei Fremden hatten, die ihn am Beginn der Kontaktnahme in seiner Wohnung besucht und gewaltig erschreckt hatten.

Die von Bender so titulierten Men in Black!

In seinem Buch machte der Verfasser keinen Hehl daraus, wie sehr ihn das Aussehen dieser Leute abstieß. Dennoch schrieb er getreulich nieder, was ihm jene intelligente Kreatur über die Aktivitäten ihrer Rasse zu berichten wußte. Demnach besuchten die Aliens unsere Erde bereits seit 1945 und planten, fünfzehn Jahre hier bleiben zu wollen.

»Wir haben viele von deinen Leuten zu unserem Planeten gebracht, um mit ihnen zu experimentieren, und wir haben einige von ihnen für unsere Leute als Ansichtsexemplare ausgestellt.«

Bender wurde, nach seinen Worten, von dem Befehlshaber der Basisstation mit einer Entführung gedroht, sollte er sich seinen Leuten widersetzen. Auf die Erde zurückgekehrt, will er weitere seltsame Erlebnisse gehabt haben. So sei er im Zimmer seines Domizils von einem unsichtbaren Etwas besucht worden, das er nur durch die Ausbuchtung auf einem Stuhl wahrzunehmen vermochte. Als sich dann dieses Wesen zu materialisieren begonnen habe, hätte ihn »die schrecklichste Furcht meines ganzen Lebens« befallen. Er habe eine drei Meter hohe Gestalt erblickt, die grünlich schimmerte, ein leuchtendes Gesicht und glühende Augen gehabt habe. Daraufhin sei er ohnmächtig geworden.

Offenbar war Albert K. Bender bestrebt, in seinem obskuren Buch auch etwas Positives von sich zu geben. So wußte er zu berichten, daß er bei einem weiteren Besuch des gläsernen Domes von drei schönen Frauen entkleidet und gründlich durchmassiert worden sei. Irgend etwas sei dabei über seinem Körper geschwebt, er selbst sei in ein Licht getaucht worden, das in den Farben von Blau bis Purpurrot geschimmert habe. Man habe ihm zu verstehen gegeben, daß diese Behandlung seine Gesundheit in den kommenden Jahren sichern würde. Gleichzeitig sei er von einem Strahl getroffen worden, der in seinem Körper einen Impuls ausgelöst hätte. Die drei Grazien hätten Benders Reaktion danach mit ihren Instrumenten gemessen.

Unter ständiger Kontrolle

»Wir haben es für nötig befunden, dies zu tun, um dich unter ständiger Kontrolle zu halten«, habe man ihn wissen lassen. Denn:

»Wenn du irgendwann unser Geheimnis verraten solltest, brauchen wir nur auf einen Knopf in unserem Labor zu drücken, und dein Körper ist zerstört.« Er würde sich auflösen, und nur wenig würde von ihm übrig bleiben. Das wäre dann die Strafe für den Vertrauensbruch gegenüber den MIB.

Aufgrund dieser gefährlichen Drohung, und weil ihn der Besuch der Men in Black ziemlich verängstigt hatte, begründete Bender sein Tun, und mit der Gewißheit, »vom Geheimnis der Untertassen« nunmehr umfassende Kenntnisse zu besitzen, habe er sich entschlossen, seine UFO-Organisation umgehend aufzulösen und seinen Bericht nicht zu veröffentlichen. Die seltsame Scheibe der Fremden sei von ihm sicherheitshalber versteckt worden. Er rechnete damit, daß im Augenblick ihres Verschwindens die fremden Besucher ihre irdischen Aufträge erledigt hätten und diesen Planeten wieder verlassen würden. Erst als es soweit gewesen sei, habe er ohne jede außerirdische »Behinderung« den Bericht über seine Kontakte mit den Men in Black niedergeschrieben.

1960 will Bender, nach eigenen Angaben, festgestellt haben, daß die ihm geliehene ominöse Scheibe ebenso verschwunden gewesen sei wie ein paar andere Gegenstände, die ihm von den »Männern in Schwarz« für die Dauer ihres Aufenthalts auf unserem Planeten zur Verfügung gestellt worden waren. Die MIB hatten ihr Eigentum offenbar wieder an sich genommen.

Obwohl Bender angeblich nicht damit gerechnet haben will, daß man ihm seine Kontakte mit außerirdischen Besuchern glauben würde, habe er sich schließlich doch entschlossen, seine angeblichen Begegnungen mit den Men in Black in Buchform zu veröffentlichen. Kühn behauptete er bei der Präsentation seines Werkes nunmehr in aller Öffentlichkeit: »Nachdem die Metallscheibe verschwunden ist und die fremden Raumfahrer unseren Planeten wieder verlassen haben, sind die Meldungen über fliegende Untertassen stark zurückgegangen.«

Einer der wenigen, denen Bender vom Besuch der MIB erzählt hatte, war ein Kollege, welcher der von ihm gegründeten und später wieder aufgelösten UFO-Gesellschaft beigetreten war:

Gray Barker.

Gleich Bender veröffentlichte dieser UFO-Forscher einige Zeit danach ein ebenfalls Kontroversen erzeugendes Buch. Provokant betitelte er es: *They Know Too Much about Flying Saucers* (*Sie wissen zu viel über Fliegende Untertassen*).

Wie immer man über Albert K. Bender denken mag und dabei auch den Wahrheitsgehalt seiner angeblichen Weltraumkontakte bezweifelt – eine Frage ist dennoch weiterhin unbeantwortet geblieben: Wie verhielt es sich nun tatsächlich mit den von ihm behaupteten Begegnungen mit den »Männern in Schwarz«?

Diese drei mysteriösen Gestalten wurden nämlich nicht nur von Bender gesehen. Sie waren im Zusammenhang mit UFO-Aktivitäten auch anderen gegenüber aktiv. Ihrer tatsächlichen Existenz kann nicht gleichermaßen widersprochen werden wie beispielsweise den märchenhaft klingenden Erzählungen über Außerirdische eines George Adamski. Dieser aus Polen in die USA ausgewanderte, sich selbst recht hochtrabend als »Astronom« bezeichnende Autodidakt behauptete in seinen Büchern ernsthaft, mit einem Venusbewohner Kontakt aufgenommen zu haben, der in der kalifornischen Wüste, nahe von Adamskis Wohnstätte Palomar Gardens (am Südhang des Mount Palomar in Kalifornien), mit einer fliegenden Untertasse gelandet sein soll. Später will der Exil-Pole von dem Venusier in dessen UFO sogar ins Weltall mitgenommen worden sein. Der Außerirdische habe es ihm ermöglicht, den Mond, die Venus sowie andere Planeten zu besuchen.

Adamski und die MIB

Ob dieser moderne Münchhausen damals nur den Trend zu nutzen wußte, wie mancher seiner Zeitgenossen ebenfalls von MIB kontaktiert worden zu sein, oder ob er sich seine Story überhaupt aus den Fingern gesogen hatte, läßt sich aus heutiger Sicht nicht schlüssig beantworten. Jedenfalls behauptete George Adamski in der Ausgabe vom 15. Juni 1958 des von ihm herausgegebenen und redigierten *Saucerian Bulletin*, ebenfalls von den Men in Black besucht worden zu sein. Seinen Angaben gemäß soll dies kurz nach der Veröffentlichung seines ersten (auch in Deutsch erschienenen) Buches *Flying Saucers Have Landed* (*Fliegende Untertassen sind gelandet*) gewesen sein, in welchem er über seine angeblichen Kontakte mit Venusbewohnern berichtet hatte. Drei unbekannte Männer hätten ihn damals aufgesucht:

»Einer von ihnen war mir fremd, den beiden anderen war ich früher schon einmal begegnet. Der Fremde war es auch, der die Rolle eines Ermächtigten hervorkehrte und mich direkt bedrohte. Er verlangte von mir die Herausgabe gewisser Papiere aus meinem Besitz. Ich gab ihm einige, und er versprach mir, sie wieder zurückzugeben. Doch ich sah sie niemals wieder. Da ich gar nicht richtig verstanden hatte, was er eigentlich meinte, hatte ich ihm keine meiner wichtigen Unterlagen ausgehändigt. Ich will auch nicht leugnen, daß ich eingeschüchtert war. Ehe die drei gingen, sagten sie drohend, ich solle ja aufhören zu reden, sonst würden sie wiederkommen, mich einschließen und den Schlüssel fortwerfen.«

In der zuvor genannten Juni-Ausgabe des *Saucerian Bulletin* erschien auch eine »Erklärung« von George Adamski. Darin faßte er seine Gedanken zusammen, die er sich über die »Männer in Schwarz« gemacht hatte:

»Die drei Männer, die Albert K. Bender besuchten, schienen Regierungsagenten irgendwelcher Art zu sein. Wenn man es aber gründlich überlegt, kann man es nicht ganz glauben. Existieren denn Organisationen von fast supraregierungsmäßiger Art, welche, wegen ihrer Heimlichkeit, nicht allgemein bekannt sind? Oder gibt es eine Art von privaten ›Schweigegruppen‹, die für üble und unbekannte Zwecke tätig sind? Wenn das der Fall ist, dann haben sie ihre Sache sehr gut gemacht. Sie haben wirklich ein organisiertes Durcheinander geschaffen. Einige, die wirklich Bescheid wußten, wurden zum Schweigen gebracht – vielleicht aber gar mit anderen Mitteln.«

Adamski war keineswegs der einzige »Kontaktler«, dem die Men in Black ihre Aufwartung machten. Einer der davon Betroffenen will auch der amerikanische Radiotechniker und Funker Bob Renaud aus Massachusetts gewesen sein, der von sich behauptete, er habe insgesamt dreißig Sprechfunk- und Fernseh- sowie vier direkte *persönliche* Kontakte mit Besuchern des Planeten Korendor gehabt. Am frühen Morgen des 4. Februar 1964 soll eine direkte Begegnung mit den Außerirdischen stattgefunden haben. Bob Renaud, der gerade an Aufzeichnungen über seine früher erfolgten extraterrestrischen Begegnungen gearbeitet hatte und sich dabei über Kopfhörer mit Musik hatte berieseln lassen, will plötzlich, so behauptete er in einem seiner Bücher (*The Bob Renaud Story*, zu deutsch: *Meine Kontakte mit Außerirdischen*, Band III), durch ein

»weiches, tiefes Summen« aus seiner Konzentration gerissen worden sein. Gleich darauf habe er über den Funkweg die ihm bereits vertraute Stimme seines außerirdischen »Gewährsmannes« Orri-Val vernommen: »Alen Bob. Schalte dein Gerät nicht erst ein, wir bleiben nur eine Minute. Wir bitten dich, in zehn Minuten bereit zu sein, mit uns zu gehen ...«

Es würde zu weit führen, hier nun sämtliche phantastischen Erlebnisse von Bob Renaud aufzuzählen, die er, nach eigener Behauptung, im Weltraum und auf dem Planeten Korendor gehabt haben will. Das alles ist nicht Gegenstand dieses Buches.

Ein interessanter Aspekt könnte hingegen jene für den Kontaktler danach erfolgte unerfreuliche Begegnung mit drei »Männern in Schwarz« darstellen. Bob Renaud hätte sie liebend gern vermieden und wurde zudem durch die Fremden sehr verängstigt. Darüber wird im 40. Kapitel seines Buches ausführlich berichtet. Im Gegensatz zu der vorangegangenen Schilderung jener angeblichen Kontaktaufnahme Bobs mit außerirdischen Besuchern wurde sein jüngstes Erlebnis *nicht in Ich-Form* wiedergegeben. Dieser spezifische Bericht erschien vielmehr zunächst in dem amerikanischen UFO-Magazin *Saucer News* im Frühjahr 1968. Er wurde erst in der Redaktion verfaßt und danach von Jim Mosely, dem Mitherausgeber dieser Zeitschrift, exklusiv veröffentlicht. Erst viel später wurde dann der betreffende Beitrag in den 3. Band des Renaud-Buches integriert.

Seltsame Besucher

Bob Renauds seltsames Erlebnis ereignete sich 1967, am 16. Dezember.

»Um 13.00 Uhr – er war allein zu Haus – ging er, wie gewohnt, die Post aus dem Kasten zu holen. In dem Haufen war ein sonderbarer Umschlag, dunkelbraun, fast schwarz und von einem Format, das vollständig anders war als die Standardgröße. Darauf stand das einzige Wort ›KONTAKTLER‹. Auf dem Umschlag war keine Marke.« (Den Inhalt des Briefes hatte Bob an Jim Mosely geschickt und um spätere Rückgabe gebeten. Er wurde aber von den Herausgebern der *Saucer News*, Mosely und Barker, leider nicht abgedruckt. P. K.)

»Gegen 15.00 Uhr hatte Bob sich soweit beruhigt, daß er sich hinsetzte und diverse Flying-Saucer-Magazine zu studieren begann. Er war so sehr darin vertieft, daß er nicht merkte, wie drei Männer sein Zimmer betraten und einer ihn anredete: ›Wir möchten uns mit dir unterhalten.‹

Bob stammelte, während er aufsprang: ›Wer sind Sie?‹

›Schau genau hin! Erkennst du uns nicht aus deinen Büchern?‹ – Ein kurzer Blick; es waren Benders ›Drei Männer in Schwarz‹. – ›Wir sind nicht dieselben, aber in enger Verbindung mit ihnen. Unser Zweck ist der gleiche.‹

Sie sahen aus wie identische Drillinge, 35 bis 40 Jahre alt, olivfarbene Haut, schwarze durchdringende Augen, tiefliegend hinter dicken Augenbrauen, gebogene Nasen, dünne Lippen mit einem undefinierbaren Lächeln. Sie beobachteten Bob, indem sie ihn ohne Blinzeln anstarrten. Alle waren gleich angezogen: schwarze Rollkragenhemden, schwarze Anzüge. Der Anführer setzte sich und sagte:

›Du bist beschäftigt mit Flying-Saucer-Forschung. Ist das korrekt?‹

›Ja!‹

›Hier empfängst du deine angeblichen Mitteilungen von den Space-Peoples, richtig?‹

›Ja, aber warum?‹ – Er betrachtete Bobs Karten und Bilder aus der Zeitschrift *Playboy*.

›Ich habe gehört, daß du diesen Morgen Besuche gehabt hast – sehr unangenehme, heißt es. Eine wirklich sehr wirkungsvolle Waffe. Aber‹ – (er sah den Brief auf dem Tisch liegen) – ›ich stelle fest, daß du auch eine höchst merkwürdige Korrespondenz hast.‹

Jetzt fährt Bob aus der Haut: ›Was zum Teufel wollen Sie von mir?‹ – Ein schneidendes Starren der Kumpane bringt ihn sofort zum Schweigen. ›Deine kriegerische Einstellung taugt nichts!‹ Der Anführer fixiert Bob mit durchdringendem Blick. Dieser meint, Hunderte kleine Nadelstiche zu spüren, die ihm bis ins Gehirn zu dringen scheinen.

›Wir sind hier, um dich vor die Wahl zu stellen. Du hattest heute früh einen schlechten Traum, in dem du unbekleidet in den Weltraum hinausgestoßen wurdest. Dies ist eine Alternative. Die andere ist, daß du mit deiner Untertassen-Arbeit aufhörst, weitere Verbindung mit deinen fremden Raum-Kontaktlern zu haben und alle deine Akten über das Thema zerstörst. Und wenn das geschehen ist, wirst du alles, was du weißt, vergessen. Du wirst mit niemandem darüber sprechen, du wirst nicht über Flying Saucers reden, und du wirst alle diesbezügliche Korrespondenz einstellen. Kurz, für dich werden ‚Fliegende Untertassen' aufhören zu existieren.‹

Bob antwortete, das sei unmöglich, denn er würde einen furchtbaren Verdacht erregen.

Der Mann stand auf, trat auf ihn zu und preßte seinen Fingerring gegen Bobs Kopf: ›Diejenigen, die Verdacht schöpfen, werden nicht neben dir sein, wenn du in den Weltraum geworfen wirst.‹ – Bob erlebte dann (in seiner geistigen Vorstellung) sehr drastisch ein weiteres Mal, nackt in den eisigen Weltraum geworfen zu werden. Danach war er wieder in dem selben Zimmer, in dem er sich vorher befunden hatte.

Die drei hatten sich inzwischen anders postiert, und ihr Anführer meinte lapidar: ›Und so wird es werden, wenn du nicht auf unsere Warnungen hörst. Du bist ein intelligenter Mann. Du wirst zur selben Ansicht gelangen wie wir, uns also gehorchen. – Guten Tag.‹ Dann drehten sich die drei auf dem Absatz herum und verließen das Zimmer.

Bob folgte ihnen in diskreter Entfernung und sah, wie die drei Männer einen roten Volkswagen bestiegen und in Richtung Becket fuhren. Er stand lange draußen, schaute nach oben und sah eine metallische Scheibe, die hochstieg und in den Wolken verschwand.

›Und das war es. Ich habe ihnen offensichtlich getrotzt. Es hat sich seitdem nichts ereignet. Ob sie geblufft haben, bleibt abzuwarten. – Meine Kontaktleute, die Korendianer, haben mir gesagt, ich brauchte keine Angst zu haben; aber das Gefühl der Kälte, des eisigen Vakuums auf meiner Haut gestattet mir nicht, daß ich viel Trost in den Versicherungen meiner Raumfreunde finde.‹«

Ob die gesamte Schilderung von Bob Renaud lediglich seiner ausgeprägten Phantasie zurückzuschreiben ist, vermag ich nicht zu sagen. Manches daran spricht freilich dafür. Auch seine Beschreibung der MIB weicht von der üblichen Charakterisierung durch andere Augenzeugen erheblich ab. Es wäre aber sicher zu einfach, Renauds Bericht von Anbeginn lediglich als Phantasterei abzuwerten. In einem längeren Schreiben an den vormaligen Partner von

Albert K. Bender, dem Schriftsteller und UFO-Forscher Gray Barker, ging Bob dann nochmals auf sein seltsames Erlebnis mit den Men in Black und die gegen ihn ausgesprochene Drohung durch dieses Agententrio ein. Darin erfahren wir:

»... Was weitere Bedrohungen gegen mich betrifft: Ich wurde letzten Samstag, 10. Februar 1968, wieder von denselben drei Männern besucht, die mir nachdrücklich sagten, daß ich ihren Befehlen nicht gehorcht habe und dadurch weitere unbehagliche Visitationen erwarten müsse. Ich meinerseits sagte ihnen auf Verlangen meiner (!) Leute, daß ich mir dessen voll bewußt wäre ... – und ferner, daß ich den vollkommenen Schutz von oben genieße, und jeglicher Angriff auf mich würde zehnfach vergolten werden.

Ich glaube, das gab ihnen Grund genug für Unbehagen ihrerseits, denn sie flohen schleunigst und sind seitdem nicht mehr zurückgekehrt. Ebenso wenig haben sich ihre mir angedrohten ›Visitationen‹ ereignet ...«

Ein höchst bizarrer Vorfall

Die vielfältigen Recherchen des Ufologen Gray Barker über die »Männer in Schwarz« führten ihn – im Zuge einer gemeinsam mit dem Autor John A. Keel vorgenommenen Untersuchung verschiedener seltsamer UFO-Beobachtungen – völlig überraschend auf die Spur einer weiteren Aktivität der geheimnisvollen Agenten. Später veröffentlichte der Ufologe das dabei gesammelte Material in seinem Buch *Visitors from Space* (*Besucher aus dem Weltraum*).

Im konkreten Fall machten sich die MIB in Mount Pleasant, West Virginia, bemerkbar.

In der Redaktion einer dort erscheinenden Zeitung.

Mary Hyre arbeitete damals als Redakteurin bei dem Lokalblatt *Mount Pleasant Messenger*. Eines Tages saß sie in ihrem Büro und blätterte in alten Berichten. Es ging dabei um bekannte Ortsbewohner, die bei dem unerwarteten Zusammenbruch der zwanzig Meter hohen örtlichen »Silver Bridge« getötet worden waren.

Die ganze Woche hindurch war Mary Hyres Arbeitsstätte von Besuchern überflutet worden. In der Mehrzahl hatte es sich dabei um Verwandte der Opfer des Brückenunglücks gehandelt sowie um müde Rettungsarbeiter. Die Journalistin blickte deswegen kaum auf, als sich die Tür zu ihrem Redaktionszimmer erneut öffnete. Gewohnheitsmäßig wartete sie darauf, von den Eintretenden angesprochen zu werden, doch ihre Besucher sagten zunächst kein Wort. Überrascht blickte Mary auf und starrte verblüfft auf die beiden männlichen Gestalten, die sich in ihrem Aussehen glichen wie ein Ei dem anderen. Die »Zwillinge« waren von kleinem Wuchs und trugen jeweils schwarze Mäntel.

Später fiel Mary noch ein, daß beide Männer von dunkler Hautfarbe gewesen waren und in ihrem Aussehen in auffallender Weise Orientalen geglichen hatten.

Einer der beiden ergriff nun das Wort und wollte wissen: »Uns ist zu Ohren gekommen, daß hier viele UFOs gesichtet wurden?« Mary Hyre reagierte verständlicherweise überrascht, war sie doch auf alles Mögliche, nicht aber auf eine derartige Anfrage vorbereitet gewesen. In jenen Tagen drehte sich in Mount Peasant fast alles um das Brückenunglück – UFOs waren jedenfalls nicht im Gespräch. Dennoch sah Mary Hyres keinen Grund, ihren beiden schwarzgewandeten Besuchern die Antwort zu verweigern. Tatsächlich waren in diesem Gebiet bereits UFOs gesichtet worden. Um die Neugier ihrer Besucher zu befriedigen, holte sie einen großen Ordner aus dem Archiv, in welchem sich Zeitungsausschnitte über verschiedene Beobachtungen befanden. Beide Männer zeigten jedoch kein sonderliches Interesse an dem gesammelten Material, warfen nur einen kurzen Blick auf den Inhalt der Ordner und gaben dann die Mappe fast lässig wieder zurück.

Schon die nächste Frage der MIB (denn um diese Agenten handelte es sich zweifelsohne) irritierte die Redakteurin beträchtlich: »Hat man Ihnen jemals aufgetragen, solche UFO-Stories niemals zu veröffentlichen? Und sollte das bisher noch nicht geschehen sein, wie würden Sie reagieren, wenn man Ihnen befehlen sollte, nicht länger über fliegende Untertassen zu schreiben?«

Mary Hyre reagierte schlagfertig: »Ich würde diesen Leuten sagen, sie sollten mich in Ruhe lassen.«

Die MIB blickten einander überrascht an. Diese spontane Antwort hatten die beiden Männer anscheinend nicht erwartet. Die Journalistin vertiefte sich inzwischen erneut in ihre Arbeit. Als sie aber kurz danach aufsah und sich wieder ihren Besuchern zuwandte – war das männliche Zwillingspaar spurlos *verschwunden.*

Er nannte sich »Jack Brown«

Mary Hyre sollte es aber nach wie vor nicht gelingen, sich auf ihre redaktionellen Aufgaben zu konzentrieren. Denn schon wenige Minuten nach dem ersten eigenartigen Besuch öffnete sich erneut die Tür zu ihrem Zimmer, und ein weiterer dunkel gekleideter Mann betrat den Raum. Auf die Redakteurin wirkte er noch weit *orientalischer* als die beiden anderen. Besonders die Hände des Fremden stachen ihr in die Augen. Ebenso seine langen, spitz zulaufenden Finger. Er trug einen schäbigen, etwas unmodernen schwarzen Anzug, wobei Mary vor allem auffiel, daß ihr Besuch trotz der draußen herrschenden klirrenden Kälte weder Mantel noch Jacke trug.

Der Mann stellte sich höflich vor, behauptete Jack Brown zu heißen und UFO-Forscher zu sein. Binnen kurzem schaffte er es, die Journalistin in eine Diskussion über die in der hiesigen Region gemachten UFO-Beobachtungen zu verwickeln. Stutzig wurde Mary Hyre erst, als auch dieser Besucher von ihr unbedingt erfahren wollte, ob sie plane, die vorliegenden Berichte über die unbekannten Flugobjekte in ihrer Zeitung zu veröffentlichen.

Kurz entschlossen stellte ihm die Frau eine Gegenfrage. Sie wollte von dem Unbekannten wissen, ob er ein Bekannter der zuvor bei ihr zu Besuch gewesenen Männer wäre. »Jack Brown« verneinte dies und gab vor, die beiden anderen nicht zu kennen. Dann bezeichnete er sich jedoch als Freund des UFO-Forschers Gray Barker. Nach dieser anscheinend authentischen Auskunft war Mary für den Augenblick beruhigt. Ihr war nämlich durchaus geläufig, daß Barker in jenen Jahren in der Öffentlichkeit als anerkannter Grenzwissenschaftler angesehen wurde. Bei dem Gespräch wurde der Journalistin aber auch bewußt, daß ihr Besucher Barkers schriftstellernden Freund John A. Keel keineswegs besonders schätzte. Er nannte ihn einen Lügner und behauptete, Keel habe noch zu keinem Zeitpunkt jemals ein UFO gesehen.

Auch das Treffen zwischen Mary Hyre und »Jack Brown« endete abrupt. Denn nachdem die Redakteurin ihre Aufmerksamkeit einen Augenblick lang ihrem auf dem Computerschirm befindlichen, noch unvollendeten Artikel geschenkt hatte, um sich daraufhin wieder ihrem Besuch zuzuwenden – war dieser ebenso verschwunden wie seine beiden ähnlich gekleideten Vorgänger.

Später brachte die Journalistin in Erfahrung, daß »Jack Brown« offenbar auch noch andere Bewohner der Umgebung aufgesucht hatte, die angeblich UFOs gesehen haben wollten. Sein Auftreten geriet einigermaßen konfus, denn der MIB schaffte es mühelos, diese Augenzeugen zu verwirren. Dies war von ihm aber offensichtlich eingeplant, denn der Fremde benahm sich gegenüber diesen Leuten reichlich seltsam. Er redete unzusammenhängende Sätze und stolperte scheinbar hilflos umher.

Jedenfalls scheint dieser »Jack Brown« nie mit Gray Barker in Berührung gekommen zu sein, obgleich er (wie auch seine beiden »Kollegen«) sehr wohl über die Forschungsergebnisse dieses UFO-Experten Bescheid gewußt haben dürfte.

Aus dem Inneren der Erde?

Manche Begegnungen mit den Men in Black, so unangenehm sie für den oder die Betroffenen auch verlaufen sein mochten, nahmen dennoch einen geradezu kuriosen Verlauf. So auch jener Vorfall, der im Dezember 1979 dem Franzosen Franck Fontaine in der französischen Stadt Cengy-Pontoise widerfuhr. Seine Kalamitäten begannen damit, daß er eines Tages von den Insassen eines UFOs entführt wurde und volle sieben Tage verschollen blieb. Was Fontaine während dieser Woche erlebte, hing er jedoch nicht an die große Glocke und brachte es lediglich im vertrautesten Kreis zur Sprache. Die ganze Freitag-Nacht dieses 7. Dezember diskutierte er damals sein aufregendes Erlebnis mit seinen beiden Freunden Jean-Pierre Prevost und Salomon N'Diaye. Erst gegen 5.30 Uhr morgens gingen die drei Männer zu Bett.

Prevost war jedoch nur eine kurze Ruhezeit vergönnt, denn bereits um sieben Uhr früh läutete es an seiner Tür. Als er öffnete, sah er sich drei Männern gegenüber. Einer von ihnen war mittelgroß und trug einen dunkelgrauen, fast schwarzen Anzug. Mit unverhohlenem Interesse registrierte Prevost das gepflegte Äußere seines Gegenübers. Der Fremde trug einen kurzen, gestutzten Bart sowie gepflegtes, schwarzes Haar. Seine beiden Begleiter waren von stämmigerer Gestalt.

Ungewöhnlich klingt die Beschreibung, die Prevost von den drei MIB lieferte. Er war sich sicher, daß die Besucher eigentlich gar nicht existierten. Nach seinen Aussagen waren sie blind, denn dort, wo normalerweise die Augen sein sollten, gab es nur eine feste, weiße Masse, die aber ausgesprochen bedrohlich wirkte.

Jean-Pierre Prevost erinnerte sich daran, daß der bärtige Fremde von ihm wissen wollte, ob er einer der Augenzeugen gewesen wäre, die das UFO gesehen hatten, mit dem sein Freund Franck Fontaine entführt und später wieder zurückgebracht worden sei. Als er die Frage bejahte, wurde ihm aufgetragen, seinen beiden Freunden eine Nachricht weiterzugeben.

Die Botschaft, die man Prevost übermittelte, enthielt die üblichen Anordnungen der MIB. Sie hätten bereits zu viel gesagt, betonte der Bärtige. Sollten sie weiterhin über die Ereignisse um die Entführung sprechen und auch die Öffentlichkeit informieren, würden sie einen »Unfall« erleiden. Alle drei, drohte ihm der MIB, würde noch ein schlimmeres Schicksal erwarten, sollten sie darauf bestehen, über diese Vorgänge zu sprechen. Gleich darauf schienen sie sich in Luft aufzulösen.

Es war nicht die letzte Begegnung des Franzosen. Er sah die drei Men in Black noch öfter, doch wurde er von ihnen nur noch einmal direkt bedroht. Und wieder versuchten sie ihm zu suggerieren, ja nicht mehr über sein UFO-Erlebnis zu sprechen.

In einem späteren Gespräch beschrieb Jean-Pierre Prevost die anscheinend »blinden« Besucher sehr detailliert und nannte sie »intraterrestrisch«. Also Wesen, die *nicht* aus dem äußeren Weltraum gekommen seien, sondern aus dem *Innern der Erde*. Diese Fähigkeit ermögliche es ihnen, Dimensionen zu überschreiten und von einem Augenblick zum anderen zu verschwinden.

5. *Ein Fall für den* Colorado-Report

In der ersten Zeit, als Sichtungen von sogenannten Fliegenden Untertassen noch weltweit für Verwirrung und Unruhe unter der uninformierten Bevölkerung sorgten, hielt man jene dunkel gekleideten, orientalisch wirkenden Männer noch für Geheimagenten oder Staatsbeamte der jeweiligen Regierung. Sie schienen in hochoffiziellem Auftrag zu handeln, wobei sie vorwiegend in glänzenden schwarzen Cadillacs unterwegs waren. Stets besaßen sie offiziell aussehende Erkennungskarten oder Pässe, wiesen sich etwa in den USA gerne entweder mit CIA- oder FBI-Legitimationen aus und schienen zudem über umfangreiche Kenntnisse auf dem Gebiet des UFO-Phänomens zu verfügen.

Als sich in den späteren 1950er Jahren dann einige UFO-Spezialisten näher mit diesen Herrschaften zu beschäftigen begannen und die (ihrer Kleidung wegen deshalb so bezeichneten) »Männer in Schwarz« etwas genauer unter die Lupe nahmen, entdeckte man zur nicht gelinden Überraschung, daß die von ihnen vorgezeigten Ausweise in der Regel gefälscht worden waren und keinerlei Gültigkeit besaßen. Einige Beherzte, die nach einem zuvor erfolgten Besuch der MIB den Limousinen der Betreffenden nachgefahren waren, mußten in der Folge manch unerwartete Überraschung zur Kenntnis nehmen. Die dunklen Cadillacs verschwanden nämlich unter nie geklärten Umständen ganz plötzlich aus ihrem Gesichtsfeld oder – was erst recht für völlige Verwirrung unter den Verfolgern sorgte – schienen sich anscheinend sogar zu *dematerialisieren.*

Nicht immer waren es *drei* MIB, die an die Haustür klopften, manchmal kamen auch nur *zwei* schwarz gekleidete Männer, gelegentlich auch nur ein *einzelner* seltsamer Besucher. Im sogenannten *Colorado-Report* wurden von der hiesigen Universität in Zusammenarbeit mit der amerikanischen Luftwaffe einige typische Augenzeugenberichte über die eigenartigen Aktivitäten der stets anonym in Erscheinung tretenden offensichtlichen Geheimagenten gesammelt.

Besondere Aufmerksamkeit bei den Behörden, aber ebenso auch in interessierten Kreisen der Öffentlichkeit erweckte dabei der im *Colorado-Report* verzeichnete Fall Nummer 52. Der Bericht umfaßt immerhin volle 18 Seiten und behandelt diverse UFO-Sichtungen inklusive Fotomaterial eines amerikanischen Autobahninspektors.

Das UFO glich einem Hut

Der Betreffende, Rex Heflin, Angestellter der Straßenverwaltung des Bezirkes Orange in Kalifornien, befand sich am 3. August 1965 auf einer Dienstfahrt, als er plötzlich über sich ein UFO erblickte. Es ähnelte auffallend einem Hut, und Heflin reagierte augenblicklich. Da er stets seine Polaroidkamera mit sich führte, gelangen ihm drei relativ gute Aufnahmen. Dennoch hatte es Heflin nicht allzu eilig, mit seinem Meisterstück an die Öffentlichkeit zu gehen. Erst im darauffolgenden Monat zeigte er die drei Fotos dem Chefredakteur der Lokalzeitung *The Register* in Santa Ana. Auf Umwegen gelangten dann diese Bilder auch in die Redaktion des weltbekannten Magazins *LIFE,* wo man ihre Qualität bewunderte. Veröffentlicht wurden die Aufnahmen allerdings nicht.

Die Heflin-Fotos erschienen aber immerhin im *Register*. Danach dauerte es nicht lange, bis sich bei dem Autobahninspektor überraschender Besuch ansagte: Zwei Uniformierte, die sich als Offiziere der *North American Air Defense (NORAD)* legitimierten, baten den gutgläubigen Amateurfotografen, ihnen die originalen Polaroidbilder zu offiziellen Analysezwecken zu überlassen. Ein Ansinnen, auf das Heflin bereitwillig einging. Von diesem Tag an blieben die Fotos verschwunden, und als ihr rechtmäßiger Besitzer die Rückgabe seines Eigentums bei der NORAD reklamierte, leugnete man dort überhaupt, von den beiden angeblichen Offizieren jemals gehört zu haben.

Umso erstaunter reagierte Heflin zwei Jahre nach der Konfiszierung seiner Bilder. Als nämlich ein Team der Universität Colorado seinen Fall im Rahmen einer eigenen Untersuchung aufrollte, erhielt der Angestellte unerwarteten Besuch.

Im *Colorado-Report* ist darüber folgendes zu lesen:

»Als wir gerade mit unserer Untersuchung begonnen hatten, wurde der Zeuge (gemeint war natürlich Rex Heflin; P. K.) nach eigener Aussage von einem Uniformierten in Offizierskleidung der Luftwaffe in seiner Wohnung besucht, der seine Identitätskarte vorzeigte. Aufgrund früherer Erfahrungen sah Heflin sie sich sorgfältig an, sie lautete auf den Namen eines Kapitäns C. H. Edmonds von der *Space System Division, System Command* … Angeblich stellte ihm dieser Mann einige Fragen, wie z. B.: ›Versuchen Sie immer noch, Ihre Originale zurückzubekommen?‹ Der Zeuge erklärte, daß der Mann offensichtlich erleichtert gewesen sei, als er mit Nein geantwortet habe. Der Offizier fragte den Zeugen auch, was er über das Bermuda-Dreieck wisse, ein Gebiet, in dem etwa seit dem Jahre 1800 Schiffe und Flugzeuge spurlos verschwanden.

Dieses angebliche Treffen fand in der Dämmerung vor der Eingangstür statt. Während der Befragung bemerkte der Zeuge ein in der Nähe parkendes Auto mit nicht identifizierbaren Buchstaben auf der Vordertür. Auf dem Rücksitz war eine Person zu sehen und ein violetter Schein, den der Zeuge der Beleuchtung des Armaturenbrettes zuschrieb. Er hatte den Eindruck, daß man ihn fotografierte und seine Worte auf Tonband aufnahm.

Als die Untersuchungskommission der Universität Colorado dieser Spur folgte, stellte sie fest, daß keiner der auf der Liste der Luftwaffenoffiziere genannten vier C. H. Edmonds' die von dem Zeugen angegebene Position innehatte. Alle bekleideten viel höhere Ränge und konnten daher auch nicht in Verbindung zum Santa-Ana-Fall stehen.«

Rex Heflin berichtete später der Untersuchungskommission gegenüber, er glaube, daß sein Telefon überwacht und seine Post kontrolliert werde. Sein Wohnungsnachbar habe zudem drei- oder viermal beobachtet, daß Männer in Militäruniformen, wenn er abwesend gewesen sei, sich tagsüber vor seiner Tür aufgehalten hätten.

Danach habe es von dieser Seite keine Störungen mehr gegeben, und Heflin wurde von nun an in Ruhe gelassen.

Ein umstrittener MIB-Fall

Diese Geschichte aus dem Jahr 1964, in deren Verlauf auch die Men in Black ihre Rolle spielten, gilt bis zum heutigen Tag als äußerst umstritten. Dabei schien zunächst nicht das Mindeste darauf hinzudeuten, daß dieses an und für sich völlig harmlos scheinende Ereignis jemals imstande sein könnte, die Gemüter in irgendeiner Weise zu erregen.

Die Schlüsselfrage, über die seither vor allem UFO-Enthusiasten leidenschaftlich diskutieren, lautet kurz und schmerzlos: Handelt es sich hier um ein *reales* Geschehen oder – um eine raffinierte *Fälschung*?

Der »Hauptverdächtigte« des nachfolgend wiedergegebenen Falls heißt Jim Templeton. Vor vierzig Jahren – als er noch im Berufsleben stand – betätigte sich der Brite als Bediensteter der städtischen Feuerwehr. Treu umsorgte er seine Familie, die aus seiner Frau sowie zwei noch minderjährigen Töchtern bestand. Privat war Mr. Templeton verhältnismäßig anspruchslos. Nur ein Hobby ließ er sich seit dreißig Jahren nicht nehmen: das Fotografieren.

Am 24. Mai 1964 beschlossen Jim und seine Gattin, gemeinsam mit den beiden Kindern auf den Burgh Marsh zu gehen. Dieser Burgh Marsh gehört zu einem Überschwemmungsgebiet am Ufer des Solway Firth, nahe dem berühmten Dorf Gretna Green. Nicht weit entfernt davon: eine Fabrik für »Blue Streak«-Raketen des britischen Verteidigungsministeriums sowie das Atomkraftwerk »Chapel Cross«.

Obgleich, vor allem an Wochenenden, von Ausflugsgästen zumeist überrannt, war an diesem Mai-Nachmittag, von den Templetons einmal abgesehen, kein weiterer städtischer Besucher zu sehen. Dennoch wunderte sich Jim etwas über die hierorts weidenden Kühe und Schafe. Ihr merkwürdiges Verhalten erinnerte ihn an jenes, daß Tiere oft vor einem heraufziehenden Gewitter zeigen. Von den Meteorologen war aber keinerlei Unwetter angekündigt worden. Im Gegenteil: Dieser 24. Mai offenbarte sich vielmehr als ein strahlend schöner Wochentag, und jeder in der Familie Templeton genoß das wunderbare Wetter. Jim selbst nützte die Zeit, nach Herzenslust seinem Hobby zu frönen: Als »Modell« diente ihm dabei seine jüngere Tochter, die fünfjährige Elizabeth, die der Vater mehrfach auf dem grasbewachsenen Ufer des Sovay Firth fotografierte. Nach Hause zurückgekehrt, ließ Jim Templeton den Kodacolor-X-Film von einem lokalen Chemiker entwickeln. Als er die Woche danach im Fotolabor vorsprach, um seine Bilder abzuholen, meinte die Dame, die ihm die Fotos ausgehändigt hatte, bedauernd: »Jim, Sie haben da einige schöne Aufnahmen gemacht, deshalb ist es sehr schade, daß ausgerechnet die bestgelungenste Aufnahme von ihrer kleinen Elizabeth durch diesen Mann verdorben wurde, der im

Hintergrund des Bildes zu sehen ist und einen Astronautenanzug zu tragen scheint.«

Jim Templeton hielt diese kritische Bemerkung der Verkäuferin zunächst für einen dummen Scherz. Denn er erinnerte sich nur zu genau, an jenem Ausflugstag, den er mit seiner Familie allein auf dem Burgh Marsh verbracht hatte, keinen anderen Besucher bemerkt zu haben. Doch als Jim das Foto nunmehr genauer betrachtete, glaubte er im ersten Moment, von einer Fata Morgana genarrt zu werden: Hinter seiner kleinen Tochter befand sich tatsächlich ein fremder Mann. Er trug einen weißen Overall, der einem Astronautenanzug ähnelte.

Mr. Templeton wußte sich keinen Rat. Er wandte sich deshalb an die örtliche Polizei. Dort legte man eine Akte an, und das verfängliche Bild wurde an das CID-Untersuchungslabor in Penrith weitergeleitet. In die anlaufende Untersuchung wurde in der Folge auch die Firma *Kodak* mit einbezogen. Natürlich blieb dabei nicht aus, daß auch ein Reporter der Lokalzeitung *Cumberland News* von der Sache Wind bekam und sich nun ebenfalls genauer mit dem außergewöhnlichen Foto zu beschäftigen begann.

In den Labors wurden verschiedene Variationen einer Fälschung untersucht. Auch die Möglichkeit einer eventuellen Doppelbelichtung wurde nicht außer Acht gelassen, schließlich aber – mangels klarer Hinweise – ausgeschlossen. Der Verdacht, wonach sich bei der Entwicklung des Bildes vielleicht ein Fehler eingeschlichen hatte, bestätigte sich ebenfalls nicht. Und letztlich zeigte sich auch die Firma *Kodak* außerstande, die Ursache des verfremdeten Bildmotivs zufriedenstellend zu deuten. Die Firmenleitung hatte ihren Angestellten sogar angeboten, ihnen »Gratisfilme für das ganze Leben» zur Verfügung zu stellen, sollten sie zu einer Lösung des Fotorätsels gelangen.

Die Polizei kam schließlich zu dem Schluß, daß auf dem Foto eine echte Person abgebildet worden war, wobei man zuerst einen Exhibitionisten verdächtigte, der zuvor in der betreffenden Gegend gesichtet worden war, doch wurde schon bald diese Möglichkeit verworfen, denn 1. hätte Mr. Templeton den Übeltäter sicher bemerkt, und 2. war es höchst unwahrscheinlich, daß dieser Mann im »Astronautenlook« in Erscheinung getreten wäre.

Auch Prof. Sir Lawrence Bragg, ein Atomphysiker, interessierte sich für den Fall, vermied es aber, sich darüber in irgendeiner Weise öffentlich zu äußern.

Ein MIB am Telefon

Ende Juni 1964, als die allgemeine Aufregung um das ominöse Foto langsam abzuklingen begann, erhielt Missis Templeton eines Tages einen überraschenden Anruf. Am Apparat hatte sich ein ihr unbekannter Mann gemeldet, der behauptete, »diese Dinge« zu untersuchen. Er wäre daran interessiert, den betreffenden Fall mit ihrem Mann im Detail zu diskutieren. Jim ging auf den Vorschlag ein, und schon ein paar Tage später stand der Anrufer mit einem Begleiter vor dem Haus der Familie Templeton. Jims Gattin erinnerte sich bei einer späteren Befragung noch gut an die beiden Besucher: »Sie waren besonders gut gekleidet, trugen schwarze Anzüge und hatten ein sehr amtliches Aussehen. Beide benahmen sich sehr höflich. Vorgefahren waren sie mit einem dunklen Jaguar, der glänzte, als ob er neu wäre. Aber sie hatten etwas ziemlich Eigenartiges an sich ...«

Auch Jim erinnerte sich, daß sich die beiden Besucher während der Stunde, die er mit ihnen verbrachte, niemals beim Namen nannten. Statt dessen bezeichneten sie einander mit *Nummern*, im besonderen Fall als Nummer »9« und Nummer »11«. Als Jim Templeton die Legitimationen der fremden Männer sehen wollte, taten sie ihm zwar den Gefallen, doch zeigten sie dem Ehepaar ihre Ausweise mit Absicht so flüchtig, daß keiner der beiden Templetons dazu kam, deren Inhalt genauer zu studieren.

Jim, der in den Besuchern Agenten des britischen Verteidigungsministeriums vermutete, zeigte sich über deren sonderbares Verhalten sehr verwundert. Auf Befragung meinte Templeton später, er wäre durchaus gewillt gewesen, alle nötigen Fragen zu beantworten, doch habe er nicht verstehen können, »warum sich Personen von unserer eigenen Regierung so verhielten«.

Die Männer baten Jim, sie zu dem Ort zu führen, wo er das Foto gemacht hatte. Bereitwillig führte er die beiden an die betreffende Stelle. Kaum angekommen, begann man ihm seltsamen Fragen zu stellen.

»Wie war das Wetter an diesem Tag?«

Jim wurde dazu angehalten, detailliert zu antworten.

Sehr interessiert zeigten sich seine Besucher an den in der Natur vorkommenden Lebewesen. So bestanden sie auf einer genauen Beschreibung des Verhaltens der Schafe und Kühe. Außerdem wollten sie wissen, ob Jim während der Aufnahme Vögel zu beobachten vermochte, und ob er irgendwelche Geräusche in der Umgebung gehört hätte, Wind in den Bäumen beispielsweise oder entfernten Straßenverkehr.

Jim wunderte sich immer mehr. Er hatte erwartet, über seine Kamera, den ominösen Film und ähnliches befragt zu werden, nicht aber über Ereignisse, die man kaum als relevant bezeichnen konnte. Plötzlich, so Templeton, habe sich das Verhalten und Benehmen der Männer drastisch verändert.

»Zeigen Sie uns, wo der Mann war, den Sie fotografierten.«

»Welcher Mann?«, fragte Jim.

»Der Mann, der dort stand, als Sie das Foto machten.«

»Aber dort war kein Mann. Ich habe niemanden gesehen.«

»Wirklich?«

Beide sahen ihn ungläubig an. Jim hatte den unbestimmten Eindruck, daß man versuchte, ihn zu veranlassen, einen Fotoschwindel zuzugeben. Aber er blieb bei seiner Aussage, keinen Mann hinter dem Rücken seiner Tochter bemerkt zu haben. Die Männer blickten einander an und meinten dann nur:

»Oh, richtig.«

Dann gingen sie fort. Bevor Jim zu reagieren vermochte, hatten sie bereits den halben Weg zu ihrem Auto zurückgelegt. Er vermochte sie nicht mehr einzuholen. Danach stiegen die Fremden in ihr Fahrzeug und fuhren weg, ohne sich weiter um ihn zu kümmern. Jim war gezwungen, da es in jener Gegend keine öffentlichen Verkehrsmittel gab, zu Fuß fünf Meilen nach Hause zu gehen. Später wurde er von der Polizei darüber informiert, daß zu dem Zeitpunkt, als das umstrittene Foto gemacht worden war, in Australien ein britischer Raketenstart abgesagt worden wäre. Das deshalb, weil automatische Kameras in der Nähe »mehr oder weniger das gleiche Ding« aufgenommen hätten.

Details über eventuelle Hintergründe des Falls blieb die Behörde dem Ehepaar Templeton allerdings schuldig.

Verlorene Zeit

Ein etwas aus der Reihe tanzender MIB-Fall ereignete sich vor elf Jahren, am 16. März 1993, nahe Groom Lake in Nevada. Ein namentlich nicht genanntes Ehepaar beobachtete an diesem Tag seltsame Lichter, die sich während ihres Fluges eigenartig verformten und plötzlich das Aussehen von Limousinen anzunehmen schienen.

Nach der Sichtung hatten die beiden Augenzeugen das unbestimmte Gefühl, die Erinnerung für einige Stunden verloren zu haben. Erst als sich das Paar freiwillig einer Hypnose unterzog, wurde das Erinnerungsvermögen des Mannes geweckt. Er behauptete nunmehr, durch grauhäutige Außerirdische in ein UFO entführt worden zu sein. Auch die Ehefrau wurde gekidnappt. Im hypnotisierten Zustand sagte sie aus, von zwei »Männern in Schwarz« in ein weißes, geräumiges Fahrzeug gebracht worden zu sein. Beide MIB hätten dort ihren Gehörgang untersucht und danach Augentropfen verabreicht. Am Ende dieser Prozedur wurde der Gekidnappten aufgetragen, den betreffenden Vorfall zu verschweigen.

6. Der Major und die Brandstifter

Rex Heflin war es besser ergangen als dem amerikanischen UFO-Forscher William Dunn. Der hatte im Laufe vieler Jahre wichtige dokumentarische Unterlagen über ungeklärte UFO-Phänomene gesammelt. Er besaß detaillierte Beschreibungen von Augenzeugen sowie brauchbares Fotomaterial.

Dunns Sammelleidenschaft wurde jedoch eines Tages empfindlich gestört, als ihn Telefonanrufe anonymer Art zu belästigen begannen. Unbekannte Männerstimmen verlangten von ihm unmißverständlich, sämtliche seiner UFO-Belege herauszurücken, wobei der warnende Unterton dieser Aufforderung nicht zu überhören war. Trotzdem ignorierte Dunn das anonyme Begehren und lehnte es konsequent ab, seine umfangreichen Unterlagen herauszugeben.

Seine Mißachtung sollte sich rächen. Eines Tages hielt vor Dunns Haus eine dunkle Limousine. Dem Fahrzeug entstiegen drei schwarzgekleidete Männer unbekannter Identität. Obwohl dem UFO-Forscher bei ihrem Anblick unbehaglich zumute war, ließ er die Fremden zu sich ins Haus. Als er sie zur Ausweisleistung aufforderte, verschanzten sich die Fremden hinter nebulosen Ausflüchten, ohne aber von ihrer Aufforderung nach Herausgabe des UFO-Materials abzurücken. Als der Besitzer das entrüstet ablehnte, drohte man ihm unverblümt mit Repressalien. Dunn ließ sich nicht beeindrucken. Kurzerhand wies er seinen unerwünschten Besuchern die Tür. Als das unhöfliche Trio abgefahren war, glaubte der UFO-Forscher das Ärgste überstanden zu haben.

Doch das dicke Ende folgte auf dem Fuß.

Nichts als nur noch Asche

Als Dunn eines Tages von einer Besorgung zurückkehrte, erlebte er eine böse Überraschung: Vor dem Wohnhaus stand die Feuerwehr!

Die düstere Ahnung trog ihn nicht: In seinem Arbeitszimmer loderten die Flammen. Trotz angestrengter Löschversuche brannte es völlig aus. Eine spätere Untersuchung bestätigte Dunns Verdacht: Es war Brandstiftung gewesen.

Sämtliche authentischen Unterlagen über das Auftreten rätselhafter Flugobjekte waren entweder verbrannt oder von unbekannten Tätern gestohlen worden. Für den UFO-Forscher William Dunn bestand von Anfang an kein Zweifel, wem er diesen bösartigen Anschlag zu »verdanken« hatte: Den drei ihm unbekannten, schwarzgekleideten Besuchern.

Deren anonym arbeitende Auftraggeber schrecken selbst vor psycho-terroristischen Druckmitteln nicht zurück. Ihre potentiellen Opfer werden von ihnen so lange eingeschüchtert und verängstigt, bis sie schließlich resignieren.

Dem deutschen UFO-Experten Illobrand von Ludwiger verdanke ich Informationen über einen Fall, der sich während einer klaren Sternennacht nicht allzu weit von Las Vegas ereignete. Davon betroffen waren der 29-jährige Hundetrainer Roy Thomas sowie seine Frau Cathy. Während ihr Fahrzeug auf einer einsamen Landstraße dahinrollte, gewahrten sie plötzlich einen hellen Schein am Firmament. Beide schrieen gleichzeitig erschrocken auf, als im Mondlicht ein seltsames Objekt vom Himmel zur Erde schwebte. Es landete vor ihrem Wagen in einiger Entfernung auf der Straße. Den Durchmesser des UFOs schätzte das Ehepaar später auf ungefähr 35 Fuß. Deutlich erkannten die Augenzeugen an dem Flugkörper dunkelblaue Landevorrichtungen und an seinem oberen Teil die Buchstaben TLK oder (hier waren sich die beiden Beobachter nicht ganz einig) TLE. Das fremdartige Ding blockierte die Straße nur für wenige Sekunden, dann erhob es sich wieder und raste senkrecht zum Nachthimmel empor.

Doch das unheimliche Erlebnis war damit für Roy und Cathy noch längst nicht ausgestanden: Denn erst jetzt bemerkten beide das nunmehr merkwürdige Verhalten des dritten Autoinsassen. Duke, ihr Schäferhund, den der Hundetrainer mitgenommen hatte, um ihn an geeigneter Stelle ausbilden zu lassen, wirkte plötzlich ungewohnt apathisch und machte zudem einen insgesamt kranken Eindruck. Obwohl er von dem besorgten Ehepaar sofort zu einem Tierarzt gebracht wurde, war dem Hund nicht mehr zu helfen. Er verendete kläglich.

Duke's Todesursache konnte jedoch nicht so ohne weiteres festgestellt werden. Deshalb mußte er einer weiteren Untersuchung unterzogen werden.

Besucher von der »Nellis Basis«

Achtundvierzig Stunden nach dem denkwürdigen Ereignis, gegen 23.30 Uhr, klopfte es an der Wohnungstür des Ehepaares. Zwei mit dunkelblauen Anzügen bekleidete Männer begehrten Einlaß und wiesen sich mit Legitimationen der amerikanischen Luftwaffe aus. Roy Thomas fand gerade noch Zeit, sich einen der Namen auf den Ausweisen ins Gedächtnis zu prägen:

Major Painter.

Damals hatten die Eheleute keinerlei Veranlassung, an der Glaubwürdigkeit ihrer Besucher zu zweifeln. Sie nahmen vielmehr an, daß die beiden Männer, die sie für Offiziere der Air Force hielten, von der »Nellis Basis« zu ihnen geschickt worden seien. Wofür auch deren ungewöhnlich profundes Wissen über den UFO-Vorfall, zwei Tage zuvor, zu sprechen schien. Roy Thomas selbst hatte ja den Luftwaffenstützpunkt noch am selben Tag, nachdem er Duke's Leichnam beim Tierarzt zurückgelassen hatte, angerufen und über das mysteriöse Geschehen auf der nächtlichen Landstraße informiert. Und auch von dem für ihn und seine Frau nach wie vor unerklärliche Ableben des Schäferhundes hatte er pflichtschuldigst berichtet. Etwas erstaunt mußte der Anrufer jedoch am Ende seines Telefonats erkennen, daß die Leute von der »Nellis Basis« seine Geschichte anscheinend nicht ernst nahmen.

Ein gravierender Irrtum, wie sich während des Besuchs der beiden Air-Force-Offiziere (für die Roy jene Männer zunächst gehalten hatte) noch recht deutlich herausstellen sollte. Diese zeigten sich nämlich über die Sachlage überraschend gut informiert und hatten sogar einige Formulare mitgebracht, die Roy Thomas nunmehr unterschreiben sollte. Besonders überrascht (und auch etwas irritiert) war der Hundetrainer über das Ansinnen der vermeintlichen Air-Force-Abgesandten, ihnen den Hundeleichnam zu überlassen und dies mit seiner Unterschrift zu bekräftigen. Als ihnen Duke's vormaliger Besitzer jedoch deutlich zu machen versuchte, daß der verstorbene Schäferhund der Liebling seiner Frau gewesen sei und diese darauf bestehen würde, das Tier auf einem der zahlreichen Hundefriedhöfe ordnungsgemäß begraben zu lassen, nahmen die Fremden zur Überraschung des jungen Mannes eine geradezu drohende Haltung ein. Man würde den toten Hund so oder so bekommen, beharrten die beiden Besucher auf ihrer Position, ehe sie sich empfahlen.

Erst später erfuhr Roy, daß sich das unhöfliche Duo schon längst zuvor bei dem betreffenden Tierarzt um die Herausgabe der Hundeleiche bemüht hatten – was dieser zunächst glatt abgelehnt hatte. Erst als die beiden Uniformierten dem Arzt mit Repressalien drohten, gab der dadurch Verunsicherte schließlich nach und Duke's Leichnam frei.

Das Ehepaar Thomas wollte dies aber nicht unwidersprochen hinnehmen. Kurz entschlossen machten sich die beiden Leute auf den Weg zur nahegelegenen »Nellis Base«, um dort an kompetenter Stelle gegen das ihrer Meinung nach ungebührliche Verhalten der beiden Luftwaffenoffiziere zu protestieren. Aber alle Bemühungen in dieser Angelegenheit verliefen im Sand: Das jetzt zu Recht frustrierte Paar wurde von einem der Air-Force-Beamten kaltschnäuzig abgewimmelt.

Kaum nach Hause zurückgekehrt, sahen sich die jungen Leute neuerlich mit ihren beiden unhöflichen Besuchern konfrontiert. Denen hatte offenbar das eigenmächtige und entschlossene Handeln der Eheleute nicht gefallen, denn sie machten dem Hundetrainer und seiner Frau deshalb heftige Vorwürfe. Roy und Cathy Thomas wurden eindringlich davor gewarnt, weitere Recherchen bezüglich der Identität beider Militärpersonen vorzunehmen, und als man ihnen verständlicherweise zu widersprechen wagte, drohte man dem Ehepaar sogar mit Gefängnis. Es sollte ja nicht versuchen, wurde ihm gedroht, den Tierarzt nach dem Verbleib der Hundeleiche auszufragen.

Ab diesem Moment wurde es Roy Thomas zu bunt. In scharfen Worten wies er den unerwünschten Besuchern die Tür, worauf die beiden angeblichen Air-Force-Leute ohne Widerspruch ihrer Wege gingen. Da jetzt dem Hundetrainer die ganze Angelegenheit im höchsten Grade verdächtig erschien, telefonierte er nochmals mit dem Luftwaffenstützpunkt »Nellis Base«, um dort Näheres über einen der beiden Fremden, den ominösen »Major Painter«, in Erfahrung zu bringen.

Niemand kennt »Painter«

Diesmal verliefen Roys Bemühungen etwas erfolgreicher, obgleich er letztlich in keiner Weise mehr Klarheit zu gewinnen vermochte. Irritiert mußte er zur Kenntnis nehmen, daß in »Nellis Base« ein Major namens »Painter« absolut unbekannt war.

Da der Hundetrainer aber nicht bereit war, widerspruchslos zu resignieren, entschloß er sich, seine Bekanntschaft mit Amerikas seinerzeit bekanntesten UFO-Experten – Professor J. Allen Hynek – in Anspruch zu nehmen und ihn um Unterstützung zu bitten. Hynek zeigte sich durchaus willig, Roy Thomas zu helfen. Er nannte ihm (nachdem er sich die seltsame Odysee rund um den Hundeleichnam und den damit zusammenhängenden Besuch der beiden uniformierten Männer, die sich ganz offensichtlich fälschlich als Air-Force-Offiziere legitimierten) angehört hatte, die Adresse des *Center for UFO-Studies (CUFOS)* in Evanston, Illinois. Und tatsächlich: Zur Verblüffung von Roy Thomas erinnerte man sich dort noch recht gut an einen gewissen Major Painter. Schon mehrmals war ein Mann unter diesem Namen in Erscheinung getreten, allerdings nicht immer unter dem Schutzschild der Air Force. Gelegentlich hatten sich der Pseudo-Offizier und seine Komplizen auch als Abgesandte eines imaginären, nicht existierenden »Staatsdienstes« ausgegeben.

Professor Hynek versuchte von sich aus, bei jenem Tierarzt, den die Eheleute seinerzeit mit ihrem toten Schäferhund aufgesucht hatten, mehr über den »Major« und seinen Begleiter zu erfahren, aber der Veterinär weigerte sich standhaft, gegenüber dem UFO-Experten nähere Angaben über die beiden Uniformierten zu machen. Offenbar war der Arzt von diesen vorgeblichen Air-Force-Leuten dermaßen eingeschüchtert worden, daß es ihm zu riskant erschien, sich darüber präziser zu äußern.

Ganz im Gegensatz zu Roy Thomas, als er über jene seltsamen Besucher von CUFOS-Mitarbeitern detaillierter befragt wurde. »Beide sahen gut aus«, meinte der Hundetrainer. Und er beschrieb Painter, der körperlich etwas größer als sein Kumpan gewesen sei: »Der Major trug, soweit ich mich erinnere, eine Uniform aus dunkelblauem Stoff und darunter ein gestreiftes Hemd. Auch sein Begleiter war mit einer gleichfarbigen Uniform bekleidet, dessen Hemd war jedoch blütenweiß, und er trug, wenn mich nicht alles täuscht, auch noch eine blaue Krawatte ...«

Zusätzlich war Roy der sportliche Haarschnitt dieser Männer aufgefallen sowie ein weiteres, ihm wichtig scheinendes Detail: »Als die beiden mit ihrem Auto wegfuhren, vermochte ich auf dem Fahrzeug die Aufschrift ›For Air-Force-Use Only‹ (zu deutsch: ›Nur für Air-Force-Personal‹) zu erkennen.«

Nach wie vor ist ungewiß, wie weit die Verantwortlichen des Luftwaffenstützpunktes »Nellis Base« das Verhalten jenes »Major Painter« und seines Begleiters deckten, oder ob sich die beiden Männer diese offiziellen Dienstbezeichnungen unerlaubt angeeignet hatten. Immerhin gelang es einem CUFOS-Mitarbeiter, dank der heimlichen Mithilfe eines ihm gewogenen Air-Force-Sergeants, den Stützpunkt der Air-Force zu betreten. Ein erster Blick in das dort offiziell aufliegende Besucherbuch ergab auch gleich die erste Überraschung: Der Besuch von Roy und Cathy Thomas war darin nicht verzeichnet worden!

Das war umso erstaunlicher, weil sich jeder Zivilist besonders strenger Kontrollen zu unterwerfen hat, wenn ihm gestattet werden sollte, tatsächlich einen amerikanischen Luftwaffenstützpunkt zu betreten. Jeder nichtmilitärische Besucher hat sich zunächst dort unbedingt auszuweisen. Danach muß die betreffende Person in jedem Fall in die Besuchsliste eingetragen werden, ehe es ihr möglich gemacht wird, das Gelände von »Nellis Base« zu betreten. Kaum anzunehmen, daß man damals diese allgemein gültigen Vorsichtsmaßnahmen ausgerechnet bei dem zivilen Ehepaar Thomas außer acht gelassen hatte. Dennoch: Roys und Cathys Anwesenheit im Innern dieses militärischen Stützpunktes schien anscheinend nie stattgefunden zu haben. Oder aber: Man hatte, aus welchen Gründen auch immer, ihren kurzzeitigen Aufenthalt bewußt »wegretuschiert«!

Wer immer hier im Hintergrund die Fäden gezogen haben sollte, die beiden jungen Leute begannen es drastisch zu fühlen: Mehrmals wurden sie während der Nachtstunden telefonisch aus dem Schlaf geschreckt und durch anonyme Anrufer davor gewarnt, weiterhin mit dem *Center for UFO-Studies* zusammen zu arbeiten. Um dieser Drohung den entsprechenden Nachdruck zu verleihen, erschienen »Major Painter« und sein Begleiter noch ein drittes Mal bei den nunmehr schon sehr frustrierten Eheleuten. Diesmal glückte es Roy, den ihm auf seinen ausdrücklichen Wunsch vorgelegten Dienstausweis des Luftwaffenoffiziers etwas genauer zu überprüfen. Später erinnerte sich der junge Mann daran, auf dem Dokument auch die Bezeichnung »Superior Officer« gelesen zu haben, was Painter anscheinend als einen höher gestellten Offizier legitimierte.

Spionage mit PSI

Während des Aufenthalts bei der Familie Thomas gingen die fremden Besucher erstmals etwas ausführlicher auf den Zweck ihrer Anwesenheit ein. Verwundert mußten die beiden jungen Leute zur Kenntnis nehmen, daß man (dies wurde ihnen von Major Painter verraten) den Inhalt des Gespräches von Roy Thomas mit Professor Hynek »auf paranormalem Wege« erfahren hatte. Die erstaunte Frage Roys, weshalb Painter so großes Interesse daran gezeigt habe, ausgerechnet den toten Hund des Ehepaares zu konfiszieren, versuchte der Major dahingehend zu beantworten, daß vorgesehen sei, den Leichnam des Tieres »auf nicht entdeckte Effekte« zu untersuchen. Dies wiederum stünde im Zusammenhang mit der vorangegangenen nächtlichen UFO-Begegnung beider Hundebesitzer. Eine Aussage, die bei Roy den Verdacht aufkommen ließ, bei dem von ihm und seiner Frau gesichteten, auf der Landstraße gelandeten Flugobjekt könnte es sich möglicherweise um ein Besitztum der amerikanischen Luftwaffe gehandelt haben.

Als die Fragen der Uniformierten sich immer mehr in die Länge zogen und kein Ende nehmen wollten, verlor der Hundetrainer nach und nach die Geduld. Er empfand die fortwährenden Fragen und unterschwelligen Drohgebärden beider Besucher als lästig und äußerst aufdringlich. Irgendwann wurde es Roy Thomas schließlich zu viel und der junge Mann »explodierte«.

»Ich habe von euch jetzt endgültig genug«, schrie Roy entnervt, packte eine sich zufällig in Griffnähe befindliche Jagdflinte und richtete das Gewehr in drohender Gebärde auf seine Besucher. Sie weiter im Auge behaltend, griff Thomas mit der einen Hand zum Telefon und drehte die Wahlscheibe.

»Ich werde jetzt die örtliche Polizei alarmieren«, machte er Painter und seinem Begleiter unmißverständlich klar. »Dort soll man erst mal feststellen, wer Sie beide überhaupt sind!«

Die beiden Besucher wurden von der unerwarteten Reaktion ihres Gastgebers völlig überrumpelt. Painters Begleiter sprang sofort erschrocken auf und rannte in panischer Angst zum Ausgang. Auch der Major versuchte, seinem Komplizen sofort zu folgen, kam jedoch vorerst nicht dazu. Schon im nächsten Augenblick traf ihn die Faust des Hundetrainers voll im Gesicht. Painter reagierte blitzschnell: Mit einem kräftigen Tritt seines Schuhs verletzte er Roy schmerzhaft am Knöchel. Ehe sich der junge Mann von dieser überraschenden Gegenattacke erholt hatte, waren der Luftwaffenoffizier und sein Begleiter Hals über Kopf aus der Wohnung der beiden Hundebesitzer geflüchtet.

Um wen es sich bei dem zwielichtigen »Major Painter« sowie seinem militärischen Begleiter handelte und ob die beiden tatsächlich zu einer übergeordneten und geheimen Dienststelle der amerikanischen Luftwaffe gehörten – so ihre Legitimationen nicht gefälscht waren –, haben Roy und Cathy Thomas nie erfahren …

7. Die Air Force im Dilemma

Daß die MIB keineswegs davor zurückschrecken, mit gefälschten Air-Force-, CIA- oder FBI-Ausweise zu operieren, ist nicht verwunderlich: Schließlich scheint diese geheimnisvolle Organisation ganz bestimmte Ziele anzupeilen. Um aber derartige Vorhaben auch realisieren zu können, ist diesen Geheimagenten so gut wie jedes Mittel recht.

Wie der folgende Vorfall deutlich beweist.

In einer Julinacht, gegen Null Uhr, beobachteten zwei Angestellte des New Yorker Militärflughafens, August Roberts und George Conger, mit ihren Ferngläsern auf der Towerplattform ein rotbraun leuchtendes UFO, das sehr nahe über dem Empire State Building hin und her manövrierte. Das Objekt war den beiden Männern aufgrund seiner überaus starken Helligkeit aufgefallen. Auch ein anderer Flughafenangestellter, James Leydon, der sich zu diesem Zeitpunkt gerade im Tower aufgehalten hatte, war Augenzeuge dieser UFO-Sichtung geworden. Er informierte Roberts und Conger darüber, daß das UFO auch in den beiden anderen Militärbasen Plainfield und Taryton nicht nur ebenfalls beobachtet, sondern auch am Radarschirm erfaßt und zusätzlich gefilmt worden sei. Dieser Film wurde später August Roberts ausgehändigt, der sich beeilte, das ungewöhnlich gute Dokumentationsmaterial umgehend entwickeln zu lassen.

Roberts unterließ es aber selbstverständlich nicht, auch seinen unmittelbaren Vorgesetzten über das Vorhaben in Kenntnis zu setzen. Kurz danach wurde er von seinem Chef eingeladen, ihn aufzusuchen und die entwickelten Fotos vorzulegen.

Das Material erwies sich im übrigen als überaus brauchbar, und obwohl auf den Bildern nicht alle Einzelheiten so deutlich erkannt werden konnten, wie das zuvor mit den Ferngläsern möglich gewesen war, so erwies sich das Ergebnis als insgesamt durchaus befriedigend.

Die Fotos bewiesen einwandfrei die Authentizität der Sichtung. An der Existenz eines Gegenstandes, der deutlich sichtbar in der Luft schwebte und somit zu Recht als ein unbekanntes Flugobjekt bezeichnet werden konnte, war demnach nicht zu zweifeln.

Ein plötzlicher Anruf seines Arbeitskollegen James Leydon vermochte August Roberts nicht sonderlich zu überraschen. Insgeheim hatte er damit gerechnet. Deshalb reagierte der Flughafenangestellte sofort, als gemeldet wurde, daß zwei Offiziere der Air Force zu ihm unterwegs seien. Aus der Erfahrung anderer UFO-Augenzeugen, mit denen er in Verbindung stand und denen bereits ähnliches widerfahren war, ahnte er sofort, was ein solcher »Besuch« von übergeordneter Stelle bedeutete.

Die von ihm entwickelten Aufnahmen waren aufs Äußerste gefährdet!

Unter der Bettmatratze

Obgleich die Fotos offiziell der Regierung gehörten, nahm Roberts einige der noch nicht entwickelten Negative, verpackte sie in einem lichtundurchlässigen Umschlag und versteckte das Kuvert unter der Matratze seines Bettes. Gerade noch rechtzeitig, denn Sekunden später hämmerte man mit Fäusten gegen seine Wohnungstür, und eine energische Stimme forderte ihn im Befehlston auf: »Öffnen Sie, Roberts! Wir wissen, daß Sie da drinnen sind!«

Als der Angestellte dieser Aufforderung pflichtschuldigst nachkam, sah er sich zwei Männern des Militärpersonals der New Yorker Luftwaffenbasis gegenüber. Der darob Heuchelnde versuchte den Grund für diesen Besuch zu erfahren. Die Militärs aber weigerten sich strikt, ihm eine sowohl logische als auch überzeugende Erklärung für ihre Anwesenheit zu liefern. Unbeeindruckt machten sie dem darüber frustrierten Angestellten deutlich: »Warum wir hier sind, werden Sie nie erfahren. Geben Sie uns vielmehr sofort die entwickelten Fotos heraus und kommen Sie mit!«

Damit war es für Roberts gewiß, daß die UFO-Fotos eine weit größere Bedeutung besitzen mußten, als von ihm ursprünglich geargwöhnt worden war.

Man brachte ihn in die Polizeistation der Basis, wo sich der UFO-Augenzeuge wie ein Krimineller behandelt fühlte. Jene beiden Offiziere, die Roberts besucht und mitgenommen hatten, unterzogen ihn einem strengen Verhör. Zunächst verlangte man zu erfahren, inwieweit er die von ihm entwickelten Fotos bereits anderen Leuten gezeigt und ihnen von seiner UFO-Sichtung erzählt hatte.

Danach versuchte man ihm sogar einzureden, daß der Film, der ihm im Tower übergeben worden war und den er anschließend in seinem Labor entwickelt hatte, gefälscht worden sei. Man würde deshalb das Material durch einen versierten Fotografen auf seine Echtheit überprüfen lassen.

Roberts glaubte den Offizieren kein Wort und war jetzt mehr denn je davon überzeugt, daß die von ihm entwickelten Bilder nicht nur als absolut echt einzustufen waren, sondern für das Militär von großer Wichtigkeit zu sein schienen.

Freimütig gestand Roberts deshalb – und provozierte mit seiner unerwarteten Aussage ganz bewußt die ihn Verhörenden –, einem Reporter des *Jersey Journals* von der Sichtung des Objekts und den UFO-Fotos berichtet zu haben. Er habe außerdem diesem Journalisten verbindlich zugesagt, sich von ihm auch über die UFO-Sichtung interviewen zu lassen.

Die beiden Offiziere schienen es plötzlich furchtbar eilig zu haben. Einer von ihnen versuchte Roberts zu ködern, indem er ihn beschwor, sämtliche noch in seinem Besitz befindlichen UFO-Aufnahmen unbedingt herauszugeben. Man wolle sie zuerst der Air Force zeigen, dann wäre man selbstverständlich bereit, sie dem Magazinjournalisten anstandslos zur Veröffentlichung zu überlassen.

Roberts akzeptierte vorerst aus taktischen Gründen das hintergründige Angebot. Er überließ den Air-Force-Leuten freiwillig ein paar zusätzliche Bilder aus seinem Besitz und ließ die Offiziere in dem Glauben, ihnen nunmehr das komplette Fotomaterial von seiner UFO-Sichtung ausgehändigt zu haben. Daraufhin ließ man ihn gehen. Vor der Basis wartete bereits ein Taxi, das den Flugplatzangestellten nach Hause brachte.

Die Air Force brach ihr Versprechen

Die Verantwortlichen aus dem Hauptquartier der Air Force hielten sich nicht an ihre ursprüngliche Zusage: Von den ihnen übergebenen Aufnahmen erhielt der betreffende Reporter des *Jersey Journals* lediglich ein winziges UFO-Foto ausgehändigt, und auch das durfte nach seiner Veröffentlichung nicht im Archiv dieser Zeitschrift aufbewahrt werden. Als August Roberts den Journalisten des

Boulevardmagazins um die Rückgabe seines Eigentums bat, erfuhr er zu seiner Überraschung, daß auch dieses Miniaturbild von der Polizei beschlagnahmt worden war.

Roberts ließ es sich aber nicht verdrießen: Vorsorglich griff er nunmehr auf seine unter der Bettmatratze versteckt gewesenen Aufnahmen zurück und machte sich eilig daran, die Negative im Labor zu entwickeln. Roberts war mit seiner Arbeit kaum fertig geworden, als ihn überraschend ein Anruf seiner Schwester erreichte. Etwas befremdet informierte sie ihren Bruder darüber, daß eben ein Polizeioffizier bei ihr angerufen habe und den Besuch eines Beauftragten des *Massachusetts Institutes of Technology*, kurz MIT genannt, bei Roberts angekündigt hätte. Der Betreffende befände sich bereits auf dem Weg zu Roberts. Die Sache sei äußerst dringlich und müsse daher sofort erledigt werden, wurde ihm von seiner Schwester telefonisch bestellt.

»Um wen handelt es sich denn, der mich da so dringend sprechen möchte?«, wollte Roberts wissen. Die Antwort seiner Schwester mahnte den Flughafenangestellten zu höchster Vorsicht: »Es klingt unglaublich, August, aber der Polizist weigerte sich, den Namen dieses Besuchers zu nennen …«

Es dauerte nicht lange, bis der Unbekannte bei Roberts aufkreuzte. Er kam gleich zur Sache. Es sei überaus wichtig, bedeutete er dem UFO-Zeugen, über dessen Sichtung des unbekannten Flugobjekts mit ihm zu sprechen. Der MIT-Abgesandte, für den sich der Besucher ausgab, war ein muskulöser Typ, trug einen hellen sportlichen Anzug, und wirkte (wie Roberts sofort bemerkte) auffallend militärisch in seinem Verhalten.

Im Verlauf ihrer lebhaften Diskussion über UFO-Phänomene erkannte Roberts sehr bald, daß sein Besucher über alles, was mit der Sichtung in jener Julinacht zusammenhing, genauestens Bescheid wußte. Selbst Details, die Roberts bislang in der Öffentlichkeit nicht erwähnt hatte (und nur während seines Verhörs durch die Air Force von ihm erwähnt worden waren) waren dem Fremden geläufig.

Roberts zeigte dem angeblichen MIT-Abgesandten einige Bücher und Zeitungsausschnitte von besonders hervorstechenden UFO-Fällen. Er versuchte aber, dessen ungeachtet, seinen unwillkommenen Besuch insofern auf Distanz zu halten, als er ihm weismachte, vor seinem Erlebnis am Tower am UFO-Thema nicht besonders interessiert gewesen zu sein.

Sein Ablenkungsmanöver erwies sich jedoch als vergeblich. Am Ende der Unterhaltung stellte ihm der Fremde völlig überraschend die Frage: »Könnte ich jene Fotos kaufen, die Sie eben erst entwikkelt haben?«

Ein verblüffender Hinweis

Roberts versuchte den Mann abzulenken, aber sein Besucher ließ nicht locker. Wenigstens eine dieser Aufnahmen hätte er gerne gehabt, blieb der Unbekannte hartnäckig beim Thema. Dann zog er zehn Dollar aus der Tasche, um sein Anliegen finanziell zu bekräftigen. Roberts rückte schließlich eines seiner Bilder heraus. Erstaunt stellte er fest, daß sein Gegenüber das ihm überlassene Foto sehr sorgfältig mit beiden Händen hielt und es fast wie ein kostbares Erbstück behandelte.

Kaum hatte die Aufnahme ihren Besitzer gewechselt, als sich der Fremde unvermittelt verabschiedete und zum Gehen wandte. Roberts öffnete ihm höflich die Tür, da hielt der Besucher noch einmal inne, griff in die Rocktasche und reichte seinem Gastgeber ein gefaltetes Blatt Papier.

»Lesen Sie das einmal«, meinte er dann, »ich glaube, Sie werden den Inhalt sehr interessant finden.«

Neugierig faltete Roberts das Blatt auseinander und las den darauf verzeichneten handschriftlichen Vermerk: »*Atli Himalayas* von Nicholas Roerich, Seite 361 bis 362.«

Verwundert wollte er seinen Besucher nach dem Sinn dieser Aufzeichnung fragen, aber der war bereits gegangen und nicht mehr zu sehen.

Viele Wochen danach stieß August Roberts zufällig auf eine Buchhandlung in Manhattan, trat kurz entschlossen ein und fragte den Verkäufer nach dem ihm empfohlenen Buch. Zu seiner nicht gelinden Überraschung hatte man dieses Werk tatsächlich auf Lager. Hastig und neugierig blätterte er darin, um die angegebenen Seiten zu finden. Robert wurde tatsächlich fündig. Er stieß darin auf den Beitrag von Nicholas Roerich über seine Himalaya-Expedition des Jahres 1921. Darin beschrieb er, zu Roberts großer Überraschung, eine von ihm und den übrigen Expeditionsteilnehmern am Firmament gesichtete silberne Flugscheibe. Welche Beweggründe seinen unbekannten Besucher geleitet haben mochten, ihn ausgerechnet auf dieses historische Ereignis aufmerksam zu machen, blieb August Roberts allerdings verborgen.

Ebenso die wahre Identität des Mannes, der sich ihm gegenüber als ein Mitarbeiter der MIT-Forschungsstelle ausgegeben hatte. Näheres vermochte der Flughafenbedienstete auch später nie in Erfahrung zu bringen.

Unerwünschte Besucher

Die US-Air-Force spielte auch in einem anderen MIB-Fall eine eher unrühmliche Rolle. Während er von 1966 bis 1967 an seinem Buch *Uninvited Visitors* (deutscher Titel: *Unerwünschte Besucher*) arbeitete, bemerkte der bekannte UFO-Forscher und Biologe Ivan T. Sanderson eine fremde Limousine, die verdächtig nahe an seinem im ländlichen West Virginia befindlichen Haus verkehrte und dort immer wieder vorüberfuhr. Um die Identität des Besitzers festzustellen, nutzte der Schriftsteller deshalb eine günstige Gelegenheit, um das Nummernschild des Wagens zu fotografieren. Eine Anfrage bei den Behörden bestätigte dessen Vermutung: Diese Autonummer war noch gar nicht vergeben worden und besaß deshalb auch keinen Eigentümer.

Einige Tage danach erhielt Sanderson überraschenden Besuch. Bei ihm meldeten sich zwei Männer in Air-Force-Uniformen. Sie interessierten sich besonders für das in Arbeit befindliche Buch des UFO-Experten. Doch als Sanderson die vorgeblichen Luftwaffenoffiziere darauf ansprach, sich ihm gegenüber mit ihren Militärausweisen zu legitimieren, wurde ihm dies von beiden Männern glatt verweigert. Daraufhin reagierte der unfreiwillige Gastgeber äußerst rigoros: Er griff nach seinem Gewehr und zwang die Fremden, sein Haus zu verlassen.

Sandersons Reklamation bei der örtlichen Air-Force-Basis verlief ergebnislos: Der dort zuständige Befehlshaber bestritt jegliche Kenntnis über die unbekannten Besucher und bestritt auch deren Zugehörigkeit zur Air Force. Statt dessen schlug er dem Schriftsteller vor, sich mit seiner Beschwerde an die Polizei zu wenden. Auch dort wußte man angeblich von nichts. Dafür wurde Sanderson längere Zeit durch eigenartige elektronische Geräusche genervt, sobald er versuchte, geschäftlich oder privat zu telefonieren.

Hatten sich die von ihm verjagten MIBs auf diese Weise revanchiert?

8. Gefährliche Begegnungen

Seltsame Telefonate, ähnlich jenem, von dem mir der österreichische Flugkapitän Alexander Raab berichtet hatte, mögen zwar bedrohlich klingen, eine Gefährdung des Angerufenen ist davon aber nicht zu befürchten.

Anders verhält es sich hingegen, wenn diejenigen, aus deren Bereich vielleicht ein solcher Anruf erfolgte, persönlich auf der Bildfläche erscheinen, um ihren Forderungen den entsprechenden Nachdruck zu verleihen.

So wie bei dem Amerikaner Tom Wills, einem 29-jährigen Angestellten, der an jenem Vormittag außer Haus weilte, als die Türklingel schrillte. Wills Gattin öffnete arglos – und stand zwei Männern gegenüber, deren Aussehen die Frau ziemlich verängstigte. Denn trotz eines warmen Herbsttages trugen die Fremden schwarze Mäntel. Zudem wirkten die beiden auch sonst nicht gerade vertrauenerweckend. Der Teint ihrer Gesichtshaut war blaß, fahl, fast gräulich, was Frau Wills instinktiv an Ausländer denken ließ.

Besonders irritiert wurde die Hausfrau von einer sichtbaren körperlichen Mißbildung bei jedem der unbekannten Besucher: Unter den dunklen Mänteln wölbten sich, an beider Rücken erkennbar, unzweifelhafte Verformungen. Handelte es sich dabei um – Buckel? Oder nur um etwas Undefinierbares, was Derartigem ähnelte?

Frau Wills war verständlicherweise mißtrauisch; ein Verhalten, das sich noch steigerte, als die unheimlich wirkenden Männer nach ihrem Mann fragten, um ihn über eine bestimmte Sache zu befragen.

Tom Wills hatte einige Zeit davor etwas Ungewöhnliches am Himmel beobachtet: ein fliegendes, leuchtendes Objekt, das er umgehend als UFO identifizierte. Natürlich hatte er darüber auch seiner Frau erzählt, was sie nunmehr gegenüber ihren Besuchern, die unerwartet und neugierig nach Details dieser Sichtung gefragt hatten, keineswegs leugnete.

Die Fremden reagierten auf die von Wills Gattin wiedergegebene Schilderung zwar nicht unfreundlich, konnten es aber dennoch nicht unterlassen, darauf eine Erwiderung zu geben. Sie wiesen

Frau Wills darauf hin, aus der ungewöhnlichen Beobachtung des Ehemannes nur ja keine falschen Schlüsse zu ziehen. Ehe sich die unbekannten Besucher empfahlen, wurde Toms Gattin von den beiden neuerlich ermahnt, »vorsichtig« zu sein und dieses »wichtige Thema« für sich zu behalten. Sie forderten sie zudem auf, auch ihrem Mann von ihrer Anwesenheit zu berichten.

Vermutlich hätte Frau Wills über diesen unerquicklichen Besuch Stillschweigen bewahrt, wären nicht einige Tage danach in der Wohnung des Ehepaares unvermutet die elektrische Beleuchtung sowie der TV-Empfang ausgefallen. Erst jetzt erzählte Toms Gattin ihrem ahnungslosen Mann von ihrem seltsamen Rendezvous.

Es blieb nicht bei diesem einen Zwischenfall. Da läutete zunächst ein dunkelgekleideter Mann an der Haustür, der ohne jede Vorwarnung auch Tom Wills im Zusammenhang mit seiner vorangegangenen UFO-Sichtung nachdrücklich ermahnte, »vorsichtig« zu sein. Und wie zur Bekräftigung dieser Warnung, fiel in der Folge im Haushalt der Familie noch mehrmals plötzlich der Strom aus.

Diese ganz offensichtlich absichtlich inszenierten »Zwischenfälle« wiederholten sich noch einige Zeit, erst dann gaben sich die anonymen Unbekannten anscheinend mit dem Erreichten zufrieden. Immerhin hatte diese MIB-Begegnung glimpflich geendet.

Im krassen Gegensatz zu dem lebensgefährlichen Abenteuer eines mexikanischen Piloten.

Das UFO attackierte frontal

An einem Tag im Mai flog der Mexikaner Carlos de los Santos Montiel in seiner »Piper Pa-24« nach Mexico City. Plötzlich begann sich die Maschine aus unbekannten Gründen zu schütteln. Als Carlos überrascht einen Blick aus der Pilotenkanzel nach rechts riskierte, bemerkte er direkt über der Flügelspitze seines Fliegers ein dunkelgraues, scheibenförmiges Objekt. Es besaß einen von dem Piloten geschätzten Durchmesser von etwa zehn bis zwölf Metern. Carlos Erstaunen war groß, als er auch zur Linken seiner Maschine einen ähnlich aussehenden Flugkörper gewahrte. Beide UFOs bildeten so eine Art von Eskorte, und der Mexikaner mußte es hinnehmen, daß die beiden scheibenförmigen Objekte auch weiterhin seinen Flug hartnäckig flankierten.

Carlos' anfängliche Verwunderung wandelte sich jedoch unvermittelt in Entsetzen, als frontal zu seiner Piper ein weiteres UFO auf sein Flugzeug zuraste. In seinem verzweifelten Bestreben, einer sich abzeichnenden Karambolage beider Luftschiffe auszuweichen, riß der Pilot seine Maschine panikartig hoch, vermochte aber dennoch eine leichte Berührung mit dem entgegenkommenden Flugobjekt nicht völlig zu verhindern. Das UFO streifte die Unterseite des Fliegers.

In Carlos erwachten daraufhin jäh unbändiger Kampfgeist sowie in ihm schlummernde Jagdleidenschaft. Er versuchte nicht mehr, dem diskusartigen Körper zu entgehen, sondern – ganz im Gegenteil – näher an das sonderbare Ding heranzukommen. Was daraufhin passierte, ernüchterte den vorwitzigen Piloten augenblicklich: Ehe er noch wußte, wie ihm geschah, waren in seinem Cockpit sämtliche elektronischen Bordgeräte ausgefallen. Nichts schien mehr zu funktionieren, und eigentlich hätte die nicht mehr zu steuernde Piper senkrecht in die Tiefe stürzen müssen.

Aber nichts dergleichen geschah.

Ungläubig registrierte Carlos, daß seine Maschine ihren Flug unvermindert mit 120 Meilen die Stunde (wie schon bisher) fortsetzte – so, als ob überhaupt nichts vorgefallen wäre.

Man kann sich lebhaft vorstellen, wie sehr der mexikanische Pilot aufatmete, als endlich der Kontrollturm des Flughafens von Mexico City vor ihm auftauchte. Als Carlos de los Santos Montiel dann um Landeerlaubnis ansuchte, waren sämtliche drei ihn bislang begleitenden UFOs aus seinem Gesichtsfeld verschwunden.

Nach der Landung brauchte der Pilot nicht erst den Wahrheitsgehalt seines Berichtes zu beteuern, denn das Personal im Kontrollturm nahm von Anfang an Carlos' Schilderung ernst: Man hatte nämlich die drei Flugkörper, so wie sie von dem Pilot der Piper beschrieben worden waren, selbst auf dem Radarschirm beobachtet. Neugierigen Reportern, die von der ungewöhnlichen Flugdemonstration dreier UFOs über dem mexikanischen Flugplatz Wind bekommen hatten und rasch zum Schauplatz des Ereignisses geeilt waren, erzählte später der Luftfahrtkontrollor Emilio Estanol freimütig, was sich hier vor kurzem ereignet hatte.

Und so klang sein beeindruckender Bericht:

»Die Objekte flogen mit zirka 518 Meilen pro Stunde einen

Winkel von 270 Grad in einem Bogen von nur drei Meilen. Normalerweise braucht ein Flugzeug mit dieser Geschwindigkeit einen Bogen von zehn Meilen, um ein ähnliches Manöver nachzuahmen. In meinen siebzehn Jahren als Luftwaffenkontrolleur habe ich so etwas Sensationelles wie diese Parade von drei UFOs noch nie gesehen ...«

Carlos de los Santos Montiel unterzog sich freiwillig einer medizinischen Untersuchung und wurde danach für völlig gesund erklärt. Irgendwelche physischen oder psychischen Schäden waren an ihm nicht festzustellen. Vielleicht wären solche aufgetreten, hätte der Piper-Pilot vorausgeahnt, was noch alles auf ihn zukommen sollte.

Zwei schwarze Limousinen

Zunächst stand er im Mittelpunkt des Interesses der mexikanischen Presse, die in den folgenden Wochen sehr ausführlich über die Bedeutung von Carlos' UFO-Sichtung spekulierte. Dem Betroffenen war dies gar nicht recht. De los Santos Montiels Ehrgeiz ging in eine gänzlich andere Richtung: Der 23-jährige, eher zurückgezogen lebende Hobbypilot setzte alles daran, sich zu perfektionieren, seine Flugerfahrung auszubauen. Dennoch ließ sich der junge Mann schließlich dazu bewegen, an einer Fernsehdiskussion mit prominenten UFO-Forschern teilzunehmen. Gastgeber war der in Mexico sehr bekannte TV-Moderator Pedro Ferriz.

Zu diesem Gespräch sollte es jedoch nicht kommen.

Als sich Carlos bereits auf dem Weg zum Fernsehstudio befand, bemerkte er vor seinem Wagen eine schwarze Limousine vom Typ Galaxy. Sie erinnerte den Piloten entfernt an ein Diplomatenfahrzeug, das im übrigen (wie er sich bewußt wurde) gleichzeitig mit ihm vom Parkplatz abgefahren war. Carlos' Verwunderung verwandelte sich in deutliches Unbehagen, als er jetzt im Rückspiegel seines Autos eine zweite Galaxy-Limousine gewahrte, die der Fahrspur seines Wagens unbeirrt folgte. Auch dieses Fahrzeug war dunkel lackiert und ebenso brandneu wie jenes, das vor ihm fuhr.

Irgendwie fühlte sich de los Santos Montiel auf unbestimmte Weise bedroht. Er reagierte panikartig. Erschrocken trat er das Gaspedal durch, wobei er gleichzeitig die Reaktion der hinter ihm fahrenden Limousine durch den Rückspiegel beobachtete. Seine Vermutung wurde rasch zur Gewißheit, als sein Fahrzeug an einer verkehrsmäßig geringer frequentierten Straßenstelle plötzlich eingekeilt und an den Randstein gedrängt wurde.

Carlos stoppte sein Auto, um es eilig zu verlassen – was er aber nicht mehr schaffte. Denn vier breitschultrige, große und kräftig gebaute Männer sprangen gleichzeitig aus der dunklen Limousine. Einer von ihnen stemmte sich sofort gegen die Tür von Carlos' Fahrzeug, und im gleichen Augenblick vernahm der Hobbypilot die Stimme des Unbekannten, der ihn in perfektem Spanisch aufforderte: »Passen Sie auf, junger Mann! Wenn Sie Wert auf Ihr Leben und das Ihrer Familie legen, sprechen Sie mit niemandem ein Wort über Ihre UFO-Sichtung!«

Carlos de los Santos Montiel war über die Warnung derart verblüfft, daß ihm kein Widerspruch in den Sinn kam. Er registrierte lediglich den irgendwie »mechanisch« klingenden Tonfall des Fremden, der ebenso einen schwarzen Anzug trug wie die drei ihm folgenden Begleiter. Carlos bemerkte aber auch die ungewöhnlich blasse Hautfarbe seiner offensichtlichen Gegner, die er deshalb für Skandinavier hielt.

Anscheinend gaben sich die Vier mit ihrer Einschüchterungskampagne zufrieden, denn unmittelbar darauf kehrten sie wieder in ihre Limousinen zurück, um damit ein paar Sekunden später im Verkehrsgewühl von Mexico City unterzutauchen.

Carlos benötigte einige Zeit, um sich von seinem Schrecken zu erholen, doch hatte er von da an endgültig die Lust verloren, selbst an der Fernsehdiskussion teilzunehmen. Vielmehr kehrte er mit seinem Fahrzeug nach Hause zurück.

Infolge seiner unerwarteten Abwesenheit im TV-Studio wurde der Pilot zwei Tage später von Moderator Pedro Ferriz persönlich aufgesucht. Der Diskussionsleiter wollte von dem nicht zur Sendung erschienenen Studiogast natürlich den Grund für dessen nicht angekündigtes Fernbleiben erfahren. Zögernd berichtete ihm Carlos von dem bedrohlichen Zwischenfall.

In der Folge kostete es Ferriz große Überredungskunst, den eingeschüchterten Piloten doch noch zu einem Interview für seine Fernsehsendung zu überreden. Der Junge erklärte sich jedoch erst dazu bereit, nachdem es dem Moderator gelungen war, ihm seine

Ängste weitestgehend auszureden. Er beruhigte Carlos damit, daß er ihm von ähnlichen, doch immer harmlos verlaufenen Erlebnissen anderer UFO-Zeugen berichtete.

Und wirklich: Das TV-Gespräch zwischen Carlos und Ferriz verlief ohne jeden Zwischenfall. Es wurde sogar zum unmittelbaren Anlaß für ein danach vereinbartes Treffen zwischen dem 23-jährigen Flugzeugnarren und dem »UFO-Papst« Amerikas schlechthin: Professor Dr. J. Allen Hynek.

Pedro Ferriz machte Carlos mit dem auf diesem Gebiet anerkannten Experten persönlich bekannt, als Hynek einen Monat nach jener bedrohlichen Begegnung seines Diskussionspartners mit den MIB zufällig in Mexico City weilte. Natürlich fand auch dieses Zusammentreffen unter den Jupiterlampen des Fernsehstudios statt. Hynek war danach von dem jungen Mann dermaßen beeindruckt, daß Carlos spontan einlud, ihn doch am folgenden Vormittag zum Frühstück zu besuchen. Dort wollte er sich mit seinem Gast weiter über das mysteriöse Auftreten der Men in Black unterhalten. De los Santos Montiel – von den weitreichenden Kenntnissen Dr. Hyneks ungemein beeindruckt – versprach dem UFO-Experten, am folgenden Tag wieder zu kommen.

»Kommen Sie nie mehr hierher zurück!«

Am nächsten Morgen, gegen sechs Uhr früh, verließ der Pilot seine Wohnung und fuhr mit dem Wagen direkt zum *Mexicana-Airlines*-Büro, wo er arbeitete. Dort parkte er sein Auto und machte sich dann zu Fuß auf den Weg zu Hyneks Hotel.

Als er eben die Stufen zum Hauptportal der exquisiten Absteige seines Gastgebers hinaufging, stellte sich ihm plötzlich ein Mann in den Weg, der Carlos zuvor nicht aufgefallen war. Jetzt aber durchzuckte ihn ein eisiger Schreck: Der Fremde war ebenfalls schwarz gekleidet, besaß eine bläßliche Gesichtsfarbe, und der Junge wußte plötzlich, daß er dem Unbekannten bereits früher begegnet war: An jenem Tag nämlich, als sein Fahrzeug von vier MIB blockiert und er selbst von diesen Männern eingeschüchtert worden war!

»Sie sind bereits einmal gewarnt worden, nicht über Ihr seinerzeitiges Erlebnis zu reden«, zischte der Bleichgesichtige und baute sich drohend vor Carlos auf.

»Ich habe doch lediglich eine Einladung angenommen, sonst nichts«, versuchte der Überrumpelte zaghaft zu widersprechen. »Ich bin Gast von Dr. Hynek, der gerne in einem Gespräch unter vier Augen erfahren würde, wie ich meine UFO-Sichtung verkraftet habe.«

Die Blicke des dunkel gekleideten Fremden schienen geradezu hypnotische Wirkung auszuüben. Carlos war nicht in der Lage, sich von der Stelle zu rühren. Mit reflexartigen Armbewegungen stieß ihn sein kraftstrotzendes Gegenüber mehrere Schritte zurück.

»Hören Sie, junger Mann«, sagte der Fremde mit leiser aber beschwörender Stimme, »Sie machen sich nur selbst Probleme, wenn unsere Ratschläge von Ihnen ignoriert werden sollten. Das kann dann für Sie sehr unangenehm werden. Weswegen haben Sie denn so zeitig Ihre Wohnung verlassen? Und seit wann ist es für Sie üblich, schon zu so früher Stunde an Ihre Arbeitsstelle zu eilen?«

Wieder drängte der MIB den Piloten an der Hotelrampe einige Stufen abwärts.

»Verschwinden Sie schleunigst von hier«, befahl ihm der Unbekannte mit beschwörender Stimme und fügte dann warnend hinzu: »... und kommen Sie nie mehr hierher zurück!«

De los Santos Montiel hatte jetzt endgültig genug. Er fürchtete ernsthaft um sein Leben. Ohne sich nach dem Fremden noch einmal umzublicken, kehrte er zu seiner Dienststelle, dem *Mexicana-Airlines*-Büro, zurück.

Professor Hynek wartete an jenem Vormittag vergeblich auf seinen mexikanischen Gast.

Von da wurde Carlos von den Men in Black in Ruhe gelassen. Erst zwei Jahre später kam der junge Pilot unter Freunden wieder auf den Zwischenfall vor dem Hotelportal zu sprechen. Er erinnerte sich nämlich wieder an einige Besonderheiten dieser unheimlichen Begegnung.

»Diese vier Männer«, schilderte er im vertrauten Kreis, »waren von riesigem Wuchs. Sie überragten bei weitem jeden durchschnittlichen Mexikaner, und was mir ebenfalls sofort aufgefallen war: Jeder der vier war von auffallend blasser Gesichtsfarbe.«

Noch etwas kam Carlos ins Gedächtnis, als er sich an das seinerzeitige Geschehen zurückerinnerte: »Besonders seltsam war, daß keiner der Schwarzgekleideten, während sie mich anstarrten und mit mir redeten, mit dem Augen blinzelte. Starr blickten sie vor sich hin, ihr Gesicht wirkte irgendwie marionettenhaft …«

Was mich zu mehreren provokanten Fragen verleitet.

Handelt es sich bei den »Männern in Schwarz« gar nicht um Wesen, die so wie wir aus Fleisch und Blut beschaffen sind? Wurden sie vielmehr von genialen Wissenschaftlern *künstlich* hergestellt? In den geheimen Laboratorien irgendeiner im Hintergrund agierenden irdischen (oder *außer*irdischen) Macht?

Handelt es sich bei den MIB in Wirklichkeit um *hochentwickelte Roboter* oder womöglich sogar um verblüffend perfekt konstruierte, uns Menschen gleichende *Imitationen*? Um aufgabengetreu programmierte *Androiden* aus Gegenwart – oder *Zukunft*?

Selbst solche phantastischen Überlegungen sollten keinesfalls ignoriert werden …

9. Die MIB und ein »Teufelsspuk«

Aktivitäten der Men in Black sind nicht nur im »Land der begrenzten Unmöglichkeiten« – in US-Amerika – aktenkundig. Sie lassen sich auch in anderen Staaten – so in verschiedenen europäischen Ländern – jederzeit rekonstruieren.

Beispielsweise in Großbritannien.

Auch dort sollen die »Männer in Schwarz« in Erscheinung getreten sein. Und das sogar im wahrsten Sinn des Wortes.

Davon unmittelbar betroffen war der englische UFO-Forscher James Derek. Sein Fall liegt jetzt zwar schon einige Jahrzehnte zurück, das ändert aber nichts daran, daß es ihn gegeben hat und er bis zum heutigen Tag nicht zufriedenstellend geklärt werden konnte.

1971 berichteten sowohl elektronische als auch die Print-Medien auf der britischen Insel geradezu regelmäßig über Beobachtungen aus der Bevölkerung, wo Augenzeugen mehrfach »Lichter« am Himmel gesehen hatten.

Auch James Derek interessierte sich für solche Meldungen, wobei ihm zusätzlich aufgefallen war, daß sich derartige Sichtungen hauptsächlich in den Monaten August und September ereignet hatten. Dennoch wäre er wahrscheinlich (weil sich ja nichts Definitives daraus folgern ließ) wahrscheinlich zur Tagesordnung übergegangen, hätte er nicht eines Tages selbst einen Telefonanruf eines ihm unbekannten Mannes erhalten, der ebenfalls ein das Firmament durchpflügendes »Licht« wahrgenommen hatte.

Der Augenzeuge vermochte aber diesen Angaben noch eine weit interessantere, wenn auch reichlich mysteriös anmutende Information hinzuzufügen, die er dem UFO-Forscher ebenfalls nicht vorenthielt:

»Das Seltsame daran war, daß ich kurz nach meiner Beobachtung einen Anruf, und kurz danach noch einen zweiten, erhalten habe, wobei sich jeweils eine andere Männerstimme meldete. In beiden Fällen wurde mir versichert, ohne selbst ausdrücklich danach gefragt zu haben, daß dies im Auftrag des Verteidigungsministeriums geschehen würde.«

Derek war mehr als erstaunt, als ihn der Anrufer den angeblichen Grund hierfür nannte:

»Ich wurde nämlich beide Male darauf aufmerksam gemacht, daß es sich bei dem ›Licht‹ am Himmel in Wirklichkeit bloß um den sowjetischen Satelliten ›Cosmos 408‹ gehandelt habe. Ich wunderte mich natürlich einigermaßen, daß man sich im Verteidigungsministerium der Mühe zu unterziehen schien, Beobachter von rätselhaften Himmelsobjekten mit Telefonanrufen zu traktieren. Vermutlich wollte man mich auf diese Art zum Schweigen bringen …«

Das seltsame Vorgehen von anscheinend offizieller Seite habe ihm keine Ruhe gelassen, berichtete Dereks Gewährsmann weiter, indem er erklärte:

»Ich setzte mich deshalb unverzüglich mit der Satelliteninformation in Farnborough in Verbindung und erfuhr dort zu meiner nicht geringen Überraschung, daß sich ›Cosmos 408‹ zur Zeit der Sichtung des seltsamen ›Lichtes‹ am Firmament keineswegs über meinem Beobachtungsplatz, sondern in Wirklichkeit über Neufundland befunden hatte. ›Cosmos 408‹ sei, im Gegenteil, überhaupt nie über England zu sehen gewesen!«

Ein Brief ans Ministerium

Der anscheinend »hinters Licht« Geführte reagierte verärgert. Er habe sich deshalb hingesetzt und dem Ministerium einen entsprechenden Brief geschrieben, erfuhr James Derek. Dort habe man seine Anfrage bezüglich der offensichtlich falschen Information über die Satellitenbahn von »Cosmos 408« in einem späteren ministeriellen Antwortschreiben glatt ignoriert, beklagte sich Dereks Telefonpartner. Von Seiten des Verteidigungsministeriums habe man bloß unverbindlich reagiert und wäre mit keinem einzigen Wort auf den Inhalt seines Briefes eingegangen.

Doch das war noch längst nicht das Ende der Episode.

Denn Dereks telefonischer Gesprächspartner setzte sich mit dem UFO-Forscher ein weiteres Mal fernmündlich in Verbindung. Diesmal aber klang seine Stimme ziemlich bedrückt:

»Ich werde seit einigen Nächten durch die Anwesenheit zweier Männer beunruhigt, die in einem dunklen Fahrzeug vom Typ Jaguar vor meinem Haus Stellung bezogen haben und mich nicht mehr aus den Augen lassen. Sie führen, so befürchte ich, irgend etwas gegen mich im Schilde …«

Für den Angerufenen war dies ein Alarmzeichen, und er versprach seinem »Klienten«, sich um die Angelegenheit zu kümmern.

James Derek benachrichtigte die für den betreffenden Bezirk zuständige Polizeistation und bat einen der Beamten, der Sache nachzugehen. Dort vermutete man (wie dies auch der UFO-Forscher angenommen hatte), einem geplanten Raubüberfall auf die Schliche gekommen zu sein. Man schickte einen Streifenwagen zur angegebenen Adresse des sich bedroht fühlenden Mannes. Zwei Polizisten wurden beauftragt, das verdächtige Auto sowie dessen Insassen vor dem Haus des möglicherweise Gefährdeten unter die Lupe zu nehmen.

Tatsächlich bestätigten sich die Angaben von Dereks Anrufer. Zwei Kontrollen am 19. und 20. Oktober 1971 führten aber zu keinem brauchbaren Ergebnis. Für die Polizeibeamten gab es nichts zu beanstanden. Nichts deutete darauf hin, daß die Insassen der dunklen Limousine kriminelle Absichten hegten. Beide Männer im schwarzen Jaguar verhielten sich ruhig und unauffällig. Also kehrten die Polizisten in ihrem Streifenwagen unverrichteter Dinge wieder zu ihrer Dienststelle zurück.

Trotzdem: der Verdacht war geweckt, und in der Nacht zum 22. Oktober, kurz nach neun Uhr abends, erhielten die beiden Streifenpolizisten von ihrem Vorgesetzten erneut eine Weisung: Sie sollten die Insassen des schwarzen Jaguars, die (wie auch der Telefonpartner von James Derek bestätigte) ihren Standort noch immer nicht verlassen hatten, über den Grund ihrer Anwesenheit vor Ort befragen.

Wohin verschwand der Jaguar?

Als die Cops zur angegebenen Adresse kamen, parkte die dunkle Limousine nach wie vor gegenüber dem Wohnhaus des verängstigten Augenzeugen. Die zuvor beobachteten Männer schienen sich hingegen im abgedunkelten Fond des Autos aufzuhalten.

Als die beiden Beamten jedoch näher herantraten, an die Scheiben des Fahrzeuges klopften, um mit den beiden Insassen zu sprechen – geschah das Unfaßbare:

Das schwarz lackierte Auto löste sich vor den Augen der entsetzten Polizisten buchstäblich in Luft auf. Von einer Sekunde zur anderen war der Jaguar verschwunden!

Es schien, als hätte es ihn nie gegeben.

Die Beamten glaubten sich von einem Teufelsspuk genarrt. Sie begannen an ihrem Verstand zu zweifeln. So etwas Verrücktes konnte es einfach nicht geben. Ein völlig »normales« Auto war unter ihren Händen buchstäblich »zerronnen«!

Ehe die beiden völlig konsternierten Cops ihrem Vorgesetzten über den unglaublichen Vorfall Bericht erstatteten, unterzogen sie erst einmal die gesamte Umgebung des »Tatortes« einer peinlich genauen Kontrolle. Vergeblich. Weder die dunkelfarbige Jaguar-Limousine noch deren unheimliche Besatzung kamen jemals wieder zum Vorschein.

Läßt sich ein derartiges Geschehen logisch erklären?

Ein Radfahrer löste sich in Luft auf

Alles scheint ziemlich merkwürdig zu sein, ist aber durch glaubhafte Zeugenaussagen belegt. Und zudem kein Einzelfall.

Auch das *MUTUAL UFO NETWORK – CENTRAL EUROPEAN SECTION (MUFON-CES)*, eine internationale Vereinigung von UFO-Forschern, in der ausnahmslos Fachleute tätig sind, war bei seinen Recherchen über ungewöhnliche UFO-Begegnungen auf ein Vorkommnis gestoßen, das einen Men-in-Black-Fall zum Thema hatte. Im offiziellen MUFON-CES-Bericht Nr. 8 des Jahres 1981 wurde er detailgetreu wiedergegeben.

Einleitend hatte der Herausgeber der fast 400seitigen Broschüre, Dipl.-Phys. Illobrand von Ludwiger (Pseudonym: Illo Brand), eingestanden, man habe festgestellt, daß allmählich ein neuer Mythos entstanden sei.

Tatsächlich hatte sich der amerikanische Psychiater Dr. B. E. Schwarz mit verschiedenen MIB-Fällen eingehend beschäftigt und dabei zweifelsfrei festgestellt, daß einige der von ihm überprüften Personen tatsächlich von derartigen Phantomgestalten heimgesucht worden waren. Mehrere glaubwürdige Zeugen hätten dabei auch das Verschwinden eines oder mehrerer dieser seltsamen Besucher miterlebt. Von Ludwiger meint weiter:

»Wir hatten bei MUFON-CES gehofft, daß wir uns mit Berichten dieser Art nicht hätten beschäftigen müssen. (Entsprechend der beruflichen Zusammensetzung unserer Gruppe hofften wir, im wesentlichen Objekte mit physikalischen Wechselwirkungen studieren zu können.)

Schließlich erfuhren aber auch wir von einem solchen MIB-Fall (wie ihn die Amerikaner klassifizieren), und der betreffende Zeuge bat uns um Hilfe. In diesem Falle hat jede, auch eine evtl. abfällige Meinung über das MIB-Thema zurückzustehen. Wir mußten helfen.«

Folgendes hatte sich ereignet:

Ein Mann (er wird in dem Bericht als Zeuge Sch. aus Langenargen bezeichnet), der im Februar 1977 nach einer UFO-Sichtung zwei kleinwüchsigen Insassen des Raumfahrzeuges begegnet war, hatte dadurch einen schweren Schock erlitten. Nach einem Jahr hatte sich Sch. jedoch wieder erholt und dem normalen Alltagsleben angepaßt.

Im Juli 1980 wurden MUFON-Mitglieder von einem Kollegen des UFO-Augenzeugen angerufen. Er ließ sie wissen, daß Herr Sch. vor lauter Nervosität nicht mehr in der Lage sei, sich selbst mit dieser Organisation in Verbindung zu setzen. Hellhörig wurden die MUFON-Leute, als der Informant zusätzlich wissen wollte, ob es möglich oder üblich wäre, daß Betroffene einer UFO-Begegnung von geheimnisvollen Menschen aufgesucht und bedroht werden würden. Eben erst, so der Anrufer, sei Herr Sch. abermals ohnmächtig geworden und hätte sich beim Sturz die Hand an einer zerbrochenen Flasche schwer verletzt.

Wie sich später bei einer Befragung des Zeugen herausstellte, sei er unmittelbar vor seinem Sturz, bei dem er das Bewußtsein verloren hatte, von einem unbekannten Mann aufgesucht und bedroht worden. Der Fremde habe ihn davor gewarnt, ihm würde Schlimmes widerfahren, falls er nochmals über sein UFO-Erlebnis sprechen sollte – was er nun aber dennoch getan hatte. In dem MUFON-Bericht erfahren wir weiter:

»In der Absicht, Herrn Sch. zu beruhigen, suchten wir ihn bei seiner Mutter zu Hause auf und erfuhren, wie es zu seiner jetzigen schlechten nervlichen Verfassung gekommen war: Eines Abends im September 1978 (gegen 21 Uhr) ging Herr Sch. vom Bodensee herkommend nach Hause. Auf der menschenleeren Straße (mit Einfamilienhäusern) fuhr hinter ihm ein Radfahrer dicht an ihn heran und sprach ihn an. Er soll gesagt haben, daß Sch. nie wieder über sein Erlebnis sprechen sollte, andernfalls würde ihm etwas passieren.

Herr Sch. nahm den Kerl nicht ganz ernst, der einen langen schwarzen Mantel oder Umhang und einen schwarzen breitkrempigen Schiffer-Schlapphut trug. Doch dann erschrak er fürchterlich: zehn Meter von ihm entfernt lösten sich Rad und Fahrer buchstäblich in Nichts auf!

Einige Wochen später fiel Herr Sch. erstmals ohnmächtig um (der Beginn einer Epilepsie, wie sie Dipl.-Psych. S. Streubel bereits im MUFON-CES-Bericht Nr. 4, 1978, vorhergesagt hatte). Herr Sch. meinte, daß sich die Drohungen des Radfahrers erfüllen würden, dessen Gegenwart er ständig zu spüren glaubte. Er wurde immer nervöser und wagte sich schließlich nicht mehr ohne Begleitung aus dem Hause.«

Im Frühjahr 1980 kam es erneut zu einem Zwischenfall. Als der UFO-Zeuge Sch. abends auf der Straße unterwegs war, trat plötzlich der unheimliche Mann mit dem langen schwarzen Mantel (diesmal ohne Rad) von hinten an ihn heran und wiederholte seine schon einmal geäußerte Drohung. Danach verschwand er wie schon bei der ersten Begegnung. Er löste sich abermals in Luft auf.

Herr Sch. ließ sich von dem Psychologen Streubel nochmals untersuchen, und MUFON-Mitglieder, die dabei ebenfalls anwesend waren, versuchten den Betroffenen zu beruhigen, indem sie meinten, jene Ohnmachtsanfälle seien eine völlig normale Krankheit. Vermutlich handle es sich bei dem Unbekannten um einen von »diesen Männern«, die sich an verunsicherte Patienten wie ihn »anhängen«, um ihnen auf irgendeine Weise zu schaden. Die MUFON-Leute gaben Herrn Sch. den Rat, er möge beim nächsten Zusammentreffen den fremden Mann einfach auslachen, da ihm der Fremde auf keinen Fall physisch schaden könne.

Nach dieser beruhigenden Aussprache fühlte sich Herr Sch. sichtlich wohler, und auch sein Allgemeinzustand besserte sich erheblich.

In dem MUFON-Bericht über diesen MIB-Fall wurde resümierend versucht, eine plausible Erklärung für das Vorgefallene zu finden. Man vermutete dahinter »eine psychische Projektion«. Und weiter heißt es:

»Sch. hatte sich an die Zeit zwischen 2.30–3.20 Uhr am Morgen seines Erlebnisses selbst in der Hypnose-Regression nicht erinnern können. Sein Unterbewußtsein suchte verzweifelt nach den ›verlorengegangenen Ereignissen‹ im Gedächtnis, die dort nicht abgespeichert waren. Schließlich manifestierte sich das Unbewußte in Gestalt eines Radfahrers, um dem Bewußtsein mitzuteilen, daß es keine weiteren verdrängten Erlebnisse gibt, bzw. daß sie nicht in Gesprächen wiederbelebt werden könnten.

Sch. erkannte dieses Phantombild nicht als eine psychische Projektion, und weitere Zeugen waren während der Begegnung mit diesem nicht dabei. Indem die Angst vor dem bzw. auf das Phantombild abgeschieden wird, besteht die Möglichkeit, die Furcht vor dem vergessenen Erlebnis loszuwerden.

Daß Herr Sch. tatsächlich ein Erlebnis gehabt hatte, das ihn psychisch nachhaltig schädigte, zeigte eine ausführliche psychologische Untersuchung.

Wir (die MUFON-CES; P. K.) ziehen daraus den Schluß, daß MIB-Berichte von Psychiatern ernsthafter untersucht werden sollten, um den Zeugen gegebenenfalls aus schweren Depressionen besser heraushelfen zu können.«

Mit den MIB konfrontiert zu werden, bedeutet für Menschen, die ihnen unfreiwillig begegnen, fast immer eine düstere Erinnerung. Den gerade erst 18-jährigen US-Bürgern Roger und Linda Scarberry sowie Steve und Mary Mallette aus Point Pleasant, West Virginia, erging es in diesem Zusammenhang noch weit schlimmer. Die befreundeten jungen Ehepaare wurden am 15. Dezember 1966 von einer düsteren Erscheinung in Angst und Schrecken versetzt.

Die MIB und der »Mottenmann«

Während einer gemeinsamen Autofahrt zum Stadtteil TNT'Areal, dessen Name von den dort seit dem 2. Weltkrieg ungenutzten Bunkern und Munitionsdepots herrührt, erschien auf der Straße hinter ihnen plötzlich eine sieben Meter große, menschenähnliche Gestalt mit fledermausartigen Flügeln. Die Augen des unheimlichen Wesens glühten wie roten Kohlen.

Panikartig flohen die beiden jugendlichen Paare mit ihrem Fahrzeug und suchten Schutz im Büro des zuständigen Sheriffs der Stadt, Deputy Millard Halstead. Dieser machte sich mit den vier Augenzeugen sogleich auf den Weg, um am Ort der Begegnung den behaupteten Vorfall zu protokollieren. Dort fand sich jedoch nicht die geringste Spur der gemeldeten Erscheinung. Ungewöhnlich war nur der nervtötende, hohe Ton, den Halstead vernahm, als er etwas später sein Autoradio einzuschalten versuchte.

Obwohl sich der Sheriff davor hütete, etwas von den merkwürdigen Zeugenaussagen bekanntzugeben, kursierte bereits tags darauf die Nachricht von der ungewöhnlichen Begegnung der vier jungen Eheleute in der ganzen Gemeinde, und sowohl Zeitungen als auch TV und Rundfunk verbreiteten das Gerücht, wonach in dieser Gegend etwas Seltsames umherspuke. Sämtliche Medien der Stadt bezeichneten von da an die angebliche Erscheinung, anhand der Zeugenaussagen, übereinstimmend als »Mottenmann«.

Beim Sheriff meldeten sich in den folgenden Tagen weitere Stadtbewohner, die behaupteten, das furchterregende Fledermauswesen ebenfalls gesehen zu haben.

Wie nicht anders zu erwarten, verbreitete sich das unheimliche Gerücht um die merkwürdigen Geschehnisse weithin und kam so auch dem bekannten UFO-Forscher John A. Keel zu Ohren. Mitte Dezember reiste er deshalb von New York nach Point Pleasant. Dies auch deshalb, weil zum damaligen Zeitpunkt auch häufig UFOs über dieser Stadt gesichtet worden waren. Den »Mottenmann« bekam er dort zwar nicht zu Gesicht, hingegen stieß Keel bei seinen Recherchen auf rätselhafte *Ultraschallgeräusche*, deren Quelle er aber nicht zu eruieren vermochte. Nach eingehenden Zeugenbefragungen kehrte der UFO-Experte schließlich wieder in seine Heimatstadt New York zurück.

Wie kaum anders zu erwarten, blieb John Keel nicht der Einzige, der sich für den »Mottenmann« interessierte. Zeugen berichteten später von schwarzen Limousinen im Stadtgebiet, deren männliche Insassen sich als »Sozialarbeiter« ausgegeben und verschiedene Leute nach dem Befinden ihrer Kinder befragt haben sollen.

Am 22. Februar 1967 wurde die noch minderjährige Schülerin Connie Carpenter, welche angeblich ebenfalls Zeugin einer »Mottenmann«-Erscheinung gewesen war, auf dem Weg zur Schule von einem Mann mit schwarzen Haaren und sonnengebräunter Haut tätlich belästigt. Der dunkel gekleidete Fremde versuchte das Mädchen in ein schwarzes Auto zu zerren, doch gelang es Connie, dem Kidnapper zu entfliehen.

Sieben Stunden später fand die Schülerin eine schriftliche Mitteilung vor, die man unter die Haustür ihrer elterlichen Wohnung hindurchgeschoben hatte. Sie enthielt eine bedrohliche, anonym gehaltene Nachricht: »Sei vorsichtig, Mädchen: Ich kann dich kriegen!«

Eine sofort eingeleitete polizeiliche Überwachung des Opfers blieb jedoch glücklicherweise ohne ernstzunehmende Folgen.

Im Blickfeld der MIB

West Virginia befand sich anscheinend mehrfach im Blickfeld der Men in Black. Was natürlich auch einem routinierten UFO-Experten wie John A. Keel nicht verborgen bleiben konnte. In der Zeit zwischen 30. März und 6. April 1967 besuchte der Spezialist für grenzwissenschaftliche Phänomene erneut das in West Virginia liegende Städtchen Point Pleasant. In seiner Begleitung befand sich auch eine Journalistin. Mary Hyre arbeitete damals als Reporterin einer hiesigen Lokalzeitung.

Beide Publizisten konnten sich im Zuge ihrer eingehenden Untersuchungen und Beobachtungen keineswegs über mangelnde Ergebnisse beklagen. So beobachteten sie mehrfach verschiedene seltsame UFO-ähnliche Leuchterscheinungen über der Stadt, wobei eine dieser Sichtungen insofern bemerkenswert genannt werden mußte, als eines der Objekte während des Fluges unerwartet seine Form veränderte und plötzlich das Aussehen eines Flugzeuges annahm.

John Keel, den seit jeher Herkunft und Identität der unheimlichen »Männer in Schwarz« interessierte und der darüber 1978 auch ein interessantes Buch veröffentlichte (*Our Haunted Planet*), entdeckte im TNT-Areal von Point Pleasant einen dort geparkten schwarzen Cadillac, in welchem sich ein dunkel gekleideter Mann befand. Keel war der Unbekannte vor allem deshalb aufgefallen, weil er nichts anderes zu tun schien, als die Umgebung zu beobachten und Informationen in ein Mikrofon zu diktieren. Als der UFO-Forscher deshalb den Fremden ansprach und von ihm Näheres über seine merkwürdige Tätigkeit in Erfahrung bringen wollte, weigerte sich der Mann beharrlich, die an ihn gerichteten Fragen zu beantworten.

Keel wurden aber auch noch andere Beobachtungen zugänglich, die verschiedene Bewohner der Stadt an ihn herangetragen hatten. So wurde ihm von einem Mann in einem schwarzen Anzug berichtet, der an einen Indianer oder Hawaiianer erinnert haben soll. Er habe da und dort verschiedene Leute überraschend fotografiert, um dann hinterher sofort das Weite zu suchen. Ähnliches war zuvor auch bereits John Keel widerfahren – allerdings im New Yorker Stadtteil Manhattan. Manchmal hatten anonyme Anrufer den Phänomene-Autor sogar daheim belästigt und ihm fernmündlich aufgetragen, auf schnellstem Weg nach Long Island zu kommen. Dort sei er dann, nach eigener Aussage, Fremden in dunklen Autos begegnet, die ihn aufgefordert hätten, seine ufologischen Untersuchungen zu beenden.

Eine Anweisung, die John Keel – so behauptete er zumindest – stets ignoriert haben will.

Ein schwarzer Cadillac

Aber auch andere Einwohner des Städtchens Point Pleasant bekamen es unversehens mit den Men in Black zu tun. Eine Frau, von der uns nur der Vorname Jane übermittelt ist, wurde zufällig Zeugin einer UFO-Erscheinung. Natürlich sprach sich das binnen kurzem herum. Das hatte zur Folge, daß »Jane« am 12. Juni 1967 von einem schwarzen Cadillac verfolgt wurde, dem ein sonnengebräunter Mann entstieg. Er trug einen dunklen Anzug sowie eine Sonnenbrille und stellte sich der Frau unter dem etwas sonderbar klingenden Namen »Apol« vor. Er erbat sich von »Jane« ein Glas Wasser, um, wie er sagte, ein (ihr allerdings) völlig unbekanntes Medikament – irgendwelche Kapseln – einzunehmen. Drei solche Kapseln trat er bei dieser Gelegenheit auch an die Augenzeugin ab, die sich zu diesem Zeitpunkt nicht wohl gefühlt hatte. Doch statt der erhofften Besserung führte die fremdartige Medizin bei der Frau zu argen Kopfschmerzen, und auch ihr Sehvermögen wurde vorübergehend eingeschränkt. Eine dieser Kapseln, die »Jane« von dem unbekannten Mann erhalten hatte, wurde später von John Keel privat untersucht.

Es stellte sich heraus, daß es sich dabei um eine Schwefelverbindung handelte, ähnlich jenem Medikament, das zur Behandlung eines Harnweginfekts herangezogen wird.

Vier Tage nach diesem Vorfall, am 16. Juni, wurde »Jane« erneut von einem ihr gleichfalls unbekannten Mann kontaktiert, der sich als »Colonel John Dalton« vorstellte. Nach einer ersten Fühlungnahme, nach der sich der vorgebliche Militär (der bei dieser Unterredung das UFO-Thema nur oberflächlich gestreift hatte) wieder empfahl, erschien »Dalton« erneut bei der Frau – diesmal aber in Begleitung eines angeblichen Leutnants. Die Uniformierten befragten nunmehr »Jane« nicht nur sehr detailliert über ihr vorangegangenes UFO-Erlebnis und was sie sonst noch zu diesem Phänomen zu sagen wußte, sondern ebenso über ihren allgemeinen Gesundheitszustand und dann – scheinbar völlig übergangslos – auch über den Tod ihrer Großmutter. Als die Augenzeugin von den Unbekannten ebenfalls Auskunft erbat und die Anschrift von deren (angeblichem) Büro bei der Air Force erfahren wollte, verweigerten beide Besucher, ehe sie sich schließlich empfahlen, jede nähere Auskunft.

»Janes« Hoffnung, jetzt endlich in Ruhe gelassen zu werden, erfüllte sich jedoch nicht. Denn einige Zeit danach meldete sich bei ihr neuerlich »Apol«, jener sonnengebräunte, dunkel gekleidete Mann mit der Sonnenbrille. Diesmal offenbarte er »Jane« ungefragt verschiedene Prophezeiungen über die politische Entwicklung im Mittleren Osten und bat sie, diese an John Keel weiterzugeben. Dieser erhielt später selbst zahlreiche Anrufe von jenem Mann, der behauptete, »Apol« zu heißen. Wieder machte der Unbekannte, wie vorher schon bei »Jane«, Voraussagen über die Zukunft. Angeblich würde sich in diesem Zusammenhang ein Attentat auf den Papst, ein schweres Erdbeben in der Türkei sowie noch manche andere Katastrophe ereignen.

Mysteriös wurde die ganze Angelegenheit für Keel, als »Apol« ihm gegenüber behauptete, »in der Zeit« gefangen zu sein. Er wäre deshalb gezwungen, jeweils von der Vergangenheit in die Zukunft zu springen. Dies bedinge der Unterschied zwischen der »linearen Zeit« und der Zeit »in seiner Dimension«. Auf diese Weise, so »Apol«, sei es ihm möglich, Voraussagen zu treffen.

Ein entsetzliches Finale

Das entsetzliche Finale aller dieser seltsamen und rätselhaften Begebenheiten im Bereich von Point Pleasant, das die Bevölkerung des Städtchen in West Virginia in tiefste Trauer stürzte, kam am 15. Dezember 1967 um 17.04 Uhr nachmittags. Während der Hauptverkehrszeit.

Ausgerechnet in dieser Minute ereignete sich eine verheerende Katastrophe:

Die *Silver Bridge* stürzte ein!

Vierzig Menschen kamen dabei ums Leben. Unter ihnen zahlreiche Zeugen, die behauptet hatten, UFOs, dem »Mottenmann« und den unheimlichen »Männern in Schwarz« begegnet zu sein …

10. Der »asthmatische« Fremde

Nicht immer zeigen sich die MIB in ihrer gewohnten Bekleidung. Und auch ihre Anzahl wechselt gelegentlich. Schwarz wird zwar als Kleidung bevorzugt, doch wenn es die Situation erfordert, tragen die Men in Black auch Uniformen und weisen sich (mit gefälschten Ausweisen) – je nach der für sie günstigen Sachlage – entweder als Air-Force-Offiziere oder aber auch als CIA- respektive FBI-Regierungsbeauftragte aus.

Gelegentlich erledigen sie auch Einzelaufträge. Wie jener Unbekannte, der 1976, an einem Septemberabend, dem 56-jährigen Arzt und Hypnotisieur Dr. Herbert Hopkins aus Maine seine Aufwartung machte.

Der Amerikaner hatte sich damals allein zu Hause aufgehalten. Die übrigen Familienmitglieder waren ausgegangen.

Hopkins reagierte arglos, als plötzlich das Telefon schrillte und sich eine Männerstimme als der Präsident einer New Jerseyer UFO-Vereinigung vorstellte. Hopkins war der Anrufer unbekannt, doch erklärte er sich bereit, den UFOlogen noch am selben Abend in seiner Wohnung zu empfangen. Dies nicht zuletzt deshalb, weil ihm der Mann versprochen hatte, über einen besonders außergewöhnlichen UFO-Fall zu berichten.

Hopkins, der sich seit langem für dieses Thema erwärmen konnte, war neugierig geworden, und er bejahte des Anrufers zusätzliche Frage, ob er alleine zu Hause sei. Nachträglich wunderte sich der Arzt darüber, überhaupt nicht nach dem Namen des Fremden gefragt zu haben. Jetzt war es hierfür zu spät, denn dieser hatte den Hörer längst aufgelegt.

Hier nun der authentische Bericht von Dr. Hopkins über das, was sich im folgenden ereignete.

Besucher glich einem Leichenbestatter

»Gleich nach dem Gespräch machte ich Licht und ging zur Tür, um zu sehen, wann mein Besucher mit seinem Wagen auf dem Parkplatz vor unserem Haus erscheinen würde. Aber kaum hatte ich die Tür geöffnet, als ich einen Mann, völlig in Schwarz gekleidet, die

Stiegen zu meiner Wohnung heraufkommen sah. Vergeblich hielt ich nach einem Fahrzeug Ausschau; hätte der mir Unbekannte nämlich kein Auto in Anspruch genommen, wäre er wohl nicht so rasch von der nächstgelegenen Telefonzelle zu meiner Adresse gelangt.

Merkwürdig war (aber das kam mir erst hinterher zu Bewußtsein), daß ich auch jetzt verabsäumte, nach dem Namen des fremden Besuchers zu fragen, was ich in der Regel sonst nie verabsäume. Der Schwarzgekleidete unterließ es seinerseits, sich bei mir namentlich vorzustellen. Ohne weiteres betrat er meine Wohnung. Der Mann, welcher sich mir gegenüber telefonisch als Präsident einer UFO-Gruppe in New Jersey ausgegeben hatte, war von großem Wuchs und wog bestimmt nicht unter 140 Pfund.

Er trug einen schwarzen Hut, und auch seine Hose, die Jacke sowie seine Halbschuhe, ja selbst die Krawatte waren von der gleichen dunklen Farbe. Lediglich das Hemd war blütenweiß. Ich erinnere mich meines ersten Gedankens, den ich dachte: ›Der sieht aus wie ein Leichenbestatter.‹

Besonders erstaunt war ich über die gerade erst gekauft wirkende Kleidung meines Besuchers. Sie wirkte untadelig, der Anzug hatte nicht einen einzigen Knitter, und irgendwie – auch das ging mir beim Anblick meines Gastes durch den Kopf – wirkte er auf mich wie eine Kleiderhauspuppe!

Dieser Vergleich erfolgte keineswegs zufällig. Arme und Beine meines Gegenübers waren anscheinend nicht raumgreifend genug, um die Kleidungsstücke völlig auszufüllen. Die Bügelfalten seiner Hosenbeine waren exakt und geradezu messerscharf. Sein Anzug wirkte auf mich, als wäre er eben erst von der Stange des nächstliegenden Kaufhauses erworben worden. Alles, was der Fremde trug – war schlechthin perfekt!

Mein Besucher fragte mich, ob er sich setzen dürfe, was ich selbstverständlich freundlich bejahte. Als er es dann tat, fiel mir bei ihm etwas Seltsames auf: Die Bügelfalten seiner Hose verflachten komischerweise nicht an den Knien, wie das sonst üblich ist, sondern blieben ebenso steif, wie sie es zuvor gewesen waren.

Und als der Mann seinen Hut abgenommen hatte, um ihn an einen Gardarobehaken aufzuhängen, bemerkte ich, daß sein Kopf völlig haarlos war.

Erst jetzt wurde mir erst bewußt, daß meinem Besucher sowohl

Augenbrauen als auch Wimpern fehlten. Das Gesicht des Fremden war rundlich, ohne irgendwelche Haaransätze. Er hatte relativ kleine Ohrläppchen und eine ebenfalls kleine, etwas gebogene Nase. Sein Gesicht fiel mir nicht zuletzt deshalb auf, weil dessen Haut von kalkweißer Farbe zu sein schien. Umso stärker kontrastierten darin die intensiv roten Lippen.

Das war noch längst nicht alles, was mich an diesem Mann ziemlich irritierte: Als er mich nämlich zu einem mir geläufigen UFO-Fall befragte, registrierte ich mit einiger Verwunderung seine auffallend monotone, geradezu ausdruckslose Sprechweise. Die Stimme meines Besuchers klang irgendwie eintönig und ließ zudem keinerlei Gefühlsbewegung erahnen.«

Die Münze verschwand spurlos

»So nach und nach prägte ich mir Aussehen und Verhalten meines Gesprächspartners ein. So sah ich, daß der Fremde die Handschuhe, die er beim Kommen getragen hatte, auch im Wohnzimmer nicht abzulegen bereit war. Als dann einmal sein behandschuhter Handrücken instinktiv über den Mund fuhr, verschmierte sich unerwartet die rote Farbe seiner Lippen. Er hatte sie mit einem Lippenstift übermalt!

Im übrigen sah der Mund meines Gastes aus wie ein einziger gerader Strich. Ich vermochte darin mit bestem Willen keine Spur von Zähnen zu erkennen. Auch schien sein haarloser Kopf geradezu in dem Kragen seines Rockes zu versinken. Er bewegte ihn während unseres Gespräches kein einziges Mal, und es sah fast aus, als sei dieser Kopf völlig steif und unbeweglich. Ich vermochte jedenfalls an meinem Gegenüber keinerlei Halsansatz zu erkennen. Was den Bewegungen des Betreffenden in meinen Augen etwas merkwürdig Puppenhaftes verlieh.

Der Fremde dürfte mein Erstaunen über sein Aussehen bemerkt haben, denn plötzlich forderte er mich auf, ihm eine von den zwei Münzen zu überlassen, die ich in meiner linken Rocktasche aufbewahrt hätte. Ich war maßlos verwundert. Woher hatte mein Besuch Kenntnis von beiden Pennystücken? Ich hatte sie doch seit seiner Ankunft kein einziges Mal aus der Tasche genommen? Wortlos wog ich jetzt eine der beiden Münzen in meiner rechten Handfläche. Ich starrte mein Gegenüber erwartungsvoll an. Was würde nun geschehen?

›Schauen Sie nur auf die Münze und nicht auf mich!‹, befahl mir der Fremde. Ich folgte dieser Aufforderung verwirrt, aber gehorsam.

Was sich jetzt ereignete, nahm mir fast den Atem. Plötzlich bekam das Geldstück in meiner Hand einen bläulichen Schimmer und begann dann langsam vor meinen Augen zu verblassen. Ich starrte fassungslos auf den leeren Handteller. Das Pennystück war verschwunden …

Sie werden verstehen, daß mir nunmehr unheimlich zumute war. Mit brüchiger, vor Aufregung heiser gewordener Stimme fragte ich meinen Besucher, ob er mir die Münze wiederbeschaffen könnte? Dessen Antwort bescherte mir eine Gänsehaut: ›Weder Sie noch ein anderer Bewohner dieses Planeten wird diese Münze jemals wiedersehen!‹

Manches an dem Betragen jenes Mannes trug zu meiner Beunruhigung bei. So auch seine merkwürdige Frage, ob ich wüßte, warum und auf welche Weise Barney Hill gestorben sei.

Barney Hill – die Geschichte ist ja allseits bekannt – war seinerzeit mit seiner Gattin Betty in ein UFO entführt und dort von kleinwüchsigen Wesen genau untersucht worden, ehe man die beiden an einem anderen Ort, weitab vom Entführungsplatz, wieder laufen gelassen hatte. Mir war bekannt, daß Barney Hill an einem langwierigen Herzleiden gestorben war, und ich teilte dies meinem Besucher wahrheitsgemäß mit. Aber wiederum erschreckte mich die Antwort des Fremden: ›Barney besaß gar kein Herz. Es verschwand wie Ihre Münze …‹«

»Meine Energie geht zu Ende …«

»Und damit kam der Mann nun offenbar zum Kern seiner Aussage und zum wahrscheinlich eigentlichen Zweck des Besuches. In beklemmendem Tonfall ließ er mich jetzt wissen: ›Ich würde Ihnen dringend raten, sämtliches UFO-Material, das Sie besitzen, zu vernichten. Tun Sie es aber nicht, dann sterben Sie wie Barney Hill!‹

Was dieser Aufforderung folgte, irritierte mich womöglich noch mehr, als es die drohenden Worte des Schwarzgekleideten zuvor vermocht hatten. Noch während er sprach, begann sich nämlich seine Stimme auf merkwürdige Weise zu verändern. Sie war immer langsamer geworden, und es klang geradeso, wie wenn man bei einem Tonband den Strom abschaltet. In diesem Moment erhob sich mein Besucher und sagte mit mehr und mehr ersterbender Stimme: ›Meine Energie geht zu Ende … muß jetzt gehen … auf Wiedersehen.‹ Dann eilte er mit vier Schritten zur Wohnungstür, öffnete sie und begann die Stufen zum Hausausgang hinunter zu steigen. Er tat dies seltsam vorsichtig, streckte dabei in immer gleicher Weise einen Fuß vor, um dann den anderen nachzuziehen. Danach tat der Fremde den nächsten Schritt. Und immer im selben Rhythmus. Ganz langsam, fast mechanisch erfolgte diese eigenartige Prozedur. Der Mann wirkte auf mich nun seltsam labil, geradezu zerbrechlich.

Das letzte, was ich von meinem unheimlichen Gast zu sehen bekam, war, als er den Gehsteig verließ und die Straße betrat. Denn dort gewahrte ich plötzlich einen extrem großen Lichtkegel. Ich dachte natürlich sofort an ein Fahrzeug, mit dem man hier vermutlich auf meinen Passagier gewartet hatte Aber gleich darauf mußte ich diese Ansicht wieder revidieren, erinnerte mich doch dieser Lichtkegel so gar nicht an einen normalen Autoscheinwerfer. Er war viel breiter als gewöhnlich, und er strahlte zudem in einem mystisch wirkenden, bläulich-weißen Farbton. Neugierig geworden, eilte ich zum Küchenfenster, um die Ursache dieses Leuchtens genauer erkennen zu können – aber zu spät. Die Straße war völlig leer. Nichts wies darauf hin, daß sich dort irgend etwas befunden hatte: Kein Auto war zu sehen, kein Lichtkegel … und auch mein rätselhafter Besucher hatte sich anscheinend in Luft aufgelöst.

Ich wollte es deshalb genauer wissen, eilte schnurstracks auf die Straße, um mich zu vergewissern. Aber – da war nichts. Um an meinem Haus vorbeikommen zu können, hätte der Fremde – ob mit oder ohne Fahrzeug – einen bestimmten Weg einschlagen müssen. Hinter meinem Domizil wächst nämlich eine ziemlich dichte Hekke. Die zu überwinden, hätte meinen Gast in seiner zuletzt gezeigten Verfassung wohl erhebliche Mühe bereitet.

Ich war über die sich bietende Situation verständlicherweise auf das Äußerste beunruhigt. Mir hatte sich ein unbehagliches Gefühl bemächtigt. Erst als ich in einer Art Panikstimmung sämtliche Lichter im Haus eingeschaltet hatte, vermochte ich mich allmählich zu beruhigen. Ein verstohlener Blick auf meine Armbanduhr verriet mir nunmehr auch, daß mein eigenartiges Rendezvous ungefähr zwanzig Minuten gedauert hatte.

Als nach etwa anderthalb Stunden meine Frau mit den Kindern zurückkehrte, berichtete ich ihr von meinem unglaublichen Erlebnis. Gemeinsam untersuchten wir daraufhin die Straße vor unserem Haus nach etwaigen Hinweisen – und tatsächlich entdeckten wir in der Straßenmitte eine Menge Abdrücke, die mich an Spuren erinnerten, wie sie etwa durch kleine Traktoren verursacht werden. Diese Abdrücke waren etwas größer als anderthalb normale Schritte, und sie waren zu ausgeprägt, um von einem gewöhnlichen Auto herzurühren.«

Dr. Hopkins verbrannte sein UFO-Material

»Ich gebe offen zu, daß ich mich nunmehr ängstigte. Die Drohung des schwarz gewandeten Unbekannten klang mir immer noch im Ohr. Ich war nicht gewillt, ebenso zu sterben wie Barney Hill. Deshalb machte ich mich sofort daran, meine sämtlichen UFO-Unterlagen, die ich im Verlauf der Jahre gesammelt hatte, zu vernichten. Ich warf sie wahllos ins Kaminfeuer.

In der folgenden Nacht schlief ich gut, aber in der darauffolgenden Woche plagten mich wiederholt Alpträume. Darin erschien mir das bleiche Gesicht des Fremden, das bedrohlich auf mich zuzukommen schien. Außerdem glaubte ich bei späteren Telefonaten über den Hausapparat im Hintergrund mehrmals ein verdächtiges Klicken vernommen zu haben. Wurden meine Gespräche womöglich von unbekannter Seite abgehört? Gott sei Dank hörten im Laufe der Zeit auch diese (wirklichen oder von mir bloß eingebildeten) Störgeräusche auf. Offenbar läßt man mich jetzt endlich in Ruhe.«

Soweit der seltsame Bericht des Arztes Dr. Herbert Hopkins. Es kann kein Zweifel bestehen, daß auch er die unfreiwillige Bekanntschaft mit einem der Man in Black gemacht hatte.

Seine präzise Beschreibung des »asthmatisch« wirkenden Fremden bedarf einer vorsichtigen Analyse. Sie scheint auf bestimmte Eigenheiten der MIB hinzuweisen. Und vielleicht auch auf ihre Herkunft und Identität.

Darauf soll später noch genauer eingegangen werden …

Und wieder ein »Mann in Schwarz«

Kurz nach dem beunruhigenden Besuch des Man in Black bei Dr. Hopkins erhielt auch dessen Schwiegertochter Maureen am 24. September 1976 den Anruf eines Unbekannten, der vorgab, ihren Ehemann zu kennen. Er ersuchte darum, sich mit Dr. Hopkins' Sohn John treffen zu dürfen, was Maureen ihrem Ehemann ausrichtete. Neugierig geworden, wollte dieser genauer wissen, was der Anrufer eigentlich von ihm wollte. Vereinbarungsgemäß traf man sich deshalb in einem Imbißlokal, doch war der Fremde überraschenderweise nicht allein gekommen, sondern in Begleitung einer jungen Frau erschienen. Das Paar mochte etwa fünfunddreißig Jahre alt sein. Verwundert stellte John zunächst einmal fest, daß beide Leute sonderbar altmodisch gekleidet waren. Und auch das Verhalten der Frau erschien John höchst eigenartig. Immer dann nämlich, wenn sie sich von ihrem Sitz erhob, sah es so aus, als wäre irgend etwas mit ihren Beinen und ihrer Hüfte nicht in Ordnung. Sie wie auch ihr Begleiter machten zudem extrem kleine Schritte und beugten sich beim Gehen auffällig weit nach vorne. Trotz all dieser Seltsamkeiten bat John Hopkins das fremde Paar freundlich, zu ihm nach Hause zu kommen. Beide stimmten seiner Einladung sofort zu.

Maureen und ihr Mann verhielten sich sehr gastfreundlich und bewirteten ihre Gäste mit allem, was sie so in ihrem Kühlschrank vorfanden. Der Fremde sah in diesem Entgegenkommen einen willkommenen Anlaß, den Eheleuten eine Unmenge zumeist sehr ins Persönliche gehende Fragen zu stellen. So etwa, ob beide die Angewohnheit hätten, viel fernzusehen, welche Art von Büchern sie bevorzugten, und welche Themen sie in ihren privaten Gesprächen im allgemeinen behandelten? Obwohl der fremde Besucher sich bezüglich der ihm freimütig gegebenen Antworten der beiden Hopkins' als ungemein wißbegierig erwies, ließ er währenddessen keineswegs davon ab, seine junge Begleiterin ständig zu liebkosen und zärtlich zu streicheln. John wären diese scheinbaren Liebesbeweise des Besucherpaares sicher egal gewesen, hätte der Fremde nicht plötzlich die ungewöhnliche Frage an ihn gerichtet, ob den Gastgeber sein Verhalten störe und ob das, was er eben getan hatte, *von ihm auch richtig gemacht worden sei*?

Es kam noch skurriler: Als nämlich John Hopkins für kurze Zeit das Zimmer verlassen hatte, versuchte der fremde Besucher dessen Gattin allen Ernstes dazu zu bewegen, sich doch neben ihn zu setzen. Maureen kam aus dem Staunen nicht heraus, als der Mann von ihr auch noch wissen wollte, »wie sie gemacht« sei und ob es Nacktfotos von ihr gebe. Der Fremde schien seine indiskreten Fragen offenbar überhaupt nicht als anzüglich zu empfinden.

Kurz danach erhob sich seine Begleiterin, um zu gehen. Auch der Mann stand daraufhin auf, traf aber keine Anstalten, die Wohnung dann auch tatsächlich zu verlassen. Vielmehr stand er jetzt irgendwie ratlos herum und wirkte in seinem Verhalten seltsam ungelenk. Er befand sich nunmehr genau zwischen seiner Begleiterin und der Wohnungstür und blockierte dadurch zusätzlich den Ausgang. Vermutlich deshalb wandte sich die fremde Frau an den inzwischen wieder zurückgekehrten John Hopkins, und bat mit merkwürdig klingenden Worten um Hilfe: »Bitte, schieben Sie ihn weg. Ich schaffe das nicht selbst.«

Erst jetzt reagierte auch der fremde Besucher in gewünschter Weise und verließ danach sofort und ohne Gruß die gastliche Stätte. Seine Begleiterin tat es ihm gleich. Auch sie empfahl sich schweigend. Dem seltsamen Paar war es anscheinend überhaupt nicht in den Sinn gekommen, sich von ihren Gastgebern entsprechend zu verabschieden.

War dies bloß aufgrund der Unkenntnis beider geschehen, die über unsere gesellschaftlichen Regeln nicht informiert gewesen waren?

Entführt und bedroht

Der Arzt und Hypnotiseur Dr. Herbert Hopkins scheint sowohl direkt als auch indirekt die Men in Black auf sich zu lenken. Nicht nur er persönlich, sondern auch – wie eben geschildert – Sohn und Schwiegertochter wurden jeweils von einem Angehörigen der MIB besucht und durch dessen Verhalten in unangenehmer Weise privat gestört.

Auch der 21-jährige David Stephens sowie sein 18-jähriger Freund »Paul« bekamen es mit einem »Mann in Schwarz« zu tun. Die Jungen waren am 27. Oktober 1975 mit einem gemeinsam benutzten Wohnwagen unterwegs gewesen, als sie spät abends, in der Nähe des Campingplatzes, auf dem sie ihr Fahrzeug geparkt hatten, plötzlich mit einem gelandeten UFO konfrontiert worden. Die unheimliche Begegnung hatte für beide unvorhergesehene Folgen. David und Paul stellten später fest, daß ihnen auf irgendeine Weise *Zeit* verlorengegangen war. Aber nicht nur das: Auch die Augen der beiden Freunde hatten sich *orangefarben* verfärbt.

Während Paul in einem naheliegenden Teich ein erfrischendes Bad nahm und David noch schlief, wurde heftig an die Tür des Wohnwagens geklopft. Als der Junge verschlafen öffnete, sah er sich einem kräftig gebauten Mann mit kurzgeschnittenem Haar, Sonnenbrille und schwarzem Anzug gegenüber. Der Unbekannte wußte offensichtlich über das UFO-Erlebnis von David Bescheid, denn er warnte den jungen Mann mit den Worten: »Sie sollten besser den Mund halten, wenn Sie wissen, was gut für Sie ist.« Danach machte er sich davon.

David Stephens wollte es daraufhin genauer wissen. Er unterzog sich deshalb bei Dr. Herbert Hopkins einer Hypnosesitzung. Von dem Hypnotiseur in Trance versetzt, schilderte er seine UFO-Begegnung und den Hergang der dabei erfolgten Entführung durch außerirdische Wesen. Nach seiner Ansicht verlief die »Untersuchung« schmerzfrei. Sie war, wie er sich während der Hypnose zu erinnern vermochte, mit einem schachtelartigen Instrument vorgenommen worden. Auch über die Bedrohung durch einen MIB wurde Dr. Hopkins von David informiert, nachdem ihn der Hypnotiseur wieder aufgeweckt hatte.

Der Arzt konnte freilich nicht ahnen, daß auch ihn, am 11. September 1976, ebenfalls ein Mann in Schwarz besuchen, und ihn in der Folge durch nicht zu überhörende Drohungen veranlassen würde, seine umfangreiche Sammlung von UFO-Dokumenten zu vernichten.

Ein MIB und die »vermißten Erben«

Wie beinahe immer hatte alles mit einer UFO-Sichtung begonnen. Es waren immerhin gleich sieben Augenzeugen gewesen, die am 22. November 1967 nördlich von Mayville, New Jersey, ein rot, grün und weiß leuchtendes Objekt vom Himmel fallen gesehen hatten. Bei den sieben Leuten handelte es sich um den fünfköpfigen Anhang des US-Bürgers Edward Christiansen sowie um Mrs. Martino, eine nahe Verwandte der Familie. Gemeinsam war man mit dem Auto ins Grüne gefahren und glaubte im ersten Moment, einen Flugzeugabsturz zu sehen. Deshalb stoppte man das Fahrzeug am Rande des *Garden State Parkway*. Erst dann bemerkten die Sieben ihren Irrtum. Es handelte sich nämlich nicht um einen irdischen Flieger, sondern um einen hellstrahlenden, nunmehr stillstehenden Flugkörper. Plötzlich begann das Objekt wieder Fahrt aufzunehmen, um sodann in einer scharfen Kurve direkt über seine Beobachter hinwegzufliegen. Erst jetzt sahen sie alle auch die drei Frontlichter des UFOs.

Die fremdartige Erscheinung hinterließ bei den sieben Augenzeugen großen Eindruck. Gleichzeitig aber ängstigten sich die beiden Töchter der Familie Christiansen, Arline und ihre Schwester Gwendoline. Deshalb faßte man den Entschluß, mit dem Wagen ins eigene Heim, nach Wildwood Crest, zurückzukehren.

Gwendoline wollte es besonders genau wissen und rief noch am selben Abend bei der örtlichen Air-Force-Base an und schilderte das familiäre Erlebnis des vorangegangenen Nachmittag. Ein Air-Force-Beamter stellte zahlreiche Fragen, und schon bald danach erhielt die Familie einen neuerlichen Anruf – diesmal aber von einer anderen Luftwaffenbasis. Auch dort interessierte man sich auffallend für die ungewöhnliche Beobachtung der Familie Christiansen.

Als sich Mrs. Martino am späteren Abend, als Gast der Familie Christiansen, zur Ruhe begeben hatte, vermeinte sie nach einiger Zeit elektronische Geräusche zu vernehmen. Davon mehr und mehr beunruhigt, weckte sie schließlich einige der Familienmitglieder, doch war überraschenderweise keines von diesen in der Lage, die Töne ebenfalls wahrzunehmen. Nach einiger Zeit verstummten die Signale.

Ab dem 9. Januar 1968 gab es bei der Familie Christiansen wesentliche Veränderungen. Hausherr Edward sowie der familiäre Anhang wohnten zwar weiterhin in Wildwood, New Jersey, waren aber inzwischen in ein anderes Domizil übergesiedelt. Aber schon am ersten Tag ereignete sich Unerwartetes. Am Nachmittag, um 17.30 Uhr, klopfte es energisch an der Haustür. Als eine von Christiansens Töchtern, die 17-jährige Connie, neugierig öffnete, stand sie einem ungemein großen Fremden mit auffallend blassem Gesicht gegenüber, den das Mädchen später als »den eigenartigsten Mann, den ich jemals gesehen habe« beschrieb.

»Lebt Edward Christiansen hier?«, begehrte der Unbekannte zu wissen. Auf den fragenden Gesichtsausdruck Connies behauptete er mit Nachdruck:

»Ich komme vom Büro für vermißte Erben. Mister Christiansen hat möglicherweise viel Geld geerbt.«

Seltsamerweise konnte sich später kein Familienmitglied mehr an den vollen Namen des vermeintlichen Boten zu erinnern. Bloß eines war allen im Gedächtnis geblieben: Daß er beiläufig ausgesagt hatte, seine Freunde würden ihn »Tiny« nennen.

Besonders auffallend war – wie bereits erwähnt – der außergewöhnliche Wuchs des Besuchers: Mehr als zwei Meter groß, mit breitem Körper. Unpassend für die kalte Jahreszeit hingegen seine Kleidung: Ein viel zu dünner schwarzer Mantel sowie eine russische Fellkappe. Auch sein Aussehen blieb der Familie Christiansen in Erinnerung: Schwarzes, kurzgeschnittenes Haar, eigenartig klingende Stimme wie aus dem Computer kommend, mit einem offensichtlichen Glasauge, das sich nicht parallel mit dem anderen Sehorgan bewegte.

Noch etwas bemerkten die Christiansens an dem Unbekannten: Als er seinen Mantel auszog, kam ein nicht näher zu identifizierendes Abzeichen zum Vorschein, das er rasch mit einer Hand bedeckte. Doch für einen Augenblick sahen die Gastgeber: Es glitzerte goldfarben, war mit Sicherheit kein normales Polizeiabzeichen und ließ ein großes »K« mit einem seitlich plazierten, kleineren »x« erkennen. Ferner waren darauf auch einige nicht näher zu definierenden Buchstaben und Ziffern sichtbar. Dem Besucher schien es sichtlich unangenehm gewesen zu sein, daß die Familienmitglieder das Abzeichen überhaupt zu Gesicht bekommen hatten.

Auch die sonstige Bekleidung erstaunte die Gastgeber: Als sich der Fremde nämlich setzte, rutschte seine Hose etwas nach oben. Dadurch bekam man seine schwarzen Schuhe und die überaus dicken Gummisohlen zu sehen. Das Merkwürdigste an seiner Bekleidung war jedoch das grüne Kabel, das aus einem der dunklen Socken hervorkam, um danach unter dem Hosenbein zu verschwinden.

Die ausführliche Befragung, der sich das Oberhaupt der Familie

Christiansen durch »Tiny« ausgesetzt sah, lief offenkundig darauf hinaus festzustellen, ob er Geld erben würde. Die Fragen enthielten aber auch Details über Narben an Edwards Körper, über Autos, die er besessen und eine Liste von Schulen, die er besucht hatte.

Soweit schien alles einen normalen Verlauf zu nehmen, dann aber machte sich zunehmend eine seltsame Veränderung am Verhalten des Fragestellers bemerkbar: Während er noch mit Edward Christiansen sprach, begann sich sein Gesicht mehr und mehr rot zu verfärben. Schließlich bat »Tiny« um ein Glas Wasser und holte sodann eine gelbe Kapsel aus der Rocktasche. Gemeinsam mit der Flüssigkeit schluckte er das offensichtliche Medikament hinunter, worauf sein Gesicht wieder die normale Farbe annahm. Der unbekannte Besucher hielt sich ungefähr vierzig Minuten bei der Familie auf. Als er das Haus verlassen hatte, bemerkte Arline Christiansen, die ihm neugierig nachgeschaut hatte, daß der Mann anscheinend aufgeregt gestikulierte. Daraufhin erschien plötzlich ein dunkler Cadillac, Baujahr 1963. Seltsamerweise war die Limousine trotz herrschender Dunkelheit ohne Licht vorgefahren. »Tiny« fuhr damit davon.

Am nächsten Morgen gab es bei den Christiansens einen neuerlichen Anruf. Am Apparat war diesmal eine Frau, die behauptete, ebenfalls im Büro für vermißte Erben tätig zu sein. Sie erklärte, man habe inzwischen den »richtigen Edward Christiansen« gefunden.

Was deutlich macht, daß der Besuch des dunkel gekleideten »Riesen« eine Finte der Men in Black gewesen war, die lediglich darauf aus gewesen waren, die Augenzeugen der UFO-Sichtung darüber detailliert auszufragen, was sie damals an Einzelheiten beobachtet hatten.

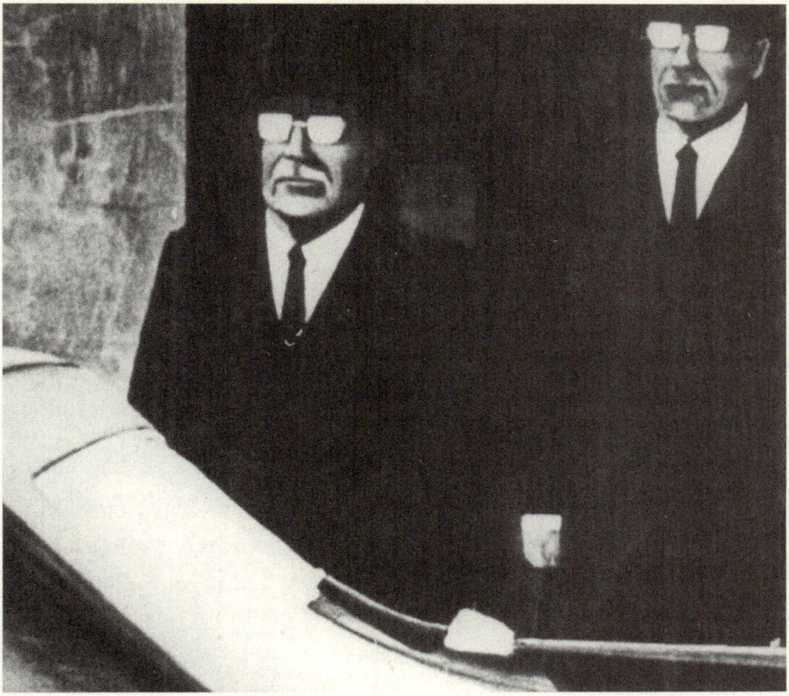

Dunkle Anzüge und Krawatten, dunkle Hüte, sich spiegelnde Sonnenbrillen sowie leuchtend weiße Hemden – das ist die typische Kleidung der »Männer in Schwarz«.

Er galt zu Lebzeiten als Amerikas »UFO-Papst«: Prof. Dr. J. Allen Hynek, einst Sonderberater der US-Luftwaffe für UFO-Fragen.

Dem österreichischen Flugkapitän Alexander Raab bereitete seine UFO-Sichtung über der oberösterreichischen Landeshauptstadt Linz im Nachhinein ziemlichen Verdruß.

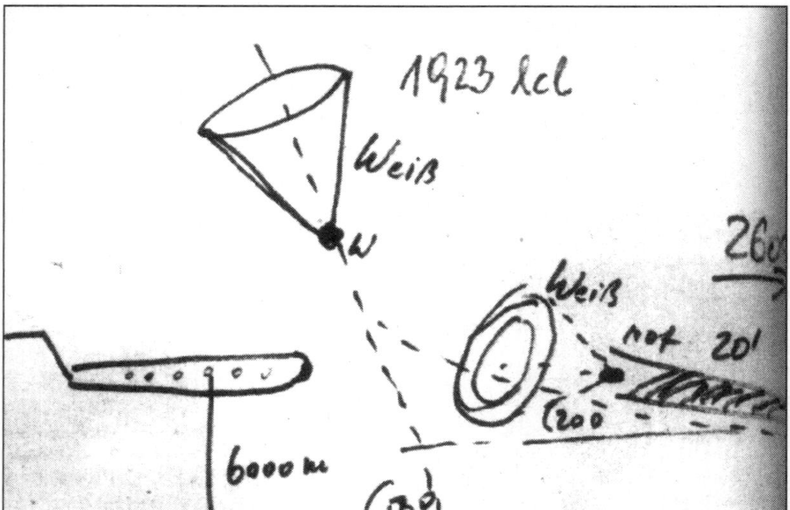

Diese Zeichnung wurde von Käpt'n Alexander Raab selbst skizziert und gibt dessen UFO-Beobachtung (und die des Co-Piloten Otto Herold) detailliert wieder.

Der UFO-Forscher Albert K. Bender erhielt unerbetenen Besuch von drei MIB.

Bender veröffentlichte später diese Skizze vom Aussehen eines Man in Black.

Oben: Auch der »Kontaktler« Adamski wurde angeblich von MIB besucht.
Rechts: Zu Rex Heflin kam ein MIB in der Uniform eines Offiziers.

Oben: Bei dem Ehepaar Templeton erschienen zwei schwarzgekleidete Männer. Links: Wie kam der »Astronaut« hinter dem Mädchen auf Templetons Foto?

Oben links: Durch einen MIB eingeschüchtert, verlor der Pilot Carlos die Courage.
Oben rechts: Plötzlich begann sich die Münze in der Hand des Besuchers aufzulösen.
Unten rechts: Nach einer UFO-Begegnung wurde Richardson mit zwei MIB konfrontiert.

Oben links: Gerd Steinhäuser (neben ihm: der Autor) erlebte ein gefährliches Abenteuer. Oben rechts: Auch in China kam es zu einer Begegnung mit einem »Mann in Schwarz«. Unten links: Er habe »etwas Totes« an sich gehabt, so schilderte ein Ire den MIB.

Wurde das mörderische Attentat auf Präsident Abraham Lincoln von einem Angehörigen der »Männer in Schwarz« verübt?

Auch an dem tödlichen Anschlag auf Präsident John F. Kennedy (im Bild links) war ein bewaffneter MIB unmittelbar beteiligt.

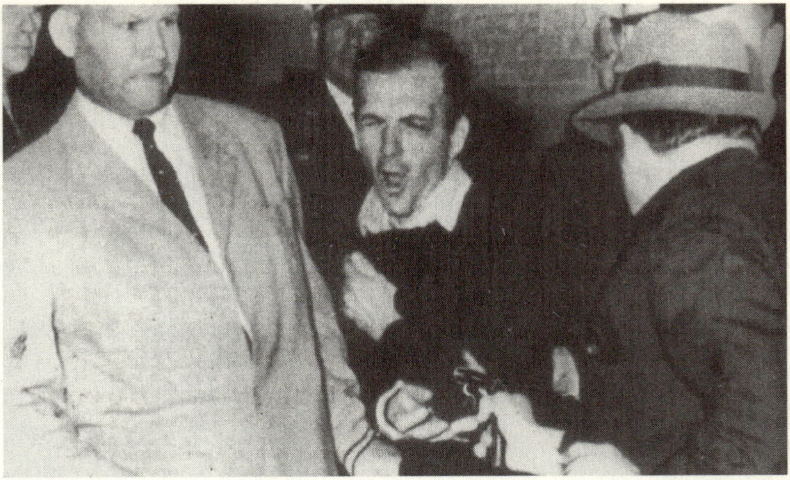

Lee Harvey Oswald (Bild Mitte), den der Barbesitzer Jack Ruby (rechts) niederschoß, war nicht der Mörder Kennedys.

Nur mit viel Glück entging Präsident Carter einer tödlichen Gefahr.

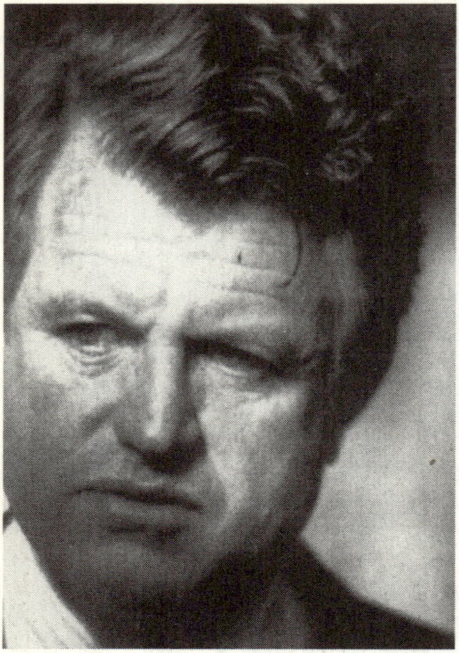

Links: Seine kriminelle Affäre führte zum Karriereknick bei Ted Kennedy. Rechts: Ted Kennedy's Vertraute, Mary Jo, hätte keineswegs sterben müssen.

Das ist das Auto, mit dem Ted und Mary Jo im Wasser versanken.

Waren es wirklich zwei Geistliche, die Mary Jo's Eltern besuchten?

Wer war jener schwarzgekleidete Gast, der Mozart besuchte?

Wer chauffierte das Fahrzeug, das Oberst Lawrence tötete?

11. Es war nur eine Panne ...

Wie ich bereits mehrfach erwähnt habe, treten die Men in Black nicht ausschließlich nur in ihrer schwarzen Standardkleidung in Erscheinung. Manchmal genügt ihnen die entsprechende Uniform. Dies vermutlich auch deshalb, weil Personen mit militärischem Rang bei arglosen Zivilisten zumeist einen achtungsgebietenden Respekt hervorrufen.

Charles Berlitz, dessen literarischer Bekanntheitsgrad unmittelbar durch seine weltweit verbreiteten Werke über das mysteriöse »Bermuda-Dreieck« herrührt, berichtet in einem anderen (gemeinsam mit William L. Moore) verfaßten Bestseller über ein weiteres, nicht weniger rätselhaftes Ereignis. Es soll sich im Rahmen eines physikalischen Versuches (der aber dann angeblich mißglückte), ein Kriegsschiff der US-Marine für jeweilige Gegner auf hoher See unsichtbar werden zu lassen, vor einigen Jahrzehnten im Hafen der amerikanischen Stadt Philadelphia zugetragen haben (*Das Philadelphia-Experiment*).

In diesem Buch berichten Berlitz/Moore u. a. auch über eine Episode, die zwar nicht mit dem Dematerialisations-Effekt des Philadelphia-Experiments in unmittelbare Verbindung gebracht werden kann, dennoch aber mit der Tätigkeit der MIB durchaus zu tun gehabt haben dürfte.

Ein junger Tischler, der damals 27-jährige Kanadier Robert Suffern aus Bracebridge, Ontario, wurde an einem späten Oktoberabend von seiner Schwester telefonisch informiert, sie habe bei einer naheliegenden, ihm bekannten Scheune einen eigenartigen Lichtschein wahrgenommen. Ihrer Bitte, doch dort einmal nach dem Rechten zu sehen, ging ihr Bruder Robert deshalb sofort nach. Vorerst jedoch vergeblich. An der angegebenen Örtlichkeit war für ihn nichts Ungewöhnliches festzustellen.

Darüber einigermaßen beruhigt, wollte Suffern aus der Scheune auf die Straße zurückkehren, um seine alarmierte Schwester über deren offensichtlichen Irrtum aufzuklären.

Aber es kam anders. Denn die Durchfahrt zur Fahrbahn war plötzlich blockiert. Ein dunkles, diskusartiges Objekt, dessen Durchmesser der Kanadier auf ungefähr vier Meter schätzte, versperrte ihm den Weg.

Suffern hatte etwas ähnliches bislang noch nie gesehen, und so scheint es verständlich, daß der junge Mann später einem herbeigerufenen Reporter der Zeitung *Toronto Sun* wahrheitsgemäß gestand:

»Ich hatte Angst. Das Ding befand sich direkt vor mir, ohne Licht und ohne ein Zeichen von Leben.«

Allerdings war diese »Leblosigkeit« nur von kurzer Dauer. Im nächsten Augenblick hob sich das UFO senkrecht in die Höhe, raste zum Sternenhimmel empor und war gleich darauf im Dunkel der Nacht verschwunden.

Doch für Robert Suffern war damit der »Schreck in der Abendstunde« keineswegs zu Ende. Als nämlich der Tischler eben im Begriff stand, sein vor der Scheune geparktes Auto wieder heimwärts zu lenken, rannte unversehens eine seltsam anzuschauende, nur etwa 1,2 Meter große, menschenähnliche Gestalt auf die Fahrbahn und damit direkt in den Scheinwerferkegel seines Wagens.

Was Suffern sofort ins Auge stach, waren die (laut seiner Aussage) »sehr breiten Schultern des Wesens, die nicht in Proportion zum übrigen Körper standen«.

Völlig konsterniert starrte der junge Mann nunmehr auch auf die Bekleidung des lebendigen Hindernisses vor seinem Fahrzeug. Man kann die ungläubige Reaktion des Kanadiers bestimmt verstehen, denn wer von uns würde nicht ähnlich große Augen machen, wenn er spät abends auf ein anormal großes Lebewesen treffen würde, das zu einem silbergrauen Anzug auch noch einen über den Kopf gestülpten, durchsichtigen und kugelförmigen Raumfahrerhelm trägt. Genauso verlief auch das seltsame Abenteuer des Kanadiers Robert Suffern.

Dem blieb gerade noch Zeit, voll auf die Bremse zu treten, um einen Zusammenprall seines Wagens mit dem mitten auf der Fahrbahn stehenden »Mini-Astronauten« zu vermeiden.

Offenbar waren aber beide Seiten gleich schockiert. Denn auch der Behelmte nahm jetzt schleunigst Reißaus, sprang überaus geschickt über den nächstliegenden Gartenzaun, um danach im angrenzenden Getreidefeld unterzutauchen.

Der unfreiwillige Augenzeuge zeigte sich noch im Nachhinein maßlos verwundert. Dem Zeitungsreporter der *Toronto Sun* verriet er beeindruckt:

»Wer immer dieses Wesen auch gewesen und woher es auch gekommen sein mag, schwerfällig war es keineswegs. Als die Gestalt zum Zaun kam, legte sie eine Hand auf einen der Pfosten und setzte danach völlig mühelos darüber hinweg, so, als hätte es für sie überhaupt keine Gewichtsprobleme gegeben ...«

Man möchte meinen, es hätte an diesem Abend bereits genug Aufregung für Suffern gegeben, aber die »unheimliche Begegnung der dritten Art«, die ihm anscheinend widerfuhr, war noch längst nicht ausgestanden. Als der junge Mann auf der Heimfahrt nämlich zufällig auf den Rückspiegel seines Fahrzeugs blickte, sah er das zuvor gesichtete diskusförmige UFO dicht über dem Auto schweben. Danach umflog es einen Hochspannungsmast und stieg sodann, jetzt bereits zum zweiten Mal, kerzengerade in den Nachthimmel empor.

Verwandte, denen Suffern sein erstaunliches Erlebnis recht plastisch geschildert hatte, versuchten ihn daraufhin von seiner UFO-Story unbedingt abzubringen. Aber der Tischler blieb standhaft und beharrte darauf, wahrheitsgemäß berichtet zu haben:

»Ich weiß, was ich gesehen habe. Und ich lege nicht den geringsten Wert darauf, dieses seltsame Wesen noch einmal wiederzusehen.«

Wäre das alles gewesen, dann könnte man diesen UFO-Fall zu den Akten legen. Aber diese Geschichte erlebte noch eine denkwürdige Fortsetzung, über die Berlitz/Moore in ihrem zuvor zitierten Buch ebenfalls berichten.

Drei hilfreiche MIB

Etwa neun Monate nach dem Zwischenfall in Bracebridge, so erfahren wir, sei Harry Tokarz, ein Ermittler der CUFORN (das war damals eine in Kanada beheimatete spiritistische Forschungsgruppe aus Willowdale, Ontario; P. K.), zusammen mit einem Filmemacher den Spuren mehrerer UFO-Fälle in Ontario nachgegangen, um die interessantesten Berichte hierüber in ihrem geplanten Dokumentarfilm *UFO – The Canadian Perspective* zu verwenden. Und weil sie dabei zufällig auch in der Gegend von Bracebridge zu tun hatten, entschlossen sich die beiden Produzenten, auch Robert Suffern einen Besuch abzustatten, um vielleicht zusätzlich noch etwas Brauchbares über den seinerzeitigen Vorfall zu erfahren.

Es dauerte eine Weile und bedurfte der hartnäckigen Überredungskunst beider UFO-Interessenten, um Robert Suffern (welcher, so Tokarz, »seine Gedanken gut abwägt«) sowie auch dessen Gattin (»ein hausbackenes Mädchen vom Lande, das mit seinen Ansichten nicht zurückhält«) neuerlich zum Sprechen zu bringen. Das vermeintliche Desinteresse des Ehepaares an einer UFO-Diskussion hatte jedoch einen besonderen Grund.

Lassen wir deshalb noch einmal Harry Tokarz das Wort, dem es schließlich – zusammen mit seinem Begleiter – gelang, beide aus der Reserve zu locken. So erhielt die CUFORN-Zeitschrift *The Pulse Analyser* die Chance, bislang noch nicht bekannt gewordene Fakten über Sufferns UFO-Erlebnisse in einem von Tokarz verfaßten Artikel wiederzugeben:

»Als die Sufferns allmählich wieder Ordnung bei sich einkehren sahen, nachdem ihre Farm wochenlang von Andenkenjägern buchstäblich überschwemmt worden war, wurden mit einem Straßenkreuzer der Provinzpolizei von Ontario drei Männer zu ihrem Haus gebracht. Sie waren in voller Uniform, hatten eindrucksvolle Empfehlungsschreiben und stellten sich als »Oberste Dienstgrade« der Kanadischen Armee in Ottawa, der US-Luftwaffe, des Pentagon und des Marinegeheimdienstes vor. Suffern, der bis dahin über seine UFO-Begegnung recht beunruhigt gewesen war, behauptet, daß alle Fragen von diesen drei hilfreichen Herren ›rückhaltlos und ohne Zögern‹ beantwortet wurden.«

Laut Suffern hätten die drei Besucher »ihre Karten auf den Tisch gelegt« und dem jungen Farmer alle Fragen nach dem *Woher*, *Was* und *Warum* seiner unheimlichen Begegnung in jener Oktobernacht *freiwillig* beantwortet. Mehr noch: Sie hätten sogar durchblicken lassen, jener unliebsame Zwischenfall von damals wäre lediglich »eine Panne« gewesen, für die sie sich in aller Form zu »entschuldigen« hätten.

Es läßt sich denken, daß nunmehr der junge Kanadier erst recht neugierig wurde. Seine Frage, ob das seltsame Ding vor seinem Auto ein supergeheimes Militärflugzeug gewesen sei, wurde von den drei Militärpersonen freimütig verneint. Vielmehr, so ließen sie gegenüber den beiden Sufferns durchblicken, habe eine »Fehlfunktion« zur Landung des diskusförmigen Flugkörpers geführt. Dessen Besatzung sei jeder leider außerstande gewesen, das Mißgeschick zu verhindern.

Roberts Gattin, die es dann ganz genau wissen wollte und die drei Besucher auf deren Kenntnisse hinsichtlich der tatsächlichen Landungszeit des UFOs »testete«, wurde von den angeblichen Offizieren die genaue Uhrzeit bis auf die Minute exakt genannt. Ein Detail übrigens, von dem bis dahin nur das Ehepaar gewußt hatte und welches vordem noch nicht an die Öffentlichkeit gedrungen war.

Und weiter erfahren wir aus Tokarz' Beitrag für den CUFORN *Pulse Analysator*:

»Die Militärs bezeichneten die UFO-Besatzungsmitglieder im übrigen stets als ›Humanoide‹. Die erste Kontaktaufnahme hatte offenbar bereits im Jahr 1943 stattgefunden, und unsere Armee ist seither über die Bewegungen der fremden Wesen auf unserem Planeten unterrichtet ...«

Tokarz argwöhnte in seinem Bericht, daß die unübliche Offenherzigkeit der drei anonymen Besucher auf der Tatsache zu beruhen schien, daß es zwischen dem Farmer Suffern und einem physikalischen, offenkundig »außerirdischem Wesen«, das mit einem einteiligen silbrigen Anzug bekleidet und von gedrungener Gestalt gewesen war, um ein Haar einen Autozusammenstoß gegeben hätte.

Sollte die Behauptung der drei Militärs auf Wahrheit beruhen und eine Kontaktaufnahme zwischen Irdischen und Außerirdischen tatsächlich bereits stattgefunden haben, dann hätte ein solcher Autounfall eines »Humanoiden« sicherlich schlimme Folgen haben können.

Was Tokarz keineswegs grundlos und durchaus logisch vermuten läßt, daß man nur deswegen gegenüber dem davon unmittelbar Betroffenen (also Robert Suffern) eine sonst durchaus nicht übliche »Flucht nach vorne« angetreten habe.

Fast wie ein Verhör

Viele amerikanische Familien sind überaus mobil. Was bedingt, daß sie – wie es ihre Lebensumstände gerade erfordern – im Laufe des Lebens mehrmals den Standort wechseln. Das läßt sich in der Regel aber kaum in die Praxis umsetzen, wenn man sich einen festen Wohnsitz geschaffen hat, wie das beispielsweise in Europa üblich ist. Eine Übersiedlung in andere Gegenden kommt zwar selbstverständlich auch in unseren Breiten immer wieder vor, ist dann aber zumeist mit vielen umständlichen, bürokratischen Amtswegen verbunden.

Das mag ein Grund dafür gewesen sein, daß die Amerikanerin Diana Messing und ihre Tochter, die als Assistentin einer Krankenschwester ihren Lebensunterhalt verdiente, sich entschlossen hatten, ausschließlich in einem Wohnwagen zu leben. Auf diese Weise waren sie dann, so irgendwelche beruflich bedingte Entscheidungen zu treffen waren, stets flexibel und jederzeit abrufbereit.

Zum Zeitpunkt ihres ungewöhnlichen Erlebnisses hatten sie sich, weil es die Umstände erforderten, in Raeford, North Carolina, angesiedelt.

In der Nacht zum 27. Juni 1992 waren beide Frauen gegen 0.30 Uhr gerade dabei, sich auf ihre Nachtruhe vorzubereiten, als plötzlich die Lampen in ihrem Wohnwagen erloschen und gleichzeitig auch die Lichter in den Nachbarhäusern ausgingen. Gleichzeitig hörten sie ein Geräusch, das Diana Messing und ihre Tochter an einen vorüberfahrenden Güterzug denken ließ. Beide Frauen eilten daraufhin ins Freie, um zu sehen, was vorgefallen war. Draußen sahen sie etwas, das »wie ein Waldbrand« aussah und sich auf einem etwa 90 Meter vom Wohnwagen entfernten Feld befand. Erst bei genauerem Hinschauen erkannten die Frauen ein auf dem Akkerboden stehendes kugelförmiges Objekt, das etwa 4,5 Meter breit sein mochte. Neugierig näherten sich Mutter und Tochter zunächst dem seltsam aussehenden Fremdkörper, überlegten es sich aber dann und machten sich auf den Weg zum Sheriff, um ihn über das Vorkommnis zu informieren. Als sie jedoch später in dessen Begleitung zu dem Feld zurückkehrten, war das rätselhafte Objekt von dort verschwunden. Die sechs Polizisten, die man zusätzlich zur Untersuchung des merkwürdigen Falls herangezogen hatte, vermochten ebenfalls keine Spuren aufzufinden. Inzwischen brannten auch die Lichter im Wohnwagen sowie in den Nachbarhäusern wieder klaglos.

Am folgenden Tag kehrten beide Frauen nochmals auf das Feld zurück – und wurden überraschenderweise fündig: Sie entdeckten nämlich, daß dort eine Grasfläche niedergedrückt und verfärbt war. Ufologen machten sich später auf, um den Landeplatz des offensichtlichen UFOs genauer in Augenschein zu nehmen. Ihre Untersuchungen blieben aber ergebnislos.

Anders hingegen erging es Mrs. Messing und ihrer Tochter. Denn bei ihnen meldete sich kurz nach diesem Ereignis ein unbekannter Mann, der sich als Regierungsoffizier ausgab. Er stellte den Frauen eine Reihe seltsam anmutender Fragen, die jedoch kaum etwas mit dem eigentlichen Vorfall zu tun hatten. Die Identität des Fremden, die man später ebenfalls überprüfte, erbrachte nur eines: Bei dem Mann handelte es sich nachweislich nicht um einen Regierungsbeauftragten. Seine Herkunft konnte nie geklärt werden.

12. Die MIB auf Einbruchstour

Dieses Geschehen liegt zwar ebenfalls bereits einige Jahrzehnte zurück, das hindert mich aber nicht daran, darüber in vollem Umfang zu berichten. Diesmal waren weder Kanada noch die Vereinigten Staaten Schauplatz einer typischen MIB-Aktion. Die Aktivitäten der Men in Black ereigneten sich im konkreten Fall auf europäischem Boden – in Schweden.

Sie waren mit ihrem Wagen auf dem Weg nach Stockholm, als sich für den damals 46-jährigen Zimmermann Stig Ekberg sowie seinen eben erst 34 Jahre gewordenen Berufskollegen Harry Sjoberg eine aufregende Begegnung ereignete. Direkt vor ihnen auf der Autobahn landete plötzlich ein metallisch funkelnder Flugkörper, den beide sofort als UFO bezeichneten. Zwar schien das diskusförmige Ding nur einen Zwischenhalt geplant zu haben, doch hatte die kurze Zeit seines »illegalen Aufenthaltes« auf der Straßenfläche bereits genügt, um den Automotor der beiden Schweden abzuwürgen.

Als das UFO neuerlich gestartet und kurz danach am Firmament verschwunden war, funktionierte auch der Motor ihres Wagens wieder völlig normal. Neugierig fuhren sie näher an die Landungsstelle heran – und glaubten ihren Augen nicht trauen zu können:

Auf dem zuvor blockiert gewesenen Straßenstück lag ein glänzendes Etwas, das ganz offensichtlich ein Bestandteil des fremdartigen Flugkörpers gewesen war. Das undefinierbare Ding war ungewöhnlich massiv und bestand, wie die beiden schwedischen Zimmerleute schnell herauszufinden vermochten, aus einem harten, diamantähnlichen Material.

Auf Umwegen erhielt auch ein Ingenieur aus Deutschland, Walter St., von der Sache Kenntnis. Auf sein Anraten hin wurde das UFO-Bruchstück in drei Teile zerlegt. Ein Stück davon gelangte in die USA, und zwar in das damals von Professor J. Allen Hynek geleitete *Center for UFO-Studies*. Der zweite Teil des undefinierbaren Gegenstandes kam in einen Banktresor, während das dritte und letzte Stück bei den Findern verblieb.

Sie sollten sich aber nicht allzu lange ihres Besitztums ungestört erfreuen.

Ein überraschender Besuch

Eines Tages erhielt einer der beiden Zimmerleute überraschenden Besuch. Vor der Tür zu seiner Stockholmer Wohnung stand ein hochrangiger Offizier, dessen Bekleidung ihn eindeutig als amerikanische Militärperson auswies. Ohne lange Umschweife machte der Uniformierte dem UFO-Augenzeugen ein verlockendes Angebot: Er zeigte sich nämlich sehr daran interessiert, jenes Fundstück zu erwerben, das in den Besitz der beiden Zimmerleute gelangt war. Der Preis, so lockte der fremde Besucher, sollte dabei keine Rolle spielen.

Dem solcherart Angesprochenen war jedoch nicht so ganz wohl zumute. Und obgleich er wie auch sein Kollege die angebotene Summe (der amerikanische Dollar war damals noch eine überaus attraktive Währung) sicher hätten gut gebrauchen können, lehnte der Schwede schließlich ab.

Der vorgebliche US-Offizier verabschiedete sich daraufhin höflich, gab sich aber mit dem negativen Bescheid offenbar nicht zufrieden.

Das zeigte sich schon ein paar Wochen danach in äußerst drastischer Weise: Als nämlich der Zimmermann eines Abends nach Hause zurückkehrte, fand er die Wohnungstür aufgebrochen vor. Sein erster Verdacht erwies sich als gerechtfertigt. Sämtliche Räume waren von dem unbekannten Eindringling systematisch durchsucht worden, dennoch fehlte nicht ein einziger Wertgegenstand. Danach war offenbar auch gar nicht gesucht worden, denn das einzige Objekt, dem anscheinend der Einbruch gegolten hatte, war von dem Wohnungsinhaber im Einvernehmen mit seinem Kollegen schon längst andernorts deponiert worden. Wie sich jetzt zeigte, hatten die beiden richtig gehandelt. Soweit heute bekannt, hat es danach keine weiteren Versuche mehr gegeben, das offensichtlich heißbegehrte »kosmische Artefakt« auf illegale Weise zu erbeuten.

Keine Frage, daß der unbekannte »Offizier« nicht im offiziellen Auftrag nach Schweden gereist war. Keine Frage auch, wer sich hinter dieser militärischen »Maske« in Wahrheit verbarg. Es sieht aber so aus, als ob den MIB im konkreten Fall die Angelegenheit nicht wichtig genug erschienen war, um sie mit beiden schwedischen Findern »um jeden Preis« zu regeln. Über einen Einbruch ging es glücklicherweise nicht hinaus. Denn solche Übergriffe der MIB erfolgten oft genug.

MIB stahlen UFO-Fotos

Wie bei einem kalifornischen Berufsfotografen, dem, während er mit seinem Auto unterwegs war, eine riesige, fremdartig wirkende, metallische Scheibe vor die Linse kam. Der Mann hatte plötzlich durch das offene Wagenfenster ein schwirrendes Geräusch über sich vernommen. Reaktionsschnell (wie dies bei seiner Tätigkeit unumgänglich war) griff er nach seinem stets neben dem Fahrersitz liegenden Fotoapparat und vermochte auf diese Weise, ehe das UFO wieder aus seinem Gesichtsfeld verschwunden war, gleich mehrere (und wie sich später zeigen sollte) ganz ausgezeichnet gelungene Aufnahmen in den Kasten zu bekommen.

Daheim entwickelte er umgehend den Film und fertigte für sich von den Bildern auch entsprechende Vergrößerungen an. Da er noch verschiedene Besorgungen zu erledigen hatte, verließ er kurzzeitig sein Fotostudio.

Das hätte er lieber nicht tun sollen, denn als er sein Labor bald danach wieder betrat, bemerkte er, daß bei ihm eingebrochen worden war. Alles war in größter Unordnung, denn der oder die Täter waren nicht zimperlich gewesen. Und auch der sofortige Verdacht des Fotografen fand seine für ihn schmerzliche Bestätigung: Sämtliche Negative sowie die bereits fertig entwickelten Positive, die er über seine UFO-Sichtung für den Versand (zu ihm bekannten Zeitungsredaktionen) vorbereitet hatte, waren entwendet worden. Der oder die Einbrecher hatten es, wie der routinierte Fotograf sofort erkannte, ausschließlich auf die UFO-Aufnahmen abgesehen gehabt, denn sämtliches andere Fotomaterial sowie seine nicht minder wertvolle Ausrüstung waren unangetastet geblieben.

Was dem Leidtragenden aber ganz besonders zu denken gab: Er hatte bislang keinem Menschen irgend etwas von seinem ungewöhnlichen UFO-Erlebnis erzählt. Aber die Men in Black – das hat sich bereits mehrmals erwiesen – scheinen über ausgezeichnete Informationsquellen zu verfügen.

13. MIB schaden der Gesundheit

An einem Junimorgen vor etlichen Jahren empfing der Sicherheitschef der *Commission on Aerial Phenomena (CAP)* in Jamestown, New York, Thomas Wedemeyer, unangemeldeten Besuch. Der Mann stellte sich ihm als Major Smedley, Offizier der Luftwaffe, vor. Er war, nach eigenen Angaben, nach Jamestown gekommen, um einige Nachforschungen anzustellen. So wollte Smedley Näheres über James Norme, den Direktor von CAP, erfahren, verlangte von Wedemeyer Auskunft darüber, wer eigentlich diese Organisation leite, und strapazierte den CAP-Sicherheitschef mit Fragen nach dem Hergang einer UFO-Landung, die zwei Polizisten beobachtet und darüber einen schriftlichen Bericht verfaßt hatten. Die CAP hatte daraufhin beabsichtigt, Genaueres über dieses Vorkommnis zu veröffentlichen.

Thomas Wedemeyer zeigte sich über den ihm unbekannten Mann einigermaßen verwundert. Smedleys Wissensdurst schien einfach kein Ende zu nehmen. Der Major war seltsamerweise ohne eigenes Fahrzeug bei der CAP aufgekreuzt, er besaß auch keinen Aktenkoffer. Lediglich die Luftwaffenuniform schien ihn als Militärperson auszuweisen.

Was den Sicherheitschef an seinem Besucher aber vor allem irritierte, war dessen eigenartiger Akzent. War Smedley gar nicht sein richtiger Name? Besaß er in Wahrheit eine *fremdländische* Nationalität?

Das Gespräch der beiden Männer dauerte verhältnismäßig lange, wobei Major Smedley an Wedemeyer die unterschiedlichsten Fragen zur UFO-Thematik richtete und von diesem unbedingt beantwortet wissen wollte.

Der CAP-Sicherheitschef war deshalb heilfroh, als sich der aufdringliche Gast endlich empfohlen hatte, um seiner Wege zu gehen.

Kopfschmerzen und Gedächtnisverlust

Was aber dann geschah, war womöglich noch seltsamer als das vorangegangene Verhalten des angeblichen Air-Force-Offiziers. Kaum war nämlich Smedley außer Haus, befielen Thomas Wedemeyer unerträgliche Kopfschmerzen. Ihm wurde übel, er mußte sich hinlegen und ein entsprechendes Medikament zu sich nehmen, um das heftige Pochen in seinem Kopf zu mildern.

Aber das war noch nicht alles.

Mit Entsetzen konstatierte der Sicherheitschef, daß ihm plötzlich der Inhalt jenes Gespräches, das er zuvor mit Major Smedley geführt hatte, gänzlich entfallen war. Er konnte sich einfach an nichts mehr erinnern, worüber er zuvor mit seinem Besucher diskutiert hatte. Tatsächlich war es bei dem engagierten Für und Wider zwischen den beiden Männern (wie wir inzwischen wissen) ausschließlich um das Fachgebiet »UFO-Phänomene« gegangen.

Als er sein Kopfweh endlich in den Griff bekommen hatte, ließ Wedemeyer, dem dieser sogenannte Luftwaffenbeauftragte unheimlich vorkam, Erkundigungen über Major Smedley anstellen. Was der Sicherheitschef insgeheim längst geargwöhnt hatte, fand nach einer CAP-Kontrolle seine beunruhigende Bestätigung: Bei der Air Force konnte kein Mann dieses Namens und dieses Ranges ausfindig gemacht werden, der zur selben Zeit in Jamestown stationiert gewesen war.

Es kam noch schlimmer.

Als sich nämlich auch CAP-Direktor Norme, dem bekanntlich das besondere Interesse des fremden Besuchers gegolten hatte, bei der Air Force nach der Identität des ihm unbekannten Offiziers erkundigte, stellte sich heraus, daß bei der amerikanischen Luftwaffe überhaupt kein Oberst Medley existierte.

Weitere interessante Einzelheiten über diesen mysteriösen Pseudo-Offizier traten zutage, als die *Commission on Aerial Phenomena* bald danach von Angehörigen einer privaten UFO-Forschungsgruppe besucht wurde. Dabei erfuhren Wedemeyer und Norme, daß auch diese Leute im vorangegangenen Sommer von einem uniformierten Luftwaffenbeauftragten aufgesucht worden war, der sich sehr eingehend nach dem derzeitigen Stand der Forschungen dieser Amateurvereinigung erkundigt hatte.

So wie beim Sicherheitschef der CAP war auch dort dieser Offizier allein, zu Fuß und ohne Aktenkoffer erschienen. Er strapazierte mit seinen Fragen einen der Angehörigen dieser Gruppe eine volle Stunde, und als der unbekannte Besucher schließlich gegangen war, bekam der UFO-Forscher plötzlich ebenfalls gesundheitliche Probleme. Sie zwangen ihn, mehrere Wochen lang das Bett zu hüten.

Selbstverständlich war der Betreffende bestrebt gewesen, seinen unbekannten Gesprächspartner nach dem Namen und dessen militärischen Rang zu befragen. Der Mann hatte auch keineswegs gezögert, beides zu nennen. Die beiden CAP-Verantwortlichen zeigten sich deshalb nicht im geringsten überrascht, als sie Rang und Namen des Fremden von ihren Gästen aus der UFO-Gruppe erfuhren: Auch dort war ein äußerst wißbegieriger »Major Smedley« vorstellig geworden.

Er verschwand danach wieder von der Bildfläche, als hätte es ihn nie gegeben.

Namen sind (wenn es ihrer Sache dienlich ist) bei den MIB Schall und Rauch. Wie ein Vorfall in der amerikanischen Stadt Pittsburgh anschaulich beweist.

Dort war es zwei Jugendlichen geglückt, ein UFO zu fotografieren. Noch war seither nicht einmal ein voller Monat verstrichen, als bei einem der beiden jungen Leute das Telefon klingelte. In der Leitung meldete sich ein Captain Monroe, der sich als Mitglied einer UFO-Forschungsgruppe ausgab. Er behauptete am Telefon, sämtliche dieser Fotos, die die Jugendlichen von dem UFO geschossen hätten, seien nichts weiter als bloßer Schwindel. Beide täten gut daran, darüber den Mund zu halten. Bei Nichtbefolgung seines Ratschlages, drohte der mysteriöse Anrufer, würde ihnen etwas »Unangenehmes« passieren.

»Captain Monroe« ließ diesem Anruf noch zwei weitere folgen, offenbar um sicherzugehen, daß seine Warnung von den beiden Hobbyfotografen auch unbedingt befolgt werden würde.

Ein fatales Ziel

Paul Miller war ein begeisterter Jäger. Mit drei Freunden hatte er an einem wettermäßig unfreundlichen Novemberabend einen Jagdausflug nach Minot, North Dakota, unternommen. Während ihrer Autofahrt wurden die vier Männer unvermittelt Augenzeugen einer Landung eines seltsamen Flugkörpers auf einem nahen Feld. Einmütig beschrieben sie das Objekt, das ihrer Ansicht nach ausgesehen habe wie ein »leuchtender Siloturm«. Als die Freunde weiterfuhren, tauchte das Objekt erneut vor ihnen auf und blockierte die Landstraße. Als dem UFO plötzlich zwei Humanoide entstiegen, geriet Miller in Panik. Er riß seine Flinte hoch und schoß auf eines der beiden Wesen. Seine Kugel traf ihr Ziel und verletzte einen UFOnauten. Daraufhin flüchteten Miller und Freunde Hals über Kopf.

Sie brachen ihren geplanten Jagdausflug sofort ab und kehrten wieder nach Minot zurück. Aber die Rückkehr der Vier verlief nicht ganz reibungslos. Als sie daheim angekommen waren, stellten sie fest, daß sie während der Fahrt offenbar einen »Blackout« gehabt hatten. Ihnen fehlten plötzlich *drei* Stunden. Voller Angst, daß diese aus ihrem Gedächtnis entschwundene Zeitspanne etwas mit der UFO-Landung zu tun haben könnte, beschlossen sie, niemandem etwas von dem unheimlichen Zwischenfall zu erzählen.

Kurz nachdem Paul Miller am nächsten Tag wie üblich seinen Dienst angetreten hatte, erhielt er überraschenden Besuch. Drei Männer in schwarzer Kleidung stellten sich ihm als Regierungsangestellte vor, ohne sich aber auszuweisen. »Sie schienen alles über mich zu wissen: wo ich arbeite, meinen Namen, und ebenso besaßen sie profunde Kenntnisse über meine private Tätigkeit«, erzählte Miller später dem Sheriff. Auch über die Begegnung der vier Freunde mit dem »leuchtenden Siloturm« und dessen Insassen wußten die Unbekannten genauestens Bescheid. Ihre Fragen an ihn, berichtete Miller weiter, klangen so, als wären ihnen die Antworten längst geläufig. Seltsamerweise, so zeigte sich der Hobbyjäger verwundert, hätten die drei Besucher jedoch mit keinem Wort erwähnt, daß von ihm auf einen der beiden Humanoiden geschossen worden war. Statt dessen interessierten sie sich auffallend für die Kleidung, die Miller am Vortag während seines UFO-Erlebnisses getragen hatte. Insgesamt machten diese »Männer in Schwarz« auf Miller einen bedrohlichen Eindruck, was ihn veranlaßte, jahrelang über diesen Vorfall zu schweigen.

Ein tödliches Ende

Der 24. Juni 1947 wird als das eigentliche Geburtsdatum der modernen Ufologie angesehen. Alles begann damals mit der inzwischen berühmt gewordenen UFO-Sichtung von Kenneth Arnold über dem Mount Rainier im amerikanischen Bundesstaat Washington. Doch bereits einen Tag zuvor, am 23. Juni desselben Jahres, ereignete sich im Puget-Sund nahe der Insel Maury (im Hafen von Tacoma) ein Vorfall, dessen eigentliche Bedeutung aber allen sogenannten UFO-Experten bis zum heutigen Tag unerklärbar geblieben ist.

An dem fraglichen Tag segelten die beiden Polizisten Harold A. Dahl und Fred L. Crisman im eigenen Boot im Hafenbecken, als plötzlich sechs unbekannte Flugobjekte über ihren Köpfen sichtbar wurden. Die möglichen Insassen dieser Fluggebilde, die beide Männer unwillkürlich an Untertassen oder an dicke Ringe denken ließen, schienen anscheinend nichts von dem Gedanken des Umweltschutzes zu halten. Aus einem der UFOs wurde nämlich bedenkenlos irgendwelches Material über Bord gekippt. Gewichtige Teile des Abfalls fielen auch auf das Boot der beiden Ordnungshüter. Einer von ihnen wurde davon erheblich verletzt, ein sich ebenfalls auf dem Schiff befindlicher Hund sogar getötet.

Als dieser Zwischenfall schließlich bekannt wurde, war das UFO-Phänomen bereits in ganz Amerika zum Gesprächsthema Nummer eins avanciert und Kenneth Arnold selbst zur gesamtstaatlichen Berühmtheit geworden. Er wurde deshalb auch – vor allem auf Initiative des beim Magazin *Fantasy* tätigen Redakteurs Ray Palmer – zur Untersuchung des Maury-Vorfalls hinzugezogen.

Bei einer späteren Befragung der beiden Augenzeugen behauptete Harold Dahl, später von einem Man in Black besucht worden zu sein. Dieser habe ihm nahegelegt, über die ganze Angelegenheit »im eigenen Interesse« den Mund zu halten. Als Kenneth Arnold davon erfuhr, wollte er den Fall unbedingt in die Hände von Fachleuten legen. Er schlug hierfür eine Kontaktaufnahme mit der 4. Air-Force-Basis in Hamilton Field vor und verlangte zusätzlich die Einschaltung von zwei Nachrichtendienstoffizieren. Arnold nannte dabei namentlich W. Davidson und F. Brown.

Als Davidson und Brown eintrafen, wurde ihnen der UFO-Müll gezeigt, der auf dem Boden jenes Raums ausgebreitet worden war, in welchem das Treffen stattfand. Beide Offiziere zeigten sich aber nicht sehr beeindruckt und weigerten sich in der Folge, einzelne Stücke zur Untersuchung mitzunehmen. Sie versuchten den Anschein zu wecken, daß die beiden Augenzeugen lediglich auf einen Schwindel hereingefallen seien. Ehe sie wieder gingen, gelang es aber einem der beiden Polizisten, Crisman, den unwilligen Untersuchungsbeamten eine Schachtel mit den UFO-Trümmerstücken aufzudrängen. Davidson und Brown legten sie in ihren Wagen, um sie später dann in ihrer B-25-Maschine zu verstauen, mit der sie wieder nach Hamilton Field zurückfliegen wollten.

Später wurde vermutet, daß es sich bei dem Material in Wirklichkeit um illegal entsorgte radioaktive Schlacke der *Atomenergiekommission (AEC)* gehandelt haben könnte und daß der MIB ein Agent der AEC gewesen sei. Ihm war offenkundig die Aufgabe zugefallen, die Sache zu vertuschen.

Das Rätselraten um die tatsächliche Bedeutung des entsorgten Abfalls nahm noch zu, als die zentralen Stellen die Nachricht erreichte, daß die B-25 der beiden Nachrichtenoffiziere während des Rückfluges Feuer gefangen hatte und danach abgestürzt war. Sonderbarerweise gab es dabei nur zwei Tote zu beklagen, während die übrige Besatzung der Maschine zu überleben vermochte. Bei den beiden tödlich Verunglückten handelte es sich um W. Davidson und F. Brown.

War der Flugzeugabsturz von den Men in Black herbeigeführt worden? Galt es für diese Organisation, etwas Bedeutsames vor der Öffentlichkeit zu verbergen? Waren Davidson und Brown einem Sabotageakt zum Opfer gefallen? Hätte eine Untersuchung des unbekannt gebliebenen Materials Aufschlüsse über die Identität der UFOs ergeben? Was von den MIB unbedingt verhindert werden mußte?

14. Mit gefälschten Autonummern

Ob Pittsburgh zu den »bevorzugten« Gebieten der Men in Black zu zählen ist, entzieht sich meiner Kenntnis. Jedenfalls weiß Major Joseph Jenkins (sein Offiziersrang ist echt!), zum Zeitpunkt des nachfolgend geschilderten Vorfalls Direktor einer UFO-Forschungsgruppe in dieser Stadt, von einem Mann namens Frank Marne zu berichten, der sich vordem ebenfalls mit UFO-Sichtungen beschäftigt hatte.

Eines Tages erhielt Marne ungebetenen Besuch. Drei Männer tauchten bei ihm auf und stachen dem UFO-Forscher vor allem deshalb ins Auge, weil ihm deren Kleidung höchst ungewöhnlich vorkam. Jeder von ihnen trug nämlich einen dunklen Anzug, der Marne in gewisser Weise an die Uniformen seiner Landsleute im Koreakrieg erinnerte.

Offenbar waren die Fremden zu ihm gekommen, um den UFO-Forscher auszuhorchen. Sie taten dies recht geschickt, wie Marne rückblickend konstatierte. Keiner der drei befragte ihn nämlich direkt zur UFO-Problematik, man ließ nur gelegentlich und andeutungsweise Bemerkungen zu diesem Thema fallen.

Als sich die Männer schließlich von Frank Marne verabschiedeten, achtete dieser vorsorglich auf die Autonummer seiner unbekannten Besucher. Sicherheitshalber wurde sie von ihm, als die drei mit ihrem Fahrzeug weggefahren waren, auch notiert.

Als Marne daranging, das Kennzeichen auf seine Authentizität überprüfen zu lassen, folgte für den cleveren UFO-Forscher die Ernüchterung. Die Wagennummer war *nirgendwo* registriert.

Major Joseph Jenkins weiß – gefälschte Autokennzeichen betreffend – darüber noch eine weitere Episode zu berichten. Er schilderte sie in einer in Pittsburgh (Pasadena) erschienenen Zeitschrift, die von dem dortigen *UFO Research Institute* herausgegeben wurde.

Vietnam-Pilot filmte ein UFO

Es ging um den Fall eines amerikanischen Piloten, der in Vietnam während eines Fluges die Möglichkeit gehabt hatte, elf Minuten lang eine Flugscheibe zu filmen. Nach seiner Rückkehr in die Vereinigten Staaten erhielt er unversehens den Besuch dreier Männer, die sich – schwarz bekleidet – als Abgesandte einer »Abteilung für Innere Sicherheit« auswiesen. Sie verlangten von dem Vietnam-Piloten unverzüglich die Herausgabe seines UFO-Filmes, was der darauf Angesprochene aber ebenso energisch verneinte.

Da das Trio über keinerlei Durchsuchungsbefehl verfügte, mußte es unverrichteter Dinge abziehen. Geistesgegenwärtig hatte sich jedoch der mißtrauische Pilot, einen für ihn günstigen Augenblick nutzend, das Autokennzeichen der ihm suspekten Fremden notiert. Es handelte sich um eine offenbar in Washington registrierte Wagennummer. Eine sofortige Überprüfung des Kennzeichens ergab, daß es sich hierbei um eine glatte Fälschung handelte.

Als der Pilot daraufhin die Behörden informierte, wurde ihm dort mitgeteilt, daß eine »Abteilung für Innere Sicherheit« nicht existiere!

Ein klassischer Fall in dieser Richtung ist auch jener des Robert Richardson aus Toledo, Ohio. Er informierte im Juli 1967 die *Aerial Phenomena Research Organization (APRO)* – deutsch: *Gesellschaft zur Erforschung von Luftphänomenen* –, daß er bei einer nächtlichen Autofahrt mit einem UFO kollidiert sei. Der Aufprall habe ihn völlig unvorbereitet getroffen, als er mit seinem Fahrzeug eben eine Kurve passiert hatte. Zu spät habe er danach das seltsame Objekt wahrgenommen, das die gesamte Straßenbreite blockierte. Überhastet vorgenommene Bremsmanöver seien vergeblich gewesen, und sein Wagen sei (zum Glück nur leicht) mit dem UFO zusammengestoßen. Anscheinend sei in diesem Moment der unbekannte Flugkörper gerade im Begriff gewesen, neuerlich zu starten, denn schon im nächsten Augenblick sei er blitzartig hochgeschossen und am Firmament verschwunden.

Polizisten, die später Richardson an die Unfallstelle begleiteten, vermochten nur noch die Schleuderspuren seines Fahrzeugs festzustellen.

Ein kleines Stück Metall

Als der Autolenker einige Zeit danach allein zu seinem dort geparkten Wagen zurückkehrte, entdeckte er am Straßenrand ein kleines

Stück Metall, das (wie er annahm) offensichtlich von dem UFO stammte. Richardson steckte das Fundstück ein und nahm es mit nach Hause.

Drei Tage später erschienen bei ihm gegen 23 Uhr zwei etwa 25-jährige Männer und stellten ihm zehn Minuten lang zahlreiche Fragen zum UFO-Thema. Sie machten keinerlei Anstalten sich auszuweisen, und Richardson selbst verabsäumte es (wie der Betroffene später erstaunt konstatierte), die unbekannten Besucher nach ihrer Identität zu befragen.

Die beiden Fremden seien ihm gegenüber nicht unfreundlich gewesen, erinnerte sich Richardson später bei einer Befragung durch die Polizei. Sie hätten auch keine Drohungen geäußert, sondern seien nur darauf erpicht gewesen, ihn über das UFO-Phänomen auszufragen. Er beobachtete dann, wie die Unbekannten in einem schwarzen Cadillac, Baujahr 1953, davonfuhren.

Eine durch ihn veranlaßte Überprüfung des fremden Wagenkennzeichens ergab zu seiner Überraschung, daß die betreffende Nummer noch gar nicht vergeben worden war.

Eine Woche darauf erhielt Richardson erneut Besuch. Diesmal von zwei anderen Männern, die in einem modernen Dodge vorgefahren waren. Beide besaßen eine dunkle Hautfarbe und trugen gleichartige schwarze Anzüge. Während einer von ihnen mit ihm in perfektem Englisch parlierte, sprach der andere mit deutlich fremdländischem Akzent. Dennoch meinte der UFO-Augenzeuge, er habe das Gefühl gehabt, bei seinen Besuchern etwas irgendwie Fremdartiges gespürt zu haben. Zuerst hatte man versucht, ihn davon zu überzeugen, daß es mit seinem Auto gar keinen Zusammenstoß mit dem fremden Objekt gegeben habe. Aber schon die nächste Anfrage der beiden Männer betraf unmittelbar den vermutlichen UFO-Metallteil. Als Richardson seinen Besuchern verriet, das Artefakt inzwischen zur Analyse an die APRO weitergeleitet zu haben, reagierten diese mit einer gefährlichen Drohung: »Wenn Sie möchten, daß Ihre Frau so hübsch bleibt, dann holen Sie das Ding besser zurück.«

Der Betreffende zeigte sich von der Kenntnis seines Fundes mehr als überrascht, denn außer ihm selbst waren nur seine Frau sowie zwei leitende Mitglieder der APRO über den Fund des Metallstücks informiert. Was bei Richardson den dringenden Verdacht aufkommen ließ, daß man von unbekannter Seite entweder ihn selbst oder vielleicht die APRO telefonisch abgehört hatte. Seiner Meinung nach, die er später auch gegenüber den ihn befragenden Polizisten nicht verschwieg, habe es zwischen den beiden Besucherpaaren keinen erkennbaren Zusammenhang gegeben, wenn man davon absah, daß jeder der vier Männer über Kenntnisse verfügte, die der Öffentlichkeit zu keiner Zeit zugänglich gewesen waren.

Woher hatten sie ihre Informationen bezogen?

Verbirgt sich hier die Lösung zu dem oft ungewöhnlichen Wissensstand der Männer in Schwarz? Enthält sie den eigentlichen Schlüssel zu ihrem Geheimnis?

15. Beschlagnahmte Beweise

Gibt es sie wirklich, oder sind UFOs bloß ein Phantasieprodukt einfallsreicher Buchautoren?

Wer solches fragt, ist durchaus im Recht. Denn die meisten von uns haben noch nie in ihrem Leben ein unbekanntes Flugobjekt gesehen, hatten noch nie Gelegenheit, sogenannte »fliegende Untertassen« am Firmament zu beobachten. Geschweige, womöglich Zeuge einer Landung eines solchen Luftschiffes gewesen zu sein, vielleicht sogar einem außerirdischen Piloten die Hand zu schütteln.

Gibt es sie also – oder gilt es für uns alle, von einer reizvollen Illusion Abschied zu nehmen?

UFOs – sie gibt es wirklich.

Behaupten jedenfalls die amerikanischen Eheleute Edward und Frances Walters. Beide wollen sie Begegnungen mit derartigen Himmelsfahrzeugen und deren Besatzung gehabt haben. Und zwar nahe ihrer Haustür. In Gulf Breeze (Florida).

Über ihre erlebten Erfahrungen auf diesem Gebiet veröffentlichten sie eine ebenso erfolgreiche wie umstrittene Publikation:

UFOs – Es gibt sie.

Die mit zahlreichen, anscheinend authentischen Farbfotos gespickte Reportage in Buchform erschien 1990 in den Vereinigten Staaten und wurde zugleich auch in deutscher Sprache verlegt. *The Gulf Breeze Sightings* nannte sich das Werk im amerikanischen Original.

Aber die »Männer in Schwarz« – was haben sie mit dieser Publikation zu tun? Entfalteten sie ihre unangenehme Tätigkeit auch im Einflußbereich der beiden Autoren?

Lassen wir zunächst das Ehepaar berichten. Ab dem Zeitpunkt, als am 13. Januar 1988 um 8.30 Uhr früh die Türglocke läutete. Der *kursive Text* zitiert direkt aus dem Buch.

Zwei Männer an der Tür

Noch etwas verschlafen öffnete Ed die Haustür:

Im Türrahmen standen zwei große, offiziell aussehende Männer, die sofort die Diele betraten und dabei irgendwelche Ausweise aufblitzen ließen. Ich war überrascht und trat zurück. Der rechte Mann knöpfte seine Jacke auf und stellte eine sehr große Pistole in einem Schulterhalfter zur Schau.

Es kam zu einem kurzen Dialog, der jedoch beim Hausherrn sogleich den Eindruck hinerließ, einer Art Verhör unterzogen zu werden.

»Sind Sie Edward Walters?«

»Ja.«

»Ich bin Agent McKathy von den Special Security Services *der Luftwaffe. Dies ist mein Partner, Agent ...«*

Es folgte ein Name, den Ed Walters inzwischen vergessen hat.

Natürlich hätte er mehr auf die Namen jener Agenten sowie auf deren Ausweise achten sollen, schreibt er, doch während sie noch miteinander redeten, hätten sich die Besucher bereits an ihm vorbei ins Haus gedrängt. Dort brauchten sie nicht lange, um Walters den eigentlichen Zweck ihres Kommens mitzuteilen. Agent McKathy führte das Wort:

»Wir wissen, daß Sie Fotos von einem UFO haben. Dies ist eine Verfügung zur Beschlagnahme der Fotografien und Negative.«

Und dann hielten sie Ed einige Schriftstücke unter die Nase, die sie ihm schließlich aushändigten. Obenauf stand in großen Buchstaben geschrieben: Beschlagnahmeverfügung.

Die Zeit, auch das darunter stehende »Paragraphenchinesisch« (wie Walters den darunter befindlichen, weit weniger gut lesbaren Text bezeichnete) zu studieren, gönnten sie ihm hingegen nicht, vielmehr wollte jetzt auch der zweite Agent wissen:

»Wo sind die Fotografien?«

Sie enthoben aber den sich überrumpelt fühlenden UFO-Forscher einer Antwort und begannen sich sofort eigenmächtig zu betätigen.

Beide sahen meinen Schreibtisch und meine Bücherregale an. Es war ein ziemlicher Streß für mich, daß diese beiden »Beamten« mein Privateigentum forderten. Agent McKathy stieß seinen Finger in Richtung auf mein Gesicht in die Luft und sagte: »Versuchen Sie nicht, sie vor uns zu verstecken.«

Es kostete Ed Walters einige Mühe, in dieser Situation die Nerven zu bewahren, und so ruhig er es vermochte, versuchte er den beiden Eindringlinge klarzumachen, daß sich die von ihnen gesuchten Fotos nicht mehr in seinem Besitz befänden ... *obwohl ich wußte, daß sie in dem Schrank neben einem der Agenten waren.*

Als die zwei wissen wollten, wo die Fotos wären, log ihnen der Hausherr vor:

»Ich habe sie einem Reporter vom Miami Herold *gegeben. Er war vor ein paar Tagen hier, er macht eine Geschichte.«*

Die beiden Agenten benahmen sich sehr unhöflich. Als sie die Wohnung von Walters schließlich verließen, verabschiedeten sie sich von ihm mit der Drohung, er möge besser nicht lügen, sonst würden sie wiederkommen.

Ernsthafte Gedanken

Als sie gegangen waren, begann Ed sich ernsthaft Gedanken zu machen, in welcher unseriösen Weise man gegen ihn vorgegangen war:

War ich wirklich gerade vom Militär bedroht worden? Unserem Militär? Woher wußten sie, wer ich war? Nur ein paar Leute wußten, daß ich der Fotograf war. Hatte einer von ihnen geredet?

Ich hätte nie gedacht, daß die Regierung mich bedrohen würde. Das Militär muß gewußt haben, was vor sich ging. Wie konnten sie es nicht wissen? Wie konnte ein UFO an unserem Himmel herumkreuzen und unbekannt sein? Aber sie mußten nicht so massiv vorgehen, um meine Zusammenarbeit zu bekommen. Mit dem richtigen Auftreten hätte ich ihnen alles gesagt, was sie wissen wollten, und ihnen wahrscheinlich auch die Fotos ausgehändigt. Ihre Methoden überraschten und empörten mich ...

Auch Edwards Co-Autorin, seine Gattin Frances', nahm das ungebührliche Vorgehen der beiden Besucher gleichfalls zum Anlaß, in dem von beiden verfaßten Buch eigene, in diese Richtung gehende Überlegungen festzuhalten:

Der Zwischenfall mit den »Agenten der Luftwaffe« warf für mich die Frage auf, wem wir eigentlich vertrauen konnten. Mir, einer überzeugten Konservativen, gefiel der Gedanke nicht, daß unsere Regierung so mit ihren Anhängern verfuhr.

Die MUFON-Forscher (MUFON: eine internationale, sich weltweit betätigende Organisation seriös arbeitender UFO-Experten; P. K.) *und die lokale Presse spekulierten, die Männer seien viel-*

leicht nicht die gewesen, für die sie sich ausgegeben hatten. Einer Theorie zufolge waren die beiden UFO-Begeisterte, die vor nichts halt machten, um die Fotos zu bekommen. Das konnte ich unmöglich glauben. Woher sollten sie wissen, wer wir waren und wo wir zu finden waren?

Frances war auch mit der Idee konfrontiert worden, daß sich irgendwelche Geschäftemacher persönlich an den UFO-Fotos des Ehepaares hatten bereichern wollen, um diese später für eine eigene Publikation zu verwenden oder an jemanden zu verkaufen, der sie seinerseits zu veröffentlichen beabsichtigte. Mrs. Walters verhehlte jedoch nicht ihre Zweifel an dieser an sie herangetragenen Motivation.

Sie machte sich schließlich sogar Gedanken über jene Leute aus der MUFON, die ihnen beiden persönlich bekannt waren:

Hatten sie hinter der versuchten Beschlagnahme gesteckt? Das schien unwahrscheinlich. Zwar bestand Ed inzwischen darauf, die Originale bei sich zu behalten, aber nur, um sie vor weiterer Beschädigung zu schützen. Er hatte eingewilligt, sie den Forschern jederzeit zugänglich zu machen, wenn sie sie brauchten, und gestattet, daß die Aufnahmen kopiert wurden.

Das brachte mich zu der Annahme zurück, daß diese Männer tatsächlich Beauftragte der amerikanischen Regierung gewesen waren. Ich fand die Vorstellung furchtbar, daß dies die Wahrheit war, aber es schien die plausibelste Erklärung zu sein.

Lag Frances Walters mit ihrer Vermutung richtig?

Ich bin da gegenteiliger Ansicht.

Denn die Vorgehensweise der beiden angeblichen Regierungsbeauftragten, die sich ihrem Mann gegenüber als Agenten einer übergeordneten Stelle der Air Force ausgegeben hatten, erinnerte nur zu deutlich an jene ins Kriminelle hineinspielenden Methoden, derer sich die Men in Black seit jeher befleißigen: Falsche Namen, gefälschte Ausweispapiere, frei erfundene Auftraggeber.

Im speziellen Fall durften sich Ed und Frances glücklich schätzen, relativ glimpflich davongekommen zu sein. Vielleicht (doch das ist lediglich eine hypothetische Annahme) wurde der UFO-Story beider Walters von den MIB letztlich nicht jene Bedeutung beigemessen, um gegen die Eheleute in bedrohlicherer Weise vorzugehen.

16. MIB agieren überall

Noch heute erinnere ich mich gerne an meinen lieben Freund und Autorenkollegen Gerhard R. Steinhäuser. Ihn faszinierte zeitlebens, wie nach wie vor auch mich, jenes Gebiet, das ganz allgemein den sogenannten Grenzwissenschaften zugerechnet wird. Gerd veröffentlichte bis zu seinem allzu frühen Tod im Jahr 1989 mehrere kluge Sachbücher (*Heimkehr zu den Göttern*) und ebenso spannende Romane (*Unternehmen Stunde Null*). Wenn wir uns – das geschah zumeist bei ihm daheim – gelegentlich trafen, gab es immer eine Menge zu diskutieren.

Ich schätzte bei Gerd aber auch seine philosophische Ader, denn er versuchte stets jener Sache, mit der er sich gerade thematisch auseinander setzte, systematisch auf den Grund zu gehen. Der Schriftsteller Steinhäuser ging eigentlich keinem Thema seines Genres aus dem Weg.

Doch halt! So ganz stimmte das nicht. Es gab da etwas, von dem er bis zu seinem Ableben konsequent die Finger ließ, was ihn ab einem bestimmten Zeitpunkt nie in Versuchung geführt hat, dieses Thema auf irgendeine Weise publizistisch zu verwerten:

Bücher oder Artikel über die Men in Black!

Dafür besaß Gerd ein gewichtiges Motiv. Lange weigerte er sich hartnäckig, seinen eigentlichen Beweggrund mir gegenüber zu nennen. Irgendwann aber gab er dann doch meinem stetigen Drängen nach, sein Schweigen zu brechen. Was Gerd mir zu erzählen wußte, ließ mich begreifen, weshalb er seither jede schriftstellerische Beschäftigung mit den MIB konsequent vermied.

Hier nun seine von ihm selbst erlebte Geschichte.

Der Sonntag versprach idyllisch zu werden. Milde Frühjahrstemperaturen verlockten dazu, den Nachmittag für einen Familienausflug zu nutzen. Das eben erst erworbene Auto, ein chromblitzender silbergrauer Opel Kapitän, sollte bei seiner Jungfernfahrt über die Höhenstraße, die zu einem beliebten Ausflugsziel auf den Kahlen- oder Leopoldsberg führt (die beiden »Hausberge« von Wien), entsprechend getestet werden.

Gerds Gattin Trude hatte sich schon bisher als sichere Chauffeuse bewährt und saß auch an diesem wunderschönen Frühlingstag am

Lenkrad des vierrädrigen Schmuckstückes. An ihrer Seite ihr Ehemann, im Fond des Wagens beider Söhne Hannes und Alexander. Die Stimmung des Quartetts war prächtig, Trude Steinhäuser – in früheren Jahren unter ihrem Mädchen- und Künstlernamen Stemmer eine weit über Österreichs Grenzen hinaus bekannte Operettensängerin – trällerte fröhlich ein Lied vor sich hin, und jeder der vier Steinhäusers freute sich auf diese Fahrt ins Grüne.

Ein schwarzer Rolls Royce

Alles schien programmgemäß zu verlaufen. Das geräumige Fahrzeug kurvte in angepaßtem Tempo über die Serpentinen der Höhenstraße. Der Motor funktionierte ausgezeichnet.

Bis etwas völlig Unerwartetes geschah.

Ein großer schwarzer Rolls Royce näherte sich plötzlich von hinten mit gewaltigem Tempo. Ohne durch Hupsignale auf sich aufmerksam zu machen, erzwang sich dessen Fahrer rücksichtslos den Vorrang und drängte den Opel Kapitän von der Straße.

Mit quietschenden Bremsen gelang es Trude Steinhäuser, im letzten Moment mit dem Fahrzeug auszuscheren und es knapp vor einem steilen Abhang zum Halten zu bringen. Der undisziplinierte Lenker der dunklen Limousine war inzwischen, ohne sich auch nur im geringsten um die Insassen des anderen Autos zu kümmern, in unvermindert hohem Tempo weitergerast.

Während des riskanten Bremsmanövers hatten Gerd und die beiden Jungen unwillkürlich einen Seitenblick in das Innere des Rolls Royce geworfen.

Was die drei im Fond des Wagens hinter dem Rowdylenker zu sehen bekamen, hinterließ bei ihnen einen unauslöschlichen Eindruck: Drei Männer in schwarzen Anzügen, mit breitkrempigen, gleichfarbigen Hüten, kalkweißen Gesichtern und spiegelnden Sonnenbrillen.

Keiner der dunklen Gestalten hatte es für nötig gehalten, während des rücksichtslosen Überholmanövers auch nur andeutungsweise zu dem linksseitig gerade noch abbremsenden Opel zu blikken. Den zu ihnen entsetzt hinüberstarrenden Steinhäusers schien es hingegen, als säßen im Fond des vorüberrasenden Rolls Royce drei Puppen. Die bleichen Gesichter der drei Männer blickten während des riskanten Überholmanövers, wie zu einer Maske erstarrt, stur geradeaus.

Von dem erschrockenen Ausruf der beiden Jungen bis zur nachfolgenden Szene vergingen lediglich Sekundenbruchteile – dann war der böse Spuk vorübergerast und der schwarze Rolls Royce hinter der nächsten Straßenkehre verschwunden.

Alles war so überraschend gekommen und so schnell abgelaufen, daß keiner der Opel-Insassen die Möglichkeit gehabt hatte, das Kennzeichen des fremden Wagens wahrzunehmen. An eine Verfolgung des unbekannten Autorasers war nicht zu denken.

Wer waren diese Leute gewesen? Handelte es sich um Mafiosi aus italienischen Landen, unterwegs in eigener Sache?

Oder waren da drei Men in Black aus unbekannten Gründen in Wien unterwegs gewesen und hätten es beinahe geschafft, eine ganze Familie rücksichtslos in den Tod zu treiben?

Gerd war zu Lebzeiten nie dazu zu bewegen gewesen, an Zufälle zu glauben. »Es gibt keinen Zufall«, argumentierte er mir gegenüber überzeugt, »denn aus der Bedeutung dieses Wortes läßt sich doch ohnehin problemlos ableiten, daß dem oder den davon Betroffenen irgend etwas Unerwartetes ›zugefallen‹ ist – somit für denoder diejenigen als schicksalshafte Bestimmung angesehen werden muß.«

Ich neige seit dieser mir gegebenen logischen Interpretation dazu, meinem verstorbenen Freund Gerd Steinhäuser »in memoriam« hundertprozentig Recht zu geben …

MIB auch in China

Wer da meint, daß sich die Aktivitäten der Men in Black lediglich auf die USA und einige europäische Staaten beschränken, irrt ganz gewaltig. Denn auch aus dem Fernen Osten sind verschiedene Berichte in den Westen gedrungen, die die unerfreuliche Tätigkeit der MIB in dieser Weltgegend widerspiegeln. Mit guten Verbindungen erfährt auch der interessierte Ausländer gelegentlich über entsprechende Vorkommnisse, die in der Regel sonst nur intern zur Sprache kommen.

Daß es natürlich auch in der Volksrepublik China UFO-Sichtungen gibt und gegeben hat, habe ich in meinem vorangegangenen

Sachbuch *Sie kamen aus den Wolken – Die Drachengötter des alten China* ausführlich beschrieben.

Wang Shili, Reporter einer in Shanxi erscheinenden Zeitung, hatte Gelegenheit, Li Jingyang, einen gerade erst sechsjährigen Jungen, zu interviewen. Der Journalist erfuhr auf diese Weise von einer UFO-Sichtung. Bemerkenswert an dieser Beobachtung war aber nicht so sehr das unbekannte Flugobjekt, das Li am Himmel gesehen hatte, sondern die Begegnung des Schulkindes mit einer Person, die unschwer als Man in Black zu identifizieren ist. Natürlich wußte der kleine Augenzeuge nichts von der Existenz dieser anonymen Agentengruppe. Folgende interessante Einzelheiten berichtete Li Jingyang über sein Zusammentreffen mit einem MIB:

»Der Tag war sehr schön, nur einige Wolken standen am Himmel. Zusammen mit einigen Freunden spielte ich auf einer Straße im Bergwerksviertel der Stadt Yangquan, Provinz Shanxi. Es waren zu dieser Zeit nur wenige Leute unterwegs. Wir blickten zum Himmel und bemerkten zu unserem großen Erstaunen ein scheibenförmiges Objekt, das die Wolken bestrahlte. Diese Scheibe stand still und ohne ein Geräusch zu machen am Himmel. Sie war silbern, leuchtete intensiv oder reflektierte die Sonnenstrahlen. Um ganz genau zu sein, das ›Ding‹ glich zwei gegeneinander gekehrten Tellern. Es war nicht allzu weit von uns Jungen entfernt und auch nahe dem Erdboden. Wir konnten es ganz genau sehen, sein Durchmesser betrug etwa sieben bis acht Meter. Da wir keinerlei Ahnung hatten, was das war, dachten wir an einen neuen Flugzeugtyp. Zwei Minuten später verschwand das Objekt hinter einer Wolke.«

Doch damit war das UFO-Erlebnis des Sechsjährigen noch nicht ausgestanden. Das »dicke Ende« sei bald nachgefolgt, deutete Li Jingyang gegenüber dem Zeitungsreporter an.

»Er versperrte mir den Weg …«

Schon tags darauf habe es nämlich eine sehr merkwürdige Begegnung zwischen ihm und einem schwarzgekleideten Fremden gegeben, erzählte er Wang Shili. Was der wißbegierige Journalist sofort zum Anlaß nahm, Li Jingyang nach weiteren Einzelheiten seines ungewöhnlichen Erlebnisses zu befragen:

»Wann sahst du den ›Mann in Schwarz‹?«

»Gleich am nächsten Tag. Ich war allein auf der Straße, als mir ein schwarzer Mann entgegenkam.«

»Trug er schwarze Kleidung?«

»Ja.«

»Wie groß war dieser ›Mann in Schwarz‹?«

»Sehr groß. Er versperrte mir den Weg und fragte mich, ob ich tags zuvor eine Scheibe am Himmel gesehen hätte. Als ich ihn nicht gleich verstand, wiederholte er seine Frage. Ich bejahte. Da hob er seinen rechten Arm zum Himmel, dorthin, wo diese Scheibe gestanden hatte, und fragte: ›War es da?‹ Ich bejahte wieder. Da befahl er mir, mit niemandem darüber ein Wort zu sprechen. Ich mußte ihm mein Wort geben, zu schweigen, damit er mich wieder laufen ließ.«

»Kannst du mir den ›Mann in Schwarz‹ noch ein wenig näher beschreiben?«

»Ich erinnere mich, daß ich sehr ängstlich war und mir deshalb nicht allzu viele Einzelheiten einprägen konnte. Aber seine Haut war braun. Die Form seines Gesichtes habe ich vergessen, ebenso seine Aussprache. Aber viele Leute aus dem Viertel haben ihn gesehen. Alle redeten über ihn und konnten sich sein Auftreten nicht erklären.«

»Welchen Zusammenhang besteht deiner Meinung nach zwischen dem fliegenden Objekt und dem ›Mann in Schwarz‹?«

»Ich denke mir das so: Dieser ›Mann in Schwarz‹ marschierte auf eine geradezu mechanische Art; er sprach, aber sein Mund schien sich nicht zu bewegen, und plötzlich war er hinter einer Hausecke verschwunden. Es dürfte irgendein Zusammenhang bestanden haben.«

»War es ein normaler Mensch?«

»Vielleicht doch, ich weiß es nicht. Aber ich schwöre Ihnen, daß alles, was ich berichtet habe, der Wahrheit entspricht. Es ist nicht meine Art, Märchen zu erzählen. Ich bitte Sie, mir zu glauben.«

Für die Glaubwürdigkeit des Zeugen spricht die unbestreitbare Tatsache, daß Wang Shili bestimmte Begleitumstände des UFO-Phänomens erfahren hat, die ziemlich genau mit jenen übereinstimmen, wie sie auch unzählige Augenzeugen in anderen Regionen der Welt erlebt haben. Da sich im vorigen Jahrhunderts die Volksrepublik China konsequent vom Westen abschirmte, ist es schwer vorstellbar, daß Li Jingyang seine Begegnung mit einem Man in Black aus authentischen Vorlagen (die damals in China überhaupt nicht erhältlich waren) entnommen haben soll und nacherzählte.

Ist Zeit nur eine Illusion?

Dieser MIB-Fall ereignete sich in Großbritannien. Ron Appleton, ein Metallarbeiter, seine 27-jährige Frau Cynthia sowie ihre beide Kinder, ein dreijähriges Töchterchen und der erst einjährige Sohn, bewohnten ein großes Haus in der Fentham Street im Bezirk Aston, Birmingham. Vorauszuschicken wäre, daß sich Cynthia bis dahin nie für UFOs und sonstige rätselhafte Phänomene interessiert hatte. Am Nachmittag des 16. November 1957 war alles irgendwie anders. Der jungen Frau war plötzlich ganz eigenartig zumute, und als sie rein zufällig ihr Schlafzimmer betrat, fiel ihr das seltsame Leuchten auf, das den Raum erfüllte. Von dem Moment an erlosch Cynthias Erinnerungsvermögen. Als sie wieder klar zu denken vermochte, bemerkte sie, daß inzwischen eine volle Stunde vergangen war und sie nicht zu sagen wußte, was währenddessen geschehen war.

Ihre familiären Pflichten ließen Cynthia vorerst diesen merkwürdigen Zwischenfall vergessen, aber bereits zwei Tage später, am 18. November – es war ziemlich genau 15 Uhr –, ereignete sich ein weiteres Phänomen. Als sie nämlich das Wohnzimmer des oberen Stockwerkes betrat, fiel ihr auf, daß sich der Himmel rosarot verfärbt hatte. Der Anblick erinnerte Cynthia an einen verfrühten Sonnenuntergang. Sie kam aber nicht dazu, sich darüber zu wundern, denn ein ungewohntes Gefühl nahm ihre Sinne in Anspruch: Im Raum herrschte eine eigenartige Atmosphäre, und Cynthia schien es, als könnte jeden Augenblick ein heftiges Gewitter über sie hereinbrechen. Mit Entsetzen nahm sie jetzt auch wahr, daß ihre Haare zu Berge standen und sie sich in einem elektrischen Feld zu befinden schien. Dann war da plötzlich ein pfeifender Ton zu vernehmen, der sich nach und nach, aufgrund der Frequenz, schließlich ins Unerträgliche steigerte. Gleichsam paralysiert verfolgte Cynthia die nunmehr folgenden Ereignisse rings um sie her. Von einem Moment zum anderen brach der hohe Pfeifton ab, dafür begann beim Kamin eine Art nebelige Masse langsam Gestalt anzunehmen. Die unheimlich wirkende Erscheinung flimmerte nunmehr wie ein Fernsehbild, wurde in ihren Konturen immer schärfer und formte sich schließlich zur Gestalt eines äußerst seltsam aussehenden Mannes.

Während Cynthia wie hypnotisiert auf die Erscheinung starrte, fiel unvermittelt jedes Angstgefühl, das sie bei dem Anblick der Erscheinung zunächst beherrscht hatte, völlig von ihr ab. Dafür nahm ihr Bewußtsein eine offensichtlich auf telepathischem Weg übermittelte Botschaft auf, die der Frau wörtlich suggerierte: »Haben Sie keine Angst.«

Danach verschwand die Erscheinung wieder und alles war, als wäre nie etwas geschehen.

Cynthia Appleton erzählte später ihrem Mann von dem unheimlichen Vorfall, und irgendwie kam die seltsame Geschichte dann auch Leuten zu Ohren, die sich für das UFO-Phänomen ernsthaft interessierten. Cynthias unheimliches Erlebnis wurde bald danach auch in dem UFO-Magazin *Flying Saucer Review* veröffentlicht. Zu Cynthias Leidwesen ließ es sich nicht vermeiden, daß ihre Familie in der Folge mehrere Male von einem klinischen Psychologen besucht wurde. Dieser Experte, John Dale, beließ es nicht dabei, Cynthia über Einzelheiten ihrer Spukerscheinung zu befragen – er legte über diesen Fall sogar Akten an und gewann nach und nach die Sympathie der jungen Frau.

Mrs. Appleton schien es in der Folge, als stünde sie – seit ihrem ersten Kontakt mit der unbekannten Erscheinung – unter deren ständigen hypnotischen Kontrolle. Auf telepathischem Weg erfuhr sie, daß das fremde Wesen aus einer Welt gekommen war, die sich Gharnasvarn nennt. Kontakt hatte man deshalb aufgenommen, weil Cynthia angeblich über ein »besonderes Gehirn« sowie die »richtige Frequenz« verfügte.

Die junge Frau beschrieb das Wesen als menschenähnlich mit verlängerten Körpermaßen. Seine Haut sei blaß, sein Haar blond und seine Größe habe ungefähr sechs Fuß betragen. Sein Anzug habe einer Art von Silberfolie geähnelt und sie an Cellophan oder an einen Regenmantel aus Plastik erinnert. Später verglich Cynthia dieses Wesen, das auch einen Helm getragen habe, mit einem griechischen Athleten. Bei ihren Kontakten habe die Erscheinung ihre Arme genauso bewegt, als wolle sie auf diese Weise einen TV-Bildschirm darstellen. Dort, wo das Wesen Armbewegungen gemacht hätte, seien Bilder in der Luft erschienen und es wären

Szenen zu sehen gewesen, die angeblich auf dem Planeten Gharnasvarn stattgefunden hatten: Dort schien es anscheinend UFO-Flüge ebenso gegeben zu haben wie Atomexplosionen.

In einer der Notizen, die der Psychologe Dale im Verlauf seiner Untersuchungen über alle an Cynthia übermittelten telepathischen Botschaften angefertigt hatte, war ihm von seiner Klientin auch eine Art dreidimensionales Hologramm beschrieben worden. Hierbei gab es jedoch ein kleines Problem: Über die Herstellung von Hologrammen besaßen die Wissenschaftler damals noch keinerlei Kenntnis!

Insgesamt will Cynthia Appleton acht derartige Kontakte gehabt haben. Bereits nach dem ersten Besuch des Wesens war der Frau aufgefallen, daß es dabei auf einer Zeitung gestanden hatte. Darauf hatten sich später – nach seinem Verschwinden – Spuren einer leichten Verbrennung gezeigt.

Bei der zweiten Begegnung am 7. Januar 1958 in ihrem Wohnzimmer erfuhr Cynthia zu ihrer Überraschung, daß es sich bei diesen Erscheinungen lediglich um *Projektionen* gehandelt habe.

Nach dem achten Mal endeten die Besuche der holographischen Erscheinung.

Danach folgte die Ernüchterung. Eine dunkle Limousine mit getönten Fensterscheiben fuhr vor. Darin saß ein Mann in einem schwarzen Geschäftsanzug. Er bat Cynthia um eine Schüssel heißes Wasser, weil er sich einen der Finger verletzt hatte. Der unbekannte Besucher badete seine Hand darin. Danach verabreichte er sich selbst eine Injektion und sprühte eine Art Gelee auf die verbrannte Haut. Gleich darauf war jegliche Spur einer Verbrennung verschwunden.

Nachdem der Fremde gegangen war, fand Cynthia einen kleinen Hautfetzen in der Wasserschüssel. Sie hob das Hautstück auf und übergab es ihrem Psychologen Dr. Dale. Dieser ließ es dann in einem Universitätslabor von Manchester mit einem Elektronenmikroskop untersuchen. Danach stellten sich jedoch weitere Fragen: Denn der Hautrest ließ sich nicht zweifelsfrei identifizieren. Er war weder außerirdisch noch irdisch. Jener Chemiker, der die Untersuchungen vorgenommen hatte, meinte, daß es sich um Tierhaut handeln könnte – möglicherweise von einem Schwein.

Eine ungewöhnliche Ankündigung

Mysteriös wurde es beim allerletzten Besuch des Man in Black am 18. August 1958.

Wurde doch der jungen Frau und zweifachen Mutter überraschend Nachwuchs angekündigt. Zwar würde Cynthias Mann der Vater sein, doch sei das Kind dem Volk von Gharnasvarn zuzusprechen. Der Säugling würde männlich sein und Ende Mai 1959 geboren werden.

Bereits am folgenden Tag suchte Cynthia einen Arzt auf, der zu ihrer Überraschung die Schwangerschaft bestätigte. Was den Mediziner allerdings sehr verwunderte, war die Ankündigung des Fremden zum ungemein frühen Stadium der Schwangerschaft. Anscheinend besaß der unbekannte Besucher die Fähigkeit, schon wenige Tage nach der Empfängnis genaue Geburtsangaben zu machen.

Wieder griff eine Zeitschrift, das Magazin *People*, den Fall auf. Was der fremde Besucher prophezeit hatte, traf tatsächlich ein: Cynthia gebar einen Knaben, und auch das Geburtsdatum entsprach der Voraussage. Selbst das Körpergewicht des Babys wich nur unwesentlich von der Prognose ab. Das Kind erhielt den Namen Michael.

John Dale blieb noch ein ganzes Jahr mit der Familie Appleton in Verbindung. Der Junge entwickelte sich völlig normal. Hingegen kehrten der Man in Black sowie das holographische Wesen nie mehr zurück.

Die bekannte englische Autorin Jenny Randles, die sich mit diesem Fall befaßt hatte, versuchte Jahre später (wenn auch vergeblich) Cynthias Sohn aufzufinden. Michael müßte inzwischen, so er noch leben sollte, ungefähr fünfundvierzig Jahre alt sein. Andere UFO-Forscher haben hingegen ihre Untersuchungen bezüglich des prophetischen MIB endgültig eingestellt.

»Da war etwas Totes an ihm«

Die sogenannten Kornkreise, ursprünglich nur auf englischen Getreidefeldern sichtbar, haben sich in den vergangenen Jahrzehnten über den gesamten Planeten ausgebreitet. Auch Irland blieb davon keineswegs verschont. Die eigentliche Bedeutung dieses ungewöhnlichen Phänomens, das vielfach durch Menschenhand (wenn auch nur unzureichend) gefälscht worden ist, konnte allerdings bis zum heutigen Tag nicht nachgewiesen werden.

Im Juni 1990 entdeckte in der irischen Provinz Tipperary County ein Farmer namens McCleary zwei dieser Kornkreise in seinen Haferfeldern. Eine Woche danach erschien ein weiterer Kornkreis und eine weitere Woche später sogar noch ein vierter. In den Morgenstunden jenes Tages, als der Ire seinen Besitz in einem Rundgang kontrollierte, trat plötzlich ein dünner Mann, der völlig in Schwarz gekleidet war, hinter einem Schuppen hervor.

»Da war etwas Totes an ihm«, meinte der Landwirt bei einer späteren Befragung und konnte sich dabei, in der Rückerinnerung an diese seltsame Begegnung, eines leisen Schauderns nicht völlig erwehren. Der MIB (und um einen solchen handelte es sich zweifelsfrei) trug, nach der Aussage von McCleary, zwar einen gut sitzenden Anzug, doch schien dieser bereits vor gut fünf Jahrzehnten angefertigt worden zu sein.

Der Unbekannte eröffnete seine Konversation mit dem irischen Farmer mit der harmlosen Bemerkung, das sei heute ein schöner Tag, wobei dem Angesprochenen auffiel, daß sich sein Gegenüber mit der korrekten Aussprache der Worte schwer zu tun schien. Sehr rasch kam dann aber der Fremde auf das von ihm anscheinend vorgesehene Thema zu sprechen. Vor allem wollte er von dem Iren Näheres über die Kornkreise erfahren. Da McCleary darüber aber nichts zu sagen wußte, verweigerte er jegliche Antwort. Vielmehr forderte er den Mann nunmehr höflich auf, seinen Besitz zu verlassen. Was der MIB glatt ignorierte. Statt dessen machte er dem Landwirt Vorwürfe. »Sie haben uns bisher noch nichts über Konstruktion und Bedeutung dieser Kornkreise erzählt«, meinte er unwirsch. Weiter wollte er wissen:

»Warum erschien das zweite und dritte dieser Gebilde erst, nachdem das erste bereits aufgetaucht war? Beantworten Sie gefälligst meine Frage. Es liegt in Ihrem Interesse, uns diese Information zu übermitteln.«

Aber McCleary verweigerte die Antwort. Erst später rechtfertigte er sich bei der Polizei, als man ihn zu dem Vorfall neuerlich verhörte:

»Die Frage des Mannes ergab für mich wenig Sinn. Woher sollte ich denn wissen, weshalb diese Kornkreise auf meinen Feldern aufgetaucht waren? Dieser merkwürdige Typ benahm sich mir gegenüber, als trüge ich für die Herstellung der Gebilde die alleinige Verantwortung.«

Ein Mann mit dunkler Brille

Die österreichische Journalistin Ulrike Rubasch und ihr Landsmann und Freund Arthur Kofler hatten es sich in den Kopf gesetzt, im Jahr 2004 rund um die Welt zu reisen. Das wäre an sich nicht weiter erwähnenswert. Derartige Vorhaben wurden auch schon früher von unternehmungslustigen Menschen realisiert. Anders verhielt es sich jedoch mit dem Fortbewegungsmittel, das die beiden jungen Leute für ihre anstrengende Tour in Anspruch nahmen: Sie benützten ausschließlich ihre Motorräder! Damit bewältigte das Pärchen eine Strecke von 25 000 Kilometer und besuchte 25 Staaten.

Ihre Weltreise vermochten sich Ulrike und Arthur mit aktuellen Reportagen für die wöchentlich erscheinende Sonntagsbeilage einer Wiener Tageszeitung zu finanzieren. Ihre regelmäßig publizierten Berichte vermittelten aufschlußreiche Einblicke in die jeweiligen Lebensumstände der betreffenden Länder. Nie hätte ich allerdings in Betracht gezogen, daß die beiden »Schmalspurnomaden« ausgerechnet im russischen Kasachstan mit dem Men-in-Black-Phänomen konfrontiert werden sollten. Und doch berichtet Teil 34 ihrer Zeitungsserie vom 6. Juni 2004 von einer solchen Begegnung. Am Vorabend dieses Abenteuers waren Ulrike und Arthur Gäste einer Gruppe Kasachen gewesen, von denen die Österreicher zur Geburtsfeier eines Kindes eingeladen worden waren. Zusätzlich hatten die beiden auch noch eine (wie sich herausstellte) ziemlich anstrengende Wanderung durch die idyllische Weite Kasachstans absolviert.

Am zweiten Tag ihres Aufenthaltes kam es dann zu einer eigenartigen Begegnung: Die jungen Leute standen gerade vor dem gigantischen Mausoleum des Achmad Yassawi, als Ulrike Rubasch eine Beobachtung machte und darüber berichtete:

»Uns folgt ein Mann mit dunkler Sonnenbrille. Er fotografiert uns mit einem überdimensionalen Tele-Objektiv und verdrückt sich dann mit zwei anderen Sympathieträgern von ähnlicher Body-

Builder-Statur in eine schwarze Limousine mit verdunkelten Fensterreihen.«

Die österreichische Reporterin hatte, wie sich anhand ihrer Schilderung zeigt, ganz offensichtlich keinerlei Verdacht bezüglich einer möglichen Identität der drei schwarzgekleideten Männer. Da ich Frau Rubasch persönlich nicht kenne, vermag ich auch nicht zu sagen, ob diese Dame (und ebenso ihr Freund) überhaupt jemals etwas über die dubiosen »Männer in Schwarz« und deren unerfreuliche Tätigkeit gehört oder gelesen hat. Offensichtlich nicht, denn sonst hätte die Berichterstatterin wohl kaum einen scherzhaften Vergleich mit Szenen aus irgendwelchen 007-Agentenfilmen angestellt. Andererseits: So ganz wohl scheint Ulrike (und wahrscheinlich auch ihrem Reisebegleiter) dabei nicht zu Mute gewesen zu sein. Läßt sie uns doch wissen:

»Halb im Spaß, halb im Verfolgungswahn, prüfe ich unsere Motorräder auf versteckte Mikrofone. Vergeblich.«

Dabei kommt ihr auch zu Bewußtsein, daß sie Ana, der Nachbarstochter, die unentgeltlich als Dolmetscherin behilflich gewesen war, unvorsichtigerweise verraten hatte, als Journalistin tätig zu sein. Sollte gerade das den Argwohn des Mannes mit der dunklen Brille sowie der beiden anderen MIB hervorgerufen haben?

17. *Die Präsidenten-Verschwörung*

In den bisherigen Kapiteln begnügte ich mich damit, ausschließlich nur solche Aktivitäten der Men in Black wiederzugeben, die mit relativ spektakulären UFO-Fällen zu tun hatten. Und eigentlich, so beabsichtigte ich ursprünglich vorzugehen, sollte dies den Inhalt des Buches im wesentlichen bestimmen. Dieses wohlüberlegte Konzept ließ sich aber nur so lange verwirklichen, bis mir jene dokumentarischen Unterlagen vor Augen kamen, die das UFO-Phänomen überhaupt nicht thematisierten. Man nenne es *Zufall* (oder auch *Bestimmung*) –, jedenfalls stieß ich beim Studium solch gänzlich andersgelagerter Quellen auf diverse anrüchige und nicht selten höchst mysteriös erscheinende Ereignisse aus dem Bereich der bisherigen Weltpolitik. Sie alle schienen da wie dort mit dunklen, verräterischen Umsturzplänen in engem Zusammenhang gestanden zu haben.

Mir fiel es plötzlich wie Schuppen von den Augen, als ich auch hier auf deutliche Hinweise stieß, in denen jede Menge indizienhaltige Angaben wiedergegeben wurden. Durchaus glaubwürdige Augenzeugen bestätigten übereinstimmend, bei den geglückten Mordanschlägen auf die US-Präsidenten John F. Kennedy und Abraham Lincoln wie auch im Zusammenhang mit einem mißglückten Attentat auf Präsident Jimmy Carter, mehrere ihnen nicht bekannte Männer in dubioser schwarzer Kleidung und mit höchst verdächtigem Verhalten gesehen zu haben.

Je intensiver ich mich in jene Quellen vertiefte, die mir aus Zeitungsarchiven zugänglich gemacht wurden, desto deutlicher wurde mir bewußt, daß die Men in Black nicht nur in den manchmal abstrusen Phantasien von UFO-Gläubigen umherspukten.

Die MIB sind vielmehr, wie ich bereits festgestellt habe, eine durchaus *real* existierende Agentengruppe, deren Auftraggeber und Herkunft jedoch bislang nicht eruiert werden konnten. Auch meine Überlegungen in dieser Richtung blieben vorderhand Spekulation. Dennoch glaube ich einen zielführenden Anhaltspunkt gefunden zu haben.

Aber dazu möchte ich mich erst am Ende des Buches präziser äußern.

Mit Lincoln begann die Todesserie

Amerikas Präsidenten leben lebensgefährlich. Das hat sich, wie wir aus den historischen Abläufen wissen, nicht nur beim tragischen Geschick des charismatischen Staatsmannes John F. Kennedy erwiesen. Auch einer seiner populären Vorgänger im höchsten Amt der Vereinigten Staaten, Abraham Lincoln, vermochte seine Präsidentschaft nicht bis zu ihrem regulären Ende auszuüben: Am Abend des 14. April 1865 wurde der damals 56-jährige frühere Rechtsanwalt in seiner Loge im *Ford's Theater* von Washington von einem schwarzgekleideten Mann vor den Augen eines zahlreichen Publikums erschossen.

Der Mörder hieß, so glaubt man zu wissen, John Wilkes Booth. Er stammte aus einer berühmten Schauspielerfamilie und galt zu seiner Zeit auch selbst als allseits gefragter Darsteller. Ausgerechnet an jenem Abend, als Lincoln – gemeinsam mit seiner Frau, einem Major Rathbone sowie einer Miss Harris – seine Theaterloge aufgesucht hatte, um sich für den im Sezessionskrieg errungenen Sieg der Nord- über die Südstaaten feiern zu lassen, der zur Aufhebung der Sklaverei der farbigen Bevölkerung in sämtlichen amerikanischen Staaten führte, schlug ein grausames Schicksal zu.

Vier Jahre hatte dieser grausame Bürgerkrieg gedauert – von 1861 bis 1865 –, und ebenso lange die Präsidentschaft Abraham Lincolns. Was zunächst, wenn auch nicht vom Motiv her, klar und überzeugend scheinen mag, zeigt sich bei näherem Studium als ziemlich undurchsichtig. Denn zweierlei blieb, nach dem Ende aller Untersuchungen, bislang ungeklärt:

War der Schauspieler Booth tatsächlich der Mörder gewesen? Und wenn ja – wer wurde dann am 26. April 1865 auf dem Gelände von Garetts Farm in Virginia von einer Gruppe Geheimpolizisten gestellt und erschossen? Eines glaubt man nämlich heute mit Bestimmtheit zu wissen: Der Erschossene war *nicht* John Wilkes Booth. Eine andere Person hatte für den angeblichen Präsidentenmörder sterben müssen.

Aber gehen wir chronologisch vor. Was passierte am 14. April, vor noch nicht ganz einhundertvierzig Jahren?

Alles geschah sehr schnell und unvermutet. Abraham Lincoln hatte es sich mit seinen Begleitern in seiner Loge bequem gemacht, als plötzlich eine offenbar unbewachte Tür geöffnet wurde, ein Mann in schwarzer Kleidung eintrat und seine Pistole gegen den Präsidenten richtete. Dann krachte ein Schuß und traf Lincoln in den Hinterkopf.

Das Projektil war tödlich. Danach nutzte der Mörder die im Theatersaal ausgebrochene Verwirrung. Mit einem gewaltigen Satz sprang er über die Logenbrüstung in die Tiefe, verfing sich aber dabei mit dem Fuß in der Fahnendrapierung der Loge und brach sich dadurch das Schienbein. Dennoch gelang es dem Schwarzgekleideten, die Bühne zu erklimmen. Mit dem provokanten Ruf »Sic semper tyrannis!«, den der Täter ins Publikum brüllte, entfloh er durch den Bühnenausgang ins Freie.

Bei dem Mordanschlag, das steht fest, handelte es sich nicht um eine Affekttat; er war im Gegenteil bis ins Detail organisiert worden. Vor dem Bühneneingang wartete ein Pferd, mit dem der Mörder flüchtete.

Bis hierher schien alles klar rekonstruierbar zu sein. Denn John Wilkes Booth galt allgemein als Anhänger und Agent der Südstaaten, weshalb er den Entschluß gefaßt haben könnte, den Präsidenten, der, seiner Meinung nach, die Interessen des Südens verraten hatte, zu beseitigen.

Verschiedene Widersprüche

Bei den weiteren Ereignissen tauchen jedoch einige Widersprüchlichkeiten auf. Als nämlich die offiziellen Stellen von der Ermordung Abraham Lincolns erfahren hatten, waren zunächst alle telegraphischen Verbindungen um Washington herum unterbrochen. Lediglich eine Leitung zum Kriegsministerium funktionierte noch kurze Zeit; wenig später wurde auch sie wegen eines angeblichen Batterieschadens außer Betrieb gesetzt.

Merkwürdig reagierte allerdings der Kriegsminister. Er verhinderte nämlich, daß der Name des Mörders, der ja in der amerikanischen Theaterwelt durchaus ein Begriff war, sowohl in den Zeitungen als auch in den offiziellen Regierungsnachrichten genannt wurde. Diese Maßnahme hielt er unverständlicherweise fünf Stunden lang aufrecht. Davon profitierte natürlich der Täter und vermochte dadurch unbeschadet nach Maryland zu flüchten.

Schon eine Stunde nach dem Attentat waren tausende Soldaten unterwegs. Sie kontrollierten alle nur möglichen Fluchtwege – bis auf jenen, den der Mörder dann tatsächlich benutzte: die Straße nach Richmond. Als man auch sie schließlich abriegelte, hatte sie der Flüchtige längst passiert.

Wie man bald herausbekam, war Booth nicht allein unterwegs gewesen. Ein Sergeant Cobb, der Dienst auf der Marinewerftbrücke versah, hatte zuvor zwei Reiter anstandslos passieren lassen. Booth zeigte sich dabei mutig genug, dem Wachposten seinen richtigen Namen und sogar das richtige Losungswort anzugeben. Erst am nächsten Morgen wurde das alles bekannt, und als man nunmehr definitiv wußte, wohin sich der Täter gewandt hatte – nämlich südwärts –, schickte man ihm sechs verschiedene Gruppen von Verfolgern nach.

Die aber waren in erster Linie darauf aus, die ausgesetzte Belohnung für die Festnahme des Geflüchteten für sich zu gewinnen. Geradezu ängstlich wurde jeder Kontakt mit der »Konkurrenz« vermieden; von einem Teamwork konnte keine Rede sein. Das kam natürlich den flüchtigen Reitern zugute.

Booth und seine Begleiter suchten Zuflucht im Haus des Dr. Samuel Mudd. Es wurde jedoch nie offenkundig, ob Mudd seine Gäste damals erkannt hat (er war Booth schon früher einmal begegnet) oder nicht. Jedenfalls meldete er den Behörden wenig später den Besuch zweier Fremder in seinem Haus. Wieder dauerte es aber einige Tage, bis Mudds Hinweis an die richtige Stelle gelangt war.

Erst dann machte sich eine 25 Mann starke Truppe von Geheimpolizisten – angeführt von Leutnant Baker – auf den Weg. Der mußte jedoch alsbald das Kommando an einen höhergestellten Offizier abgeben, der dann in der Folge noch eine reichlich mysteriöse Rolle spielen sollte: Oberst Condor.

Es war der 22. April 1865, als sich Booth mit drei Nordstaatensoldaten anfreundete, die ihn zu Garretts Farm brachten.

Doch bereits hier zeigen sich erste Widersprüche.

Der Eigentümer der Farm schwor nämlich ein paar Tage später, jener Mann, der bei ihm Unterschlupf gesucht habe, sei ein Soldat namens John Howard Boyd gewesen. Anscheinend besaß aber auch dieser Boyd kein ganz reines Gewissen, denn als er erfuhr, daß ihm Soldaten auf der Spur seien, flüchtete er in einen Tabakschuppen nahe bei Garretts Farm, und mit ihm auch sein unbekannter Begleiter.

Das weitere Geschehen strotzt von Ungereimtheiten, wobei nicht nur die Rollen der beiden gesuchten Reiter, sondern auch jene von Oberst Condor im Dunkeln geblieben sind.

Als die Soldaten den Schuppen umstellt hatten und die Flüchtigen aufforderten, sich zu ergeben, meldete sich Booths Begleiter: »Da drinnen befindet sich John Wilkes Booth«, bekannte er freimütig.

Während aber aller Aufmerksamkeit auf ihn gerichtet war, hatte sich Oberst Condor von den übrigen heimlich abgesetzt und war zur Rückseite des Schuppens geschlichen. Mit Reisigfeuer setzte er daraufhin unbemerkt den Holzbau in Brand. Leutnant Baker und die anderen hörten plötzlich einen Schuß. Der Knall kam aus dem Innern des brennenden Schuppens. Von Panik getrieben, stürmten nunmehr die Soldaten in die Baracke – aber es war zu spät. Der Mann, den sie über viele Meilen hinweg gesucht und bis hierher gejagt hatten, war am Kopf schwer verwundet und nicht mehr ansprechbar. Drei Stunden später erlag er seiner Schußverletzung.

»Ich habe ihn nicht erschossen ...«

Die wahre Todesursache wurde nie ergründet. Leutnant Baker war von Anfang an überzeugt, daß nur Oberst Condor die tödliche Kugel abgefeuert haben konnte. Als er von dem Betreffenden jedoch erstaunt wissen wollte: »Warum haben Sie ihn denn um Gottes willen erschossen?«, widersprach ihm der Oberst: »Ich habe ihn nicht erschossen, er hat es selbst getan.«

Seltsamerweise fügte Leutnant Baker bei der späteren Einvernahme seiner Aussage noch hinzu: »Als der Oberst damals den klaren Tatbestand einfach leugnete, kam mir der Gedanke, daß man es, wenn er es gewesen war, lieber nicht erfahren sollte.«

Gab es da etwas, das dem Leutnant Unbehagen, ja vielleicht sogar Angst einflößte? Und um wen handelte es sich bei jenem Oberst Condor, der eine äußerst zwielichtige Rolle zu spielen schien? Auch die Historiker haben schon seit langem erkannt, daß es hier vor Widersprüchen nur so wimmelt. Da gibt es dann noch die Aussagen einiger Soldaten, die an dieser Aktion beteiligt waren.

Und in diesem Zusammenhang den nicht völlig unbegründeten Verdacht, der Tote sei in Wahrheit *nicht* der gesuchte John Wilkes Booth gewesen. Der Schuppen besaß nämlich auch noch einen Seitenausgang, der Booth eine eventuelle Flucht durchaus möglich gemacht hätte. Im Umkreis der Farm gab es genügend Wälder, in denen der Gesuchte sein Pferd versteckt haben konnte. Und vielleicht befanden sich im Schuppen nicht, wie angenommen, nur zwei, sondern sogar *drei* (!) Personen: Booth selbst, Boyd sowie ein Mann namens Herold.

War an Stelle von Booth der Nordstaatensoldat John Howard Boyd erschossen worden? Und zwar mit voller Absicht, um den *wirklichen* Täter zu decken?

Um dies einwandfrei feststellen zu können, müßte allerdings die Leiche des Getöteten exhumiert werden. Doch ist heute keine behördliche Stelle mehr bereit, dafür die Genehmigung zu erteilen.

All dies macht es leicht erklärlich, daß sich immer noch die tollsten Gerüchte um die wahre Identität des Präsidentenmörders ranken. Eines dieser Gerüchte – und gewiß nicht das unbedeutendste – will sogar wissen, daß Booth die Tat gar nicht begangen habe. In seinem Tagebuch, das man in dem abgebrannten Schuppen später zufällig entdeckte, habe sich nämlich die angeblich von Booth hinterlassene Notiz befunden:

»Ich hätte fast Lust, nach Washington zurückzukehren und meinen Namen reinzuwaschen, was ich glaube, ohne weiteres tun zu können.«

Dieses Tagebuch wurde nach seiner Auffindung dem Kriegsminister ausgehändigt. Im Jahr 1867 stellte man dann fest, daß darin achtzehn Seiten fehlten.

Sie waren von unbekannter Hand *herausgerissen* worden!

Diese achtzehn Seiten enthielten nachweislich Booths Fluchtnotizen.

War der Schauspieler von mächtigen Hintermännern manipuliert worden? Agierte er lediglich als Marionette, deren Fäden von unbekannt gebliebenen Dunkelmännern gezogen wurden?

Wer waren »die Anderen«?

Izola Forrester, Booths lange Zeit nicht anerkannte Enkelin, hörte jedenfalls von ihrer Großmutter, Booths verwitweter Ehefrau, ihr Mann sei »das Werkzeug von Anderen« gewesen.

Wer waren diese »Anderen«?

In wessen Auftrag und warum war Abraham Lincoln getötet worden?

Es fällt schwer, auf alle diese Fragen eine befriedigende Antwort zu geben. Eine Reihe von Büchern ist erschienen, deren Verfasser sich um die Lösung dieses heiklen Fragenkomplexes bemühten. Bisher vergeblich.

Deutlich zeigt sich jedenfalls, daß unglaublich nachlässig auf die Sicherheit des Präsidenten geachtet worden war. Und dies, obwohl man im Kriegsministerium damals schon seit einiger Zeit über die Existenz eines südstaatlichen Entführungsplanes genauestens Bescheid gewußt hatte.

In diesem Zusammenhang muß auch die eigentümliche Rolle erwähnt werden, die Lincolns Kriegsminister, Edwin Stanton, offenbar spielte. Dieser hatte sich nämlich trotz der bestehenden Gefahren hartnäckig geweigert, für jenen Abend des 14. April 1865 eine entsprechende Leibgarde zum Schutz des Präsidenten im *Ford's Theater* bereitzustellen. Und jener Polizist, der eigentlich vor Lincolns Logentür hätte Wache halten sollen, hatte sich ausgerechnet knapp vor dem kritischen Zeitpunkt des Pistolenattentats entfernt.

In die Theaterbar, wo er sich einen Drink genehmigte.

Trotz dieser Tatsache blieb der Mann ungestraft. Er wurde weder gerügt, noch gar entlassen. Erst vier Jahre später, als Stanton von seinem Posten als Kriegsminister zurücktrat, ereilte diesen nachlässigen Ordnungshüter die verdiente Strafe. Allerdings nicht etwa für sein Delikt vom 14. April, sondern deshalb, weil er angeblich während seiner Runde schlafend angetroffen worden war.

Ungeklärt blieb auch der Umstand, welcher den siegreichen Feldherrn der Nordstaaten, Ulysses Grant, veranlaßt haben könnte, an jenem 14. April *Ford's Theater* in Washington *nicht* aufzusuchen. Grant sollte ursprünglich Abraham Lincoln zur Vorstellung begleiten und mit ihm gemeinsam in der Loge des Präsidenten Platz nehmen. Aber wenige Stunden vor Beginn der Theateraufführung verließ der General die Hauptstadt Washington, und dies unter dem – in Anbetracht der kritischen Situation – höchst fadenscheinig klingenden Vorwand, seine Kinder besuchen zu wollen. Eine recht merkwürdige Einstellung für einen Volkshelden, der außerdem als sehr gewissenhaft galt.

Welche Motivation könnte den General tatsächlich veranlaßt haben, seinen Präsidenten am 14. April 1865 im Stich zu lassen? Gehörte er womöglich ebenfalls zu jenen Verschwörern, die ihr Urteil über Lincoln bereits gefällt hatten?

Und wer waren diese Verschwörer? Welche Gründe brachten sie dazu, Präsident Lincoln zu ermorden? War es wirklich sein Sieg über die Südstaaten gewesen? Und welche Rolle spielte in diesem Komplott gegen Abraham Lincoln dessen eigener Kriegsminister?

Wie immer man die Dinge dreht und wendet: Beweise gegen Edwin Stanton konnten nie erbracht werden. Die wirklichen Drahtzieher im Hintergrund blieben anonym. Ihre Helfershelfer wußten jedenfalls den Verlauf des Prozesses gegen Booths angebliche Komplizen so zu beeinflussen, daß alles nach einem Anschlag durch einen von den sich gedemütigt fühlenden Südstaaten gedungenen Mörder aussah. Ob dies auch tatsächlich zutreffend war, konnte niemals nachgewiesen werden.

Während des gesamten Prozeßverlaufes und schon vorher während ihrer Untersuchungshaft wurden die angeblichen oder tatsächlichen Mordkomplizen des mutmaßlichen Attentäters Booth gezwungen, ihre Köpfe unter enganliegenden Segeltuchkapuzen zu verbergen. Diese Verhüllung hinderte die Angeklagten unter anderem daran, sich anzublicken und miteinander zu sprechen. Ungeschoren und straffrei blieben damals jene, die Booth – oder wer auch immer der Mörder gewesen sein sollte – während seiner Flucht Schutz gewährt und ihn bei sich aufgenommen hatten.

Zwei verleumdete »Täter«?

Trotz aller Widersprüche und unterschiedlicher Angaben hat man immer wieder den Versuch unternommen, John Wilkes Booth als Alleinverantwortlichen für das Pistolenattentat hinzustellen.

Im übrigen ähnelte damals das Verhalten offizieller Stellen geradezu auffallend jener auch im Jahr 1963 erfolgten Schuldzuweisung, welche die Ermordung John F. Kennedys ebenso fälschlich wie einseitig einer einzigen für verdächtig erklärten Person anlastete:

Lee Harvey Oswald.

Bei Booth streute man bewußt das Gerücht, er sei stets ein fanatischer Verfechter der Südstaaten gewesen und habe zudem auch lange Zeit geplant, Präsident Lincoln zu entführen. Eine andere, offensichtlich ebenfalls lancierte Vermutung ging dahin, Booth sei lediglich Handlanger mächtiger Verschwörer, vielleicht sogar des Kriegsministers Stanton, gewesen. Da aber die Hintermänner des Mordkomplotts es keinesfalls hätten riskieren können, Booth lebendig entkommen zu lassen, habe er damals in dem Schuppen durch eine von Obert Condor abgefeuerte Kugel hingerichtet werden müssen.

Aber war es wirklich so gewesen? Ist Booth umgebracht worden, um ihn für immer zum Schweigen zu bringen? Oder hat man womöglich einen fremden Leichnam (fälschlicherweise) als denjenigen Booths identifizieren lassen? Manches scheint tatsächlich für eine solche Annahme zu sprechen. Denn da gibt es auch eine überraschende Aussage von Basil Moxley, im Todesjahr von Lincoln Türsteher im *Ford's Theater*. Ihm war Booth bereits vertraut gewesen, als dieser noch im Kindesalter gewesen war.

Ein sensationelles Geständnis

Im Jahr 1903, achtunddreißig Jahre nach Booths wirklichem oder vielleicht auch nur angeblichem Tod, gestand Moxley unerwartet und offenherzig ein:

»Ich habe niemals gern darüber gesprochen, ob die Behauptung, John Wilkes Booth sei auf dem Greenmount-Friedhof begraben, der Wahrheit entspricht; denn es bestand bei mir immer ein gewisses Maß an Zweifel, ob der Mörder von Präsident Lincoln überhaupt jemals ergriffen, erschossen oder sonst wie getötet worden ist. Aber damit ich wenigstens eines richtigstellen kann, will ich Ihnen unmißverständlich sagen, daß seine Leiche weder jetzt noch, soviel ich weiß, früher in dieser Stadt begraben liegt. Die Leiche, die auf dem Greenmount-Friedhof begraben wurde, war ganz gewiß nicht die von Booth, denn ich war einer der Sargträger, und ich kann Ihnen mit aller Gewißheit sagen, daß es noch niemals in der Welt zwei Dinge gegeben hat, die sich unähnlicher waren als John Wilkes Booth und diese Leiche. Ich habe Booth von frühauf gekannt …

Ich habe auch die Leiche mehrmals gesehen, und ich zögere nicht zu sagen, daß das Haar auf dem toten Körper von rötlichbrauner Farbe war, während Booth einen rabenschwarzen Schopf hatte. Aber diese Einzelheit spielt keine Rolle, denn wir alle wußten ja damals, daß die Leiche nicht die von John Wilkes Booth war. Sie müssen verstehen, die ganze Geschichte war von Freunden der Familie geplant gewesen und aus einem Grund inszeniert, den sie für zwingend hielten.«

Und zwingend sei es, laut Moxley, für die Regierung gewesen, eine Leiche vorweisen zu können, um die Behauptung glaubhaft zu machen, Booth sei tot.

Aber Booth war weder tot noch der tatsächliche Mörder Abraham Lincolns. Seine Aufgabe bestand vielmehr darin (ähnlich wie achtundneunzig Jahre später im Fall des angeblichen Kennedy-Mörders Lee Harvey Oswald), den oder die wahren Täter, freiwillig oder gezwungenermaßen, zu decken. Dafür durfte er dann fliehen.

Soweit sich seine Spur zurückverfolgen läßt, dürfte John Wilkes Booth, der »Scheinattentäter«, damals Kalifornien verlassen haben. Über den Pazifik gelangte er dann (so heißt es) nach Indien. Durch Zufall will ein nordamerikanischer Soldat dem Ex-Schauspieler eines Tages auf den Karolineninseln begegnet sein. Booth habe ihn (so behauptete der Betreffende) flehentlich gebeten, sein Geheimnis zu bewahren.

»Glauben Sie mir«, soll der Soldat damals beschworen worden sein, »was immer auch Sie über mich erzählen sollten, die Welt würde Ihnen bestimmt nicht glauben. Ich habe meine Identität verloren, und ich habe jetzt eine neue Existenz.«

Die dunklen Drahtzieher des Mordkomplotts hatten offenbar an alle Eventualitäten gedacht. So kam es, daß auf dem Friedhof Greenmount ein rothaariger Mann begraben wurde, und alle Familieangehörigen Booths sowie Nahestehende von Anfang an wußten, wer der Tote *nicht* war:

John Wilkes Booth.

Acht Jahre nach dem Begräbnis, 1873, riß plötzlich der Vorhang des Schweigens an einigen Stellen. Soldaten, die damals in Garretts Farm eingedrungen waren, um Booth, oder wen auch immer, zu stellen, gaben freimütig zu, der Erschossene sei auf keinen Fall Booth gewesen, den sie ja vorher öfters gesehen hätten. Es sei ihnen aber von bestimmter Seite befohlen worden, den Toten als John Wilkes Booth zu identifizieren.

Ein Generalstaatsanwalt »beichtet«

Das Geheimnis um jene Personen, die auf irgendeine Weise in die Mordaffäre verstrickt gewesen sind, direkt oder auch nur indirekt (zur Ablenkung), wurde nie völlig aufgeklärt. Nur General O'Beirne, Generalstaatsanwalt von Washington, war gewillt, es im Jahr 1908 teilweise zu lüften. Staunenden Pressevertretern verriet er in Ansätzen, was bisher sorgsam und mit Erfolg unter Verschluß gehalten worden war:

»Ich kann Ihnen etwas erzählen, was nie über diesen Fall veröffentlicht, ja nicht einmal erwähnt worden und in keinem Bericht zu finden ist. Es waren drei Männer in dem Schuppen auf Garretts Farm, und einer von ihnen entfloh. Fragen Sie mich nicht, wer es war, denn ich werde es Ihnen nicht sagen. Lassen Sie jedoch Ihre Phantasie arbeiten – und denken Sie daran, wie sorgfältig der Schuppen abgeschlossen war und daß die Schlüssel im Farmhaus verlegt worden waren! Es ist auch während des Prozesses niemals erwähnt worden, daß es noch einen anderen Ausgang aus dem Schuppen gegeben hat; aber es hat ihn gegeben. Im unteren Geschoß, hinten, war eine kleine Tür, die direkt in die Schlucht und in die Wälder führte. Anscheinend hatte man das übersehen, während man sich auf die verschlossene Tür des Vordereingangs konzentrierte. Mehr will ich Ihnen jetzt nicht erzählen, und Sie können Ihre eigenen Schlüsse daraus ziehen. Aber ich spreche die Wahrheit …

Man hat uns damals zur Geheimhaltung verpflichtet.«

Nur – wer »man« gewesen ist, wurde niemals verraten.

Wer war der »Mann in Schwarz«?

Mancher Leser mag sich jetzt vielleicht gefragt haben, was der »Fall Lincoln« mit dem eigentlichen Inhalt auf diesen Seiten, den mysteriösen Men in Black, zu tun hat? Blieb doch deren inzwischen bereits vielfach aufgezeigte und wenig erfreuliche Tätigkeit in diesem nunmehr fast schon abgeschlossenen Kapitel bisher ohne Erwähnung.

Gemach, gemach, lieber Leser, und noch etwas Geduld.

Ich habe das Kernthema des Buches keineswegs vergessen.

Rekapitulieren wir hier nochmals die vorangegangenen Geschehnisse.

Der amerikanische Präsident Abraham Lincoln wird am 14. April 1865 in der für ihn reservierten Loge im *Ford's Theater* kurz vor Beginn der Vorstellung von einem schwarz gekleideten, unbekannten Mann mit einer Pistole erschossen. Mit einiger Gewißheit dürfte feststehen, daß es sich dabei *nicht* (wie ursprünglich angenommen) um den Schauspieler John Wilkes Booth gehandelt hat, obwohl dieser als Anhänger der im amerikanischen Bürgerkrieg geschlagenen Südstaaten galt.

Zwar wurde auch Booth nach dem gelungenenen, tödlichen Attentat von den Nordstaaten-Soldaten gejagt, doch ließ man ihn (der dann, als man ihn schließlich zu stellen vermochte, entweder erschossen wurde oder sich selbst entleibte) – aus welcher Motivation auch immer – schließlich entkommen. Seine angebliche Leiche war jene eines anderen unbekannten Mannes, wie später zweifelsfrei festgestellt werden konnte.

Booth war also, trotz seiner von ihm auch nie bestrittenen Gegnerschaft zu Lincoln, an dessen Ermordung nicht beteiligt. Deshalb muß für ihn, sozusagen »in memoriam«, die Unschuldsvermutung gelten.

Das ändert freilich nichts daran, daß bei aller Manipulation, die von offizieller Seite gegenüber dem flüchtigen Schauspieler betrieben wurde, ein wesentlicher Punkt unaufgeklärt geblieben ist und anscheinend zu keiner offiziellen Untersuchung durch die amerikanischen Behörden geführt hat – nicht vor 139 Jahren und auch nicht später.

Dieser wesentliche »Punkt« ist die bewußte Szene selbst, in der ein »Mann in Schwarz« in die nur schlampig bewachte Loge des Präsidenten stürmte und diesen mit einem Kopfschuß tötete.

Da aber der Unbekannte nachweislich *nicht* der ursprünglich beschuldigte John Wilkens Booth gewesen ist, man sich aber in den USA seither nicht dazu aufzuraffen vermochte (vielleicht – siehe Lee Harvey Oswald – auch nicht wollte), den an der Tat schuldlosen

Schauspieler zu rehabilitieren, steht die Frage im Raum, um wen es sich dann bei diesem schwarzgekleideten, anscheinend unbekannten Attentäter handelte? Seine Identität ist nach wie vor ungeklärt, und das einzige was man in seinem Zusammenhang mit Bestimmtheit sagen kann, ist das Faktum seiner offensichtlich gelungenen Flucht. Die anschließende Soldatenhatz nach dem angeblichen Täter galt (nach offizieller und immer noch gültiger Version) ausschließlich dem fälschlich beschuldigten Booth. Keineswegs aber jenem geheimnisvollen »Mann in Schwarz«.

Damit sind wir wieder beim Generalthema des Buches.

Der eigentlich schuldtragende MIB scheint sich seiner Festnahme erfolgreich entzogen zu haben. Er verschwand – wie wir es von den Men in Black gewohnt sind – spurlos von der Bildfläche und tauchte wieder in der Anonymität unter.

Die Gleichklänge, wie wir sie im Folgenden auch beim ebenfalls gelungenen Mordanschlag auf Präsident John F. Kennedy feststellen werden, sind erschreckend.

Ob als Einzelne oder vereint: Sie kommen aus dem Nichts und kehren nach erfolgreicher Tat wieder dorthin zurück.

Und wohin?

Damit will ich mich am Ende des Buches näher befassen.

Im übrigen gab es im Leben jener beiden amerikanischen Präsidenten, deren manchmal ungestümer und revolutionierender Regierungsstil weltweit anerkannt wurde, zwei überaus merkwürdige Besonderheiten.

John F. Kennedys Sekretär hieß – Lincoln, Abraham Lincolns Sekretär hingegen – Kennedy!

Die tödlichen Kugeln der Attentäter trafen Präsident Kennedy – in einer Lincoln-Limousine …

Alles nur Zufall? Oder bloß ein weiteres Mosaiksteinchen, das irgendwann zur Lösung dieses eigenartigen Rätsels beitragen wird? Wer vermag das zu sagen?

Welche Motive führten vor 41 Jahren zum tödlichen Attentat auf John F. Kennedy?

»Mein Gott, ich bin getroffen!«

Man schrieb Freitag, den 22. November 1963. Es war ein warmer Mittag, und ganz Dallas war auf den Beinen, als sich die Wagenkolonne von Präsident John F. Kennedy durch die Straßen der Stadt bewegte. Amerikas »First Lady«, Jacqueline, saß neben ihrem Mann, in einer Hand hielt sie jenen Rosenstrauß, der ihr bei der Begrüßung auf dem Flughafen überreicht worden war. Im Präsidentenauto befanden sich auch John Connally, der Gouverneur von Texas, und seine Frau. Connally war Kennedys Gastgeber. Das Fahrzeug, eine Lincoln-Limousine, fuhr nur sehr langsam – vielleicht mit etwa 16 Stundenkilometern – durch das Spalier erwartungsfroher Menschen. Überall herrschte eine begeisterte Stimmung, und nichts deutete darauf hin, daß sich schon bald eine Katastrophe ereignen würde.

Alles begann scheinbar ganz harmlos. Umstehende hörten plötzlich einen scharfen knallenden Laut. Jacqueline Kennedy dachte unwillkürlich an einen verstopften Motorradauspuff, Polizeichef Curry hingegen war davon überzeugt, irgend jemand habe einen Knallkörper gezündet; andere wiederum hielten den Knall für eine Fehlzündung und lachten. Nur der Geheimdienstbeamte Roy Kellermann lachte nicht. Er hatte die Stimme seines Präsidenten vernommen: »Mein Gott, ich bin getroffen!«

Es waren Kennedys letzte Worte.

Betroffen blickte jetzt der Fahrer des Lincoln, Bill Greer, der neben Kellermann saß, über seine rechte Schulter. Er sah Kennedys Kopf, der blutüberströmt zur Seite gesunken war. Für einige Augenblicke entglitt das Fahrzeug Greers Kontrolle. Der Wagen begann zu schlingern.

Erst in diesen Sekunden merkte auch John Connally, daß er ebenfalls verwundet worden war: Eine Kugel hatte ihn in den Rücken getroffen. Wie durch eine Riesenfaust wurde der Gouverneur vornüber geschleudert. Sein Schoß war voller Blut. Dann kippte er nach links, wo seine Frau entsetzt aufschrie. Connally war bei vollem Bewußtsein. Er und seine Frau blickten entgeistert in die fassungslosen Gesichter von Kellermann und Greer – dann verlor Connally vollends die Nerven. »Nein, nein!«, kreischte er von Panik übermannt, »man will uns beide umbringen!«

Jacqueline Kennedy hatte noch immer nicht erfaßt, was da vor sich ging. Ungläubig und ängstlich wendete sie sich nach dem Präsidenten um. Im Gesicht ihres Mannes stand ein fragender Ausdruck. Den hatte sie oft bemerkt, wenn John überlegte, wie er während einer Pressekonferenz eine schwierige Frage beantworten sollte.

Wie im Zeitraffer

Jacqueline Kennedy sah die folgende Szene wie einen Zeitlupenfilm ablaufen. Mit unendlicher Anmut hatte der Präsident die rechte Hand erhoben, als wollte er das wirre, kastanienbraune Haar zurückstreichen – doch die Bewegung blieb unvollendet. Matt sank Kennedys Hand in seinen Schoß zurück. Der Körper des Schwerverletzten sackte zusammen. Seine Frau versuchte, seinen Kopf zu stützen. Unaufhörlich quoll Blut aus Kennedys durchlöcherter Schädeldecke.

Jetzt erst trat Bill Greer auf das Gaspedal. Die gesamte Wagenkolonne raste zum *Parkland-Hospital.* Dort jagte eine Alarmglocke vierzehn Ärzte in den Operationssaal. Gebraucht wurden aber dann nur drei: Malcolm Perry, ein 24jähriger Chirurg, der sich zuvor in der Kantine aufgehalten hatte, Dr. Burkley, vertraut mit der Krankengeschichte des Präsidenten, der jene für Kennedy notwendigen Medikamente stets in seiner schwarzen Tasche bei sich führte und außerdem deren richtige Dosierungen kannte. Und schließlich J. T. Jenkins, die erste Narkoseärztin des *Parkland-Hospital.*

Dennoch: Alle Eingriffe kamen zu spät. Der Schädel des Präsidenten war durch das Projektil zertrümmert worden, das Herz hatte aufgehört zu schlagen. Zwei Priester gaben dem Sterbenden die letzte Ölung. Kennedy war Katholik gewesen – der einzige katholische Präsident, den die Vereinigten Staaten bislang besaßen.

Dann war alles vorbei.

Mit belegter Stimme informierte der Pressechef die wartenden Journalisten: »Präsident John F. Kennedy ist tot.«

Wer aber war sein Mörder? Oder gab es vielleicht *mehrere*?

Die lebhafte Diskussion um die Hintergründe von John F. Kennedys Ermordung ist seit jenem 22. November 1963 nicht mehr verstummt. So kennt der sogenannte *Warren-Report* der von Präsident Johnson eingesetzten und vom obersten Richter der USA, Earl Warren, geleiteten Untersuchungskommission, nur einen einzigen Täter, nämlich Lee Harvey Oswald. Der nach dem Verhör von Hunderten von Zeugen und nach der Einsichtnahme in sämtliche Protokolle und Unterlagen veröffentlichte Bericht umfaßt nicht weniger als 888 Seiten. Dazu noch das gesamte Aktenmaterial in 26 großformatigen Bänden. Dieser Bericht der *Warren-Kommission* kommt zu dem Schluß, daß der Einzelgänger Lee Harvey Oswald für den Tod von Präsident Kennedy verantwortlich sei, und daß er weder durch Hintermänner zu dem Verbrechen angestiftet noch durch etwaige Komplizen darin unterstützt worden war.

Aber schon bald begann das Indiziengebäude der Warren-Untersucher zu wanken. Erste Sprünge fügte ihm ein Buch zu, das der damals 32-jährige Harvard-Doktorand Edward Jay Epstein verfaßt hatte.

Eigentlich hatte der junge Mann nur beabsichtigt, eine Dissertation darüber zu schreiben, wie eine Regierungskommission in einer Ausnahmesituation eigentlich arbeitet. Epstein kam bei seinen Recherchen sehr zugute, daß er kein Journalist war und die Kommissionsmitglieder ihm gegenüber kein Mißtrauen hegten. Sie nahmen wohl an, die Dissertationsarbeit des jungen, seriösen Studenten würde in irgendeiner Universitätsbibliothek vermodern, weshalb sie ihm auf alle seine Fragen bereitwilligst Antwort gewährten.

Hätten die sieben Kommissionsmitglieder freilich geahnt, wie gründlich Edward Jay Epstein ans Werk gehen würde, hätten sie ihm wohl jede Auskunft verweigert. Für den Studenten stellte sich nämlich schon bald nach Beginn seiner Recherchen zweifelsfrei heraus, daß die Mitglieder der *Warren-Kommission* lediglich als »Paradepferde« dienten. Sie gaben den Untersuchungen nur nach außen hin einen seriösen Eindruck – ebenso wie die »Senior Counsels«, prominente Rechtsanwälte, die man zur Durchleuchtung des Falles aufgeboten hatte.

Außerordentlich oberflächlich

Tatsächlich aber, so fand Epstein heraus, glänzten diese Herrschaften immer häufiger durch ihr Fehlen. So blieb die eigentliche Arbeit den »Junior Counsels«, jüngeren Anwälten und Beamten, überlassen. Epstein hatte Gelegenheit, mit drei dieser Anwälte zu sprechen; jeder von ihnen gab offenherzig Auskunft. Das Resümee aus diesen Gesprächen wirkte für den jungen Doktoranden ernüchternd: Obwohl acht Monate lang geführt, war die Warren-Untersuchung, wie Epstein schrieb, »außerordentlich oberflächlich« vorgenommen worden.

Was Edward Jay Epstein besonders beunruhigte und ihn schließlich veranlaßte, seine Dissertationsarbeit als Buch zu veröffentlichen (*Inquest* – zu deutsch: *Untersuchung*), war die sich zwangsläufig stellende Frage nach dem Zweck dieser Kommission. War sie dazu gedacht, tatsächlich die Wahrheit über den Hergang und Hintergründe des Attentats auf Kennedy herauszufinden – oder diente sie in Wahrheit nur dazu, das Ansehen der Vereinigten Staaten zu schützen, indem man an der totalen Entkräftung aller Komplottgerüchte arbeitete?

Wie Epstein im Zuge seiner Nachforschungen herausfand, hatte die Kommission bereits zu Beginn ihrer Untersuchungen erfahren, Lee Harvey Oswald sei ein bezahlter FBI-Agent gewesen. Doch man ging der Sache nicht weiter nach, einigte sich vielmehr darauf, die Angelegenheit als »ein sehr schmutziges Geschäft« ad acta zu legen. Pro forma wurde natürlich das FBI gefragt, als aber die Kommissionsmitglieder von dort eine negative Antwort erhielten, bemühten die Warren-Leute keine weiteren Zeugen mehr und ließen die Dinge einfach auf sich beruhen.

Die Einsetzung dieser Kommission, der der Oberstrichter Earl Warren nur widerstrebend angehörte, war einer Initiative des Kennedy-Nachfolgers im Präsidentenamt, Lyndon B. Johnson, zuzuschreiben. Er benötigte nämlich für die nächste Präsidentenwahl im Jahr 1964 unbedingt stimmenfördernde »Munition«.

Johnson drängte deshalb die Kommissionsmitglieder mit allen zur Verfügung stehenden Mitteln zur Eile, was manchmal so weit ging, daß junge Angehörige der *Warren-Kommission*, die es sich zur Aufgabe gestellt hatten, genauer nachzuforschen, buchstäblich den »allerhöchsten Auftrag« erhielten, Spuren, auf die sie gestoßen waren, nicht mehr weiterzuverfolgen. Die Betroffenen waren darüber begreiflicherweise vergrämt und weigerten sich später auch, der von Regierungsseite gesteuerten Lobpreisung des *Warren-Reports* zuzustimmen.

Dieselbe Kugel oder zwei Projektile?

Eine wesentliche Tatsache blieb beispielsweise (wie wir noch erfahren werden, und keineswegs zufällig) ungeklärt: Wurden Kennedy und der vor ihm im Wagen sitzende Texas-Gouverneur Connally von *derselben* Kugel oder von *zwei verschiedenen* getroffen?

Das FBI hatte zunächst erklärt, zwei Schüsse aus dem Gewehr Oswalds hätten Kennedy und *ein weiterer Schuß* Connally getroffen. Ein Amateurfarbfilm, auf dem die Ermordung des Präsidenten zu sehen war (er wurde von der Zeitschrift *Life* für ca. 25 000 Dollar gekauft), wies schlüssig nach, daß zwischen den Treffern auf Kennedy und Connally nur 1,8 Sekunden vergangen sein konnten. So rasch hintereinander wäre es aber Oswald (aus technischen Gründen) gar nicht möglich gewesen, sein Gewehr abzufeuern.

Für den Doktoranden Epstein ergaben sich daraus nur zwei Möglichkeiten:

1. Entweder gab es *zwei* Schützen (was aber die *Warren-Kommission* nicht akzeptieren wollte),

oder

2. dasselbe Projektil, das Kennedys Kopf durchschlug, verletzte auch Connally.

Allerdings hat letztere Version einen Haken: Wurde der Gouverneur von Texas tatsächlich von derselben Kugel getroffen wie Kennedy, dann bleiben zwei Dinge rätselhaft: Wieso reagierte Connally relativ spät auf dieses Geschoß? Und wieso war eine einzelne Kugel imstande, den Gouverneur *ebenso schwer* zu verletzen? Epstein registrierte verwundert, daß nicht ein einziges Mitglied der Kommission sich die Mühe genommen hatte, die Fotos des toten Präsidenten zu studieren.

In der Tat ist bis zum heutigen Tag offen geblieben, von *wie vielen* Projektilen der amerikanische Präsident während seiner umjubelten Fahrt durch die Elm Street getroffen und getötet worden ist.

Nach der ersten Version der Obduktionsbeamten sei Kennedy von zwei Kugeln getroffen worden. Die erste habe nur eine kleine, relativ harmlose Wunde am Rücken hervorgerufen, während die zweite jedoch den Hinterkopf durchschlagen habe und an der Stirn wieder ausgetreten sei. Weitere Untersuchungen stellten hingegen diese Beurteilung wieder in Frage.

Jedenfalls gab es eine Menge Zeugen, die an die *fünfzehn Schüsse* gehört haben wollen. Vor allem ein in einer amerikanischen Illustrierten veröffentlichtes Farbfoto wirbelte beträchtlich Staub auf. Zeigte es doch einen dunkel gekleideten Mann auf einem Grashügel, der sich an ein Auto lehnt und ein Gewehr in Anschlag zu halten scheint. Das Foto stammte aus einem Farbschmalfilm, mit dem ein Amateurfotograf zufällig die Sekunden des Präsidentenmordes auf Zelluloid gebannt hatte. Merkwürdig, daß die *Warren-Kommission* zwar sechs Bilder aus dieser Serie veröffentlichte, nicht aber jenes Foto, das danach die Illustrierte *Esquire* groß herausstellte.

Dieser Amateurfilmer, Lee E. Bowers, wurde von einem Reporter der Illustrierten zu seinen Wahrnehmungen befragt. Bowers befand sich, nach eigener Aussage, zum Zeitpunkt des Attentats nur etwa *fünf Meter* von dem im Bild gezeigten Grashügel entfernt. Er behauptete: »Mit fünfzigprozentiger Wahrscheinlichkeit kann ich sagen, daß auf dem Hügel etwas passiert ist! Es kann sich sehr wohl um einen zweiten Scharfschützen gehandelt haben.«

Ein Mann im schwarzen Gewand

Jahre danach wurde im Fernsehen (auch im deutschsprachigen Raum) eine sehr exakte Kennedy-Dokumentation ausgestrahlt. Darin fand der mysteriöse Dunkelmann auf dem Grashügel besondere Erwähnung. Ein Polizist hatte ihn nämlich ebenfalls entdeckt und zur Ausweisleistung aufgefordert. Der Fremde im schwarzen Anzug kam diesem Auftrag kommentarlos nach und präsentierte dem Polizeibeamten einen Dienstausweis. Dem zur Folge war er offenbar ein CIA-Agent. Spätere Nachforschungen nach diesem Unbekannten verliefen jedoch erfolglos.

Der Film des Augenzeugen Bowers zeigt im übrigen sehr deutlich, daß John F. Kennedy zwar am Kopf getroffen worden war, aber *nicht* durch eine Kugel aus jener Richtung, wo man Lee Harvey Oswald vermutete, sondern *seitlich* davon. Das Geschoß kam, von der Position Kennedys aus betrachtet, von *rechts*, durchschlug den Kopf des Präsidenten, der danach nach *links* niedersank. Die Kugel aber, die das Leben des amerikanischen Staatsoberhauptes beendete, war exakt aus jener Richtung abgefeuert worden, die der Amateur Lee E. Bowers rein zufällig gefilmt hatte: Dort befindet sich der Grashügel – und darauf stand zum Zeitpunkt des Anschlages ein dunkel gekleideter Mann mit einem Gewehr!

War dieser Fremde tatsächlich ein CIA-Agent gewesen? Oder hatte er sich zur Tarnung seiner wirklichen Identität eines gefälschten Ausweises bedient?

Der Filmamateur Bowers konnte hierzu leider nicht mehr befragt werden. Er fand nur wenige Monate danach bei einem Autounfall, für den es eigenartigerweise keine Zeugen gab, den Tod.

Lee E. Bowers war jedoch nicht der einzige Augenzeuge gewesen, der unmittelbar vor dem Attentat auf Präsident Kennedy seine Filmkamera betätigt und dabei Ungewöhnliches vor die Linse bekommen hatte. Darüber schrieb R. B. Cutler, Herausgeber der Zeitschrift *Grassy Knoll*, schon vor vierzig Jahren:

»Auf zwei Bildern eines von einem Mr. Zapruder aufgenommenen Films ist ein Mann zu sehen, der auf einer Rasenfläche steht. Wie ein Ermittler später festzustellen vermochte, habe der Unbekannte zweiundzwanzig Schüsse aus zwei automatischen Pistolen auf Kennedy abgefeuert. Der Mann sei von dem Amateurfilmer als groß beschrieben worden, habe aufrecht im Gras gestanden und habe einen schwarzen Mantel sowie einen gleichfarbigen Hut getragen.«

In dem betreffenden Magazin wurde ferner behauptet, MIB hätten unmittelbar nach der Ermordung des amerikanischen Präsidenten die ehemalige Militäreinheit des angeblichen Täters Lee Harvey Oswald aufgesucht und Einblick in dessen dort aufliegendes Aktenmaterial genommen.

Einer, der sich vorgenommen hatte, den Kennedy-Mördern auf der Spur zu bleiben, war Jim Garrison, Staatsanwalt aus New Orleans. In zahllosen Pressekonferenzen wurde er nicht müde, zu erklären, ehemalige Agenten des amerikanischen Geheimdienstes CIA hätten den Tod von Präsident Kennedy auf dem Gewissen. Nicht ein einzelner Mann, Lee Harvey Oswald, habe geschossen – Kennedy sei vielmehr in einem Kreuzfeuer aus verschiedenen Richtungen durch zwei, wahrscheinlich sogar *drei* Schüssen erledigt worden.

Natürlich setzten sich offizielle Stellen gegen diese spektakuläre Anschuldigung heftig zur Wehr. Schon bald tauchten in der Öffentlichkeit Berichte auf, in denen Jim Garrison als »geistesgestört« hingestellt wurde. Diese Verdächtigungen kamen aus Kreisen der amerikanischen Armee. Als sogenannter »Beweis« diente ein ärztliches Attest über Garrison aus dem Jahr 1951, in dem es heißt, Garrison leide an einer psychoneurotischen Störung, bedürfe ärztlicher Behandlung, sei für den Militärdienst völlig ungeeignet und für andere zivile Aufgaben nur beschränkt heranzuziehen.

Da es in den Vereinigten Staaten geradezu zum guten Ton gehört, irgendwann einen Psychiater aufzusuchen, ist es gut möglich, daß auch Garrison dies einmal getan hat. Es zeugt aber von der relativen Haltlosigkeit der Vorwürfe der Armee, daß man über anderthalb Jahrzehnte, genau sechzehn Jahre, zurückgreifen mußte, um etwas zu finden, das gegen den Staatsanwalt aus New Orleans verwendet werden konnte. Wie sehr die Hintermänner des Kennedy-Anschlages daran interessiert waren, den mißliebigen Garrison unschädlich bzw. unglaubwürdig zu machen, zeigt ihr rasches Handeln.

Dabei schreckte man nicht einmal vor Methoden zurück, wie sie in üblen Diktaturen nationalistischer oder kommunistischer Prägung üblich sind: Indem man nämlich den unerwünschten Zeitgenossen vor der Öffentlichkeit diskriminiert, indem man ihn für »verrückt« erklärt.

Auch wenn der hartnäckige Staatsanwalt die wahren Hintergründe für das Attentat nicht einmal im entferntesten zu erahnen vermochte, allein das, was er persönlich vermutete, scheint die Hauptakteure dennoch am Nerv getroffen zu haben. Jim Garrison war nämlich von einem überzeugt: John F. Kennedy fiel einer *Verschwörung* zum Opfer! Der Staatsanwalt vermeinte sogar, eines der Mitglieder aus dieser Verschwörerclique zu kennen.

Am 1. März 1967 ließ Garrison den im Ruhestand befindlichen, ehemaligen Leiter des internationalen Handelszentrums von New Orleans, Clay Shaw, verhaften. Die Festnahme des Fünfzigjährigen erregte in den USA ungeheures Aufsehen. Für den Staatsanwalt war Shaw der einzige noch greifbare Überlebende aus dem Kreis der Attentäter. Alle anderen Personen, die Garrison ebenfalls der Mittäterschaft, direkt oder indirekt, bezichtigte, waren nach seiner Meinung entweder untergetaucht, ermordet worden oder eines geheimnisvollen »natürlichen« Todes gestorben.

Oswald war nur ein »Sündenbock«

Lee Harvey Oswald, so die Überlegung Garrisons, war lediglich als Sündenbock geopfert worden, um den eigentlichen Verschwörern Zeit zum Entkommen und zum Untertauchen zu geben. Außerdem wurde dem vorgeblichen Kennedy-Attentäter nachgewiesen, daß er sich im Sommer 1963 in New Orleans aufgehalten und dort in homosexuellen Kreisen verkehrt hatte – zu welchen auch Clay Shaw Beziehungen unterhielt. Garrisons Nachforschungen sollen ergeben haben, daß Oswald und Shaw in der Wohnung des Piloten Ferrie zusammengetroffen waren, wo man das Attentat auf den Präsidenten angeblich in allen Einzelheiten besprochen habe. Ferrie selbst konnte aber dazu nicht mehr befragt werden. Als der Staatsanwalt sich anschickte, den Piloten zu verhaften, fand man diesen tot in seinem Bett. Die Ursache seines jähen Ablebens wurde nie geklärt.

Zwei Fragen stellen sich jedem Interessierten, so er – wie ich hier in diesem Buch – ernsthaft bemüht ist, in dieses dichte Netz von Intrigen, Verdrehungen und Vertuschungen einzudringen:

Welche Motivation war für den Mord an Kennedy ausschlaggebend?

Und welches grauenvolle Geheimnis galt es zu bewahren, so daß man selbst vor der Liquidierung von gut *fünfzig* Augen- und Ohrenzeugen nicht zurückschreckte?

Denn das ist ein Faktum! Irgendein Zusammenhang muß da bestehen. Fragt sich nur, welcher?

Jim Garrison vermutete in den an dem Mordkomplott beteiligten Personen erbitterte Gegner Fidel Castros, die Guerillaunternehmen gegen Kuba geplant haben sollen. Aus Empörung über das von Kennedy im Sommer 1963 erlassene Verbot aller Gewaltaktionen gegen die kommunistisch beherrschte Insel hätten sie daraufhin seine Beseitigung beschlossen. Mit im Bunde, glaubt Garrison, seien damals auch »gewisse« texanische Ölmilliardäre sowie hohe Polizeibeamte aus Dallas gewesen – den Anschlag selbst hätten fünf bis sechs Personen verübt.

Ich kann mir nicht helfen: Diese Vermutung erscheint mir zu plump!

Selbstverständlich wären auch solche Motive durchaus möglich gewesen – doch die geradezu perfekt organisierte Vertuschungsaktion, die dem Kennedy-Mord gefolgt war und den Tod von mindestens fünfzig oft nur zufälligen Mitwissern nach sich zog, muß andere, *völlig andere* Hintergründe gehabt haben.

Sechzehn Jahre nach jenem »schwarzen Freitag« des 22. November 1963 kam der »Attentatsausschuß« des Repräsentantenhauses in Washington in seinem 686 Seiten umfassenden Abschlußbericht zu einem eindeutigen Ergebnis:

Sowohl der nach dem Präsidentenmord veröffentlichte FBI-Bericht über den Hergang und die Ausführenden der Tat als auch der später als offizielle Lösung angebotene *Warren-Report* sind falsch! Nicht Lee Harvey Oswald hatte das Leben John F. Kennedys auf dem Gewissen. Der Präsident starb vielmehr, so stellte der »Attentatsausschuß« eindeutig klar, als Opfer einer echten Verschwörung.

Damit erschöpft sich aber auch schon das Wissen der im Ausschuß vertretenen Kommissionsmitglieder. Schlüssige Folgerungen, so heißt es in ihrem Bericht, seien »aus Mangel an zuverlässigen Beweisen und wegen der Widersprüchlichkeit der vorliegenden Aussagen« heute nicht mehr möglich. Wahrscheinlich sei es, daß damals in Dallas *zwei* Schützen ihre tödlichen Schüsse auf Kennedy abgefeuert hätten. Deren Identität hingegen, die verliere sich im anonymen Dunkel …

Auch über das eigentliche Tatmotiv herrscht, mehr als vier Jahrzehnte nach dem Präsidentenmord, keinerlei Klarheit. Daß es in einer ganz anderen Dimensionen zu suchen ist als in jenen eines Racheaktes von Castro-Gegnern, steht aber zweifelsfrei fest.

Danach begann der Todesreigen

Dafür spricht der Todesreigen, dem unmittelbare und mittelbare Tatzeugen zum Opfer gefallen sind. Gehen wir hierbei chronologisch vor. Chrono-*Logisch*!

Eine Stunde nach den Schüssen auf Kennedy glaubte der Polizeisergeant J. D. Tippit einen Verdächtigen aufgespürt zu haben. Er kam nicht mehr dazu, darüber Näheres auszusagen. Tippit wurde von unbekannter Seite – erschossen.

In diesem Zusammenhang verdient eine »offizielle« Mitteilung, deren genaue Herkunft nicht mehr rekonstruierbar scheint, eine besondere Erwähnung. Wurde doch publiziert, Polizeisergeant Tippit sei in Ausübung seines Dienstes, als er gerade den Kennedy-Mörder Oswald verhaften wollte, von diesem getötet worden.

Zweifel an dieser Darstellung sind durchaus gerechtfertigt. Weniger hingegen an der Wahrscheinlichkeit, J. D. Tippit sei in Wirklichkeit ein bewußter oder unbewußter Mitwisser des Anschlages gewesen. War er vielleicht nur deswegen – und ganz gewiß nicht von Lee Harvey Oswald – beseitigt worden?

Denn nur vierundzwanzig Stunden nach Kennedys Tod wurde sein angeblicher Attentäter selbst ermordet. Millionen Fernsehzuschauer wurden unfreiwillige Augenzeugen, als der zwielichtige Nachtlokalbesitzer Jack Ruby den an den Händen gefesselten Kennedy-»Mörder« Oswald bei dessen Abtransport aus dem Gefängnis von Dallas aus kurzer Distanz erschoß. Noch am Tag vor der undurchsichtigen Tat hatte der texanische Geschäftsmann vor dem Bankrott gestanden. Einen Tag danach besaß er plötzlich wieder ein Vermögen!

Während seines Prozesses schwieg Ruby wie das Grab, als man ihn nach seinen Hintermännern befragte. Treuherzig, aber in keiner Weise überzeugend, versuchte er dem Untersuchungsrichter klarzumachen, er habe die Tat aus alleinigem Antrieb vollbracht, es gäbe keine Anstifter.

Dennoch: Obwohl Ruby seinen Mund hielt, fühlte er sich selbst im Gefängnis nicht sicher. Die Wärter erlebten ihn in ständigen Angstzuständen. Die Untersuchungsbehörden hofften darauf, er würde beim vorbereiteten zweiten Prozeß endlich »auspacken«. Aber dazu sollte es nicht mehr kommen. Kurz vorher starb Oswalds Mörder einen unter diesen Umständen seltsamen Tod: an »Krebs«!

War Shaw das Haupt der Verschwörung?

Jener Mann, dem schließlich auf Veranlassung des aus New Orleans stammenden Staatsanwaltes Jim Garrison der Prozeß gemacht wurde und der nach Ansicht des emsig forschenden Anwalts das Haupt der Verschwörung gegen Kennedy gewesen war, der Geschäftsmann Clay Shaw, wurde – freigesprochen. Es ist nie geklärt worden, welche fiktive oder tatsächliche Rolle Shaw in diesem Mörderstück zu spielen hatte.

Umso mysteriöser waren die Ereignisse, die seinem Prozeß folgten. Elf der darin befragten Zeugen blieben dabei auf der Strecke. Sie starben auf seltsame Weise, und ihr unnatürlicher Tod blieb elfmal ungeahndet.

Jim Koethe, ein junger Reporter aus Dallas, der sich mit der Absicht trug, ein Buch über den Kennedy-Mord zu schreiben, starb an einem Karateschlag ins Genick. Sein Mörder war den Behörden wohlbekannt – ein brutaler Killer. Er wurde nie vor Gericht gestellt. Warum wohl?

Bill Hunter war ein Polizeireporter, der einigen Einblick in die Akten besaß. Im April 1964, kaum vier Monate nach der Ermordung Kennedys, starb er an einer Polizistenkugel. Er war von einem Kriminalbeamten »unabsichtlich« (wie es im Protokoll provozierend hieß) erschossen worden.

Tom Howard, Rubys Anwalt, dürfte auch zuviel gewußt haben. Im März 1965 erlag er einer Herzattacke. Merkwürdig: Eine Obduktion der Leiche wurde nie durchgeführt. Warum wohl?

Earlene Roberts hatte bei Ruby als Haushälterin gearbeitet. Freunden gegenüber »beichtete« sie, daß sie sich entsetzlich vor der Polizei ängstige. Wer immer sie auch das Fürchten gelehrt hatte – der Plan ging letztlich auf: Missis Roberts erlitt eines Tages einen Herzanfall, an dem sie starb. Ihr Tod wurde niemals untersucht.

Und noch einmal Ruby: Nancy Mooney, eine Stripteasetänzerin in seinem Nachtlokal, die angeblich mehr über den mysteriösen Mord an Polizeisergeant Tippit wußte und sich deshalb in Untersuchungshaft befand, wurde eines Morgens tot aufgefunden. Sie hatte sich in ihrer Zelle erhängt. Seltsam, nicht wahr? Oder hatte da irgend jemand »nachgeholfen«?

Hank Killam, Ehemann einer Angestellten Jack Rubys, wurde in Florida mit durchschnittenem Hals aufgefunden. Hatte ihm seine Frau ein todbringendes Geheimnis offenbart?

William Whaley, jener Taxifahrer, mit dem der angebliche Kennedy-Attentäter Lee Harvey Oswald nach seiner »Schein-Tat« flüchtete, war den Hintermännern der Verschwörung offenbar nicht geheuer. Er wurde in einen dubiosen Autozusammenstoß verwickelt, bei dem er ums Leben kam. Der Lenker des anderen Wagens flüchtete unerkannt. Er wurde auch nie ausgeforscht. Warum wohl?

Da war noch Edward Benavides. Er wurde möglicherweise »aus

Versehen« getötet. Nicht er, sondern sein Bruder war nämlich Augenzeuge des Mordes an J. D. Tippit geworden. Die Ähnlichkeit im Aussehen wurde Edward Benavides zum Verhängnis.

Dorothy Killgallen galt in Dallas als journalistische Berühmtheit. Ihr war es geglückt, mit Ruby im Gefängnis ein Interview zu machen. Das ist bekannt. Der Inhalt dieses brisanten Gesprächs hingegen wurde nie veröffentlicht. Dorothy Killgallen wurde eines Morgens tot im Bett aufgefunden. Sie war an einer Schlafmittelvergiftung gestorben. Warum wohl?

Lee Bowers, jener Amateurfilmer, der rein zufällig das Kennedy-Attentat auf Zelluloid gebannt und dabei auch einen der vermutlichen Präsidentenmörder ins Bild gebracht hatte, kam kurze Zeit nachher bei einem Verkehrsunfall ums Leben, den er keineswegs durch eigene Unachtsamkeit verschuldet haben dürfte. Der ärztliche Befund enthüllt die Wahrheit: Im Augenblick des »Unfalls«, heißt es darin, habe Lee Bowers einen schweren Schock erlitten. Was deutlich macht, um welche Art von »Unfall« es sich gehandelt haben muß.

Und da ist noch David Ferrie, jener Pilot, von dem bereits die Rede war. Eine der Schlüsselfiguren in der Verschwörungstheorie des Staatsanwaltes Jim Garrison. Ferrie war in seiner Wohnung, kurz bevor man ihn als Prozeßzeuge vorladen konnte, tot aufgefunden worden. Die Polizei zeigte sich bis zuletzt nicht bereit, irgendwelche Auskünfte über die Todesursache des Piloten zu geben. Angeblich starb Ferrie an einem Gehirnschlag, und man munkelte etwas von Selbstmord. Aber über diese Todesart wissen wir – wenn es sich um gefährliche Zeugen handelt – inzwischen bestens Bescheid. Oder etwa nicht?

Und der Todesreigen drehte sich unverdrossen weiter.

Am 31. August 1970 segnete ein weiterer Augenzeuge aus Dallas das Zeitliche. Abraham Zapruder, ein 66jähriger Mann, dem es an jenem »schwarzen Freitag« im November 1963 ebenfalls gelungen war, mit seiner Kamera den Präsidentenmord zu filmen, starb – an Krebs. Sein Amateurstreifen war für die *Warren-Kommission* eines der wichtigsten Beweismittel in der Untersuchung des Attentats gewesen. Natürlich ist es nicht außergewöhnlich, wenn ein sich den Siebzigern nähernder Mann krebskrank wird und daran stirbt. Auffallend ist nur, daß sich diese Seuche offenbar auf Augenzeugen des Kennedy-Anschlages zu konzentrieren schien. Oder auf solche, die darüber besser informiert waren. Wie etwa Jack Ruby. Sein Krebstod steht außer Zweifel. Nicht aber die Ursachen seiner so plötzlich ausgebrochenen Krankheit, die ihn offensichtlich erst im Gefängnis ereilte. Hatte man ihm vielleicht Krebs-Zellen *künstlich* injiziert?

Und warum starb Distriktsheriff Bill Decker so plötzlich? Er hatte sich an jenem 22. November 1963 im ersten Wagen der Autokolonne befunden, die die Limousine mit den Kennedys und Connallys durch die Straßen von Dallas führte. Hatte Decker damals mehr gesehen, als ihm gut tat? War er, vielleicht rein zufällig, über den wahren Hergang der Mordtat im Bilde? Hatte er sieben Jahre, bis zum 29. August 1970, vielleicht eingeschüchtert und erpreßt, über das Gesehene geschwiegen – und war der Sheriff für die Männer im Dunkeln letztlich doch zu einem Risikofaktor geworden, den es auszuschalten galt? Wie in vielen ähnlich gelagerten Fällen zuvor, schwieg die Polizei auch bei Bill Decker hartnäckig und breitete über die eigentliche Ursache seines Ablebens den Mantel des Schweigens.

Geistige Verwirrung

In seinem Buch *Our Haunted Planet* (*Unser gejagter Planet*) meinte der bekannte amerikanische Autor John Keel zu dieser Verschwörung aus dem Dunkel:

»... Vollständige geistige Verwirrung griff um sich, weil über fünfzig Zeugen, Reporter und Angehörige der Mordkommission plötzlich starben, manche unter sehr geheimnisvollen Umständen. Die genaue Geschichte der Ermordung Kennedys im Jahre 1963 ist mit unglaublichen Details angefüllt, wobei viele Dinge Ähnlichkeit mit den mysteriösen UFO-Ereignissen aufwiesen. Fotos und andere Beweisunterlagen verschwanden oder wurden zurückgehalten wie in vielen UFO-Fällen.«

Sollte es hier, trotz anscheinend so grundverschiedenen Begebenheiten, einen gemeinsamen Nenner geben? Hatte jene unbekannte Macht, auf deren Konto zahlreiche, für uns zumeist undurchschaubare Übergriffe zu buchen sind, auch beim Kennedy-Attentat ihre Hände im Spiel?

John A. Keel, ein Spezialist auf dem Gebiet der Grenzwissenschaften, gibt uns einen Hinweis, wenn er schreibt:

»Hier werden die schlanken, dunklen Männer in schwarzen Anzügen und schwarzen Cadillacs als Kubaner oder CIA-Agenten angesehen ...«

Erinnern wir uns: Lee E. Bowers, der dann später durch einen offensichtlich fingierten Autounfall ums Leben kam, hatte an jenem Novemberfreitag 1963 rein zufällig seine Filmkamera auf einen Grashügel gerichtet und dadurch einen Mann gefilmt, der ein Gewehr in Richtung des vorüberfahrenden Kennedy-Trosses in Anschlag hielt: Ein Mann im dunklen Anzug. Ein Mann, der sich bei einer nachfolgenden, eher zufälligen Kontrolle durch einen Polizeibeamten als CIA-Agent auszuweisen vermochte. Ein Mann schließlich, der danach von der Bildfläche verschwand und dessen Name nie genannt wurde. Verschwieg man ihn absichtlich – oder hatte sich bald herausgestellt, daß die Identität des angeblichen CIA-Agenten auf einer Fälschung beruhte?

Wohin verschwand Kennedys Gehirn?

Ob so oder so, die offiziellen Stellen schwiegen – und tun dies noch immer. Sie schweigen auch über ein mysteriöses Ereignis, das so gar nicht zum Geschehen in Dallas zu passen scheint. Oder gibt es eine logische und vernünftige Erklärung für das Verschwinden der Gehirnmasse des ermordeten Präsidenten?

Angeblich soll sich Kennedys Gehirn im Besitz des Familienclans befinden, aber der stichhaltige Beweis für diese Annahme wurde niemals erbracht. Das Motiv für den Diebstahl des Gehirns liegt jedenfalls klar auf der Hand: Eine nochmalige genaue Untersuchung des Mordes sollte von vornherein unmöglich gemacht werden. Daß das Verschwinden von John F. Kennedys Gehirn überhaupt bekannt geworden ist, verdanken wir dem Gerichtsmediziner Dr. Cyril Wecht, der im Sommer des Jahres 1972 die Obduktionsdokumente im Nationalarchiv in Washington eingehend überprüft und dabei den Diebstahl entdeckt hatte. Wie Wecht herausfand, dürfte das wertvolle Obduktionsmaterial mit Kennedys Gehirnmasse bereits 1966 verschwunden sein. Als nämlich damals der Testamentsvollstrecker des toten Präsidenten das gesamte Material dem Nationalarchiv übergab, fehlten darin schon wesentliche Beweisstücke.

Wo sind sie geblieben? Wem war es so wichtig gewesen, das Gehirn des ermordeten Präsidenten der Vereinigten Staaten in seinen Besitz zu bringen? Offensichtlich steckt hier *nicht* der Kennedyclan dahinter.

Aber wer dann? Und für welchen Zweck?

Das sind Fragen, die fast schon ans Metaphysische grenzen. Fragen, die nur jene zu beantworten vermögen, die die Kennedy-Verschwörung angezettelt und konsequent durchgezogen haben. Jene dunkle Macht im Hintergrund, deren Spiel für uns undurchschaubar scheint. Ein oftmals *tödliches* Spiel, dessen Ernsthaftigkeit jeden Unvorbereiteten erschrecken, ja entsetzen muß.

Auch John F. Kennedy war nicht mehr als eine Figur auf dem Schachbrett der unbekannten »Spieler«; einem Schachbrett allerdings, das Dimensionen zu sprengen vermag. Für uns Außenstehende aber bleibt vorderhand alles ein Rätsel. Und ein ungewöhnliches Rätsel obendrein: Wer es auf eigene Faust zu lösen versucht, begibt sich (vermutlich auch heute noch) in große Gefahr.

Manches spricht jedenfalls dafür, daß auch hier – wie bei so vielen anderen Vorkommnissen – die Men in Black ihr »höllisches« Süppchen kochten.

Egal, ob es hierbei wirkliche Zusammenhänge gibt – eines sollte aber, ungeachtet der ansonsten völlig anders gearteten weltpolitischen Dimension, auch bei diesem Geschehnis nicht unbeachtet bleiben:

Dallas war in den sechziger Jahren des vorigen Jahrhunderts auch ein »bevorzugtes« Terrain für sich immer wieder ereignende Manöver von unbekannten fliegenden Objekten.

Und wieder die Men in Black?

Könnte es hier, was das spektakuläre Auftreten der »Männer in Schwarz« betrifft, unmittelbare Zusammenhänge gegeben haben? Oder müssen im »Fall John F. Kennedy« ganz andere Motive in Erwägung gezogen werden?

Auch darauf werde ich am Ende des Buches genauer eingehen …

Natürlich wäre es zu bieder, sämtliche Ereignisse, die die Familie Kennedy in Mitleidenschaft zogen, auf die einfache Formel »MIB« zu reduzieren. Wie etwa bei dem etwas jüngeren Bruder des ermordeten Präsidenten.

Robert Kennedy, Amerikas Justizminister, der gute Chancen gehabt hätte, John F. in seinem Amt nachzufolgen, kam in den Morgenstunden des 5. Juni 1968, nur ein paar Jahre nach der Tragödie von Dallas, ebenfalls durch ein Attentat ums Leben. Ein oder mehrere Scharfschützen feuerten auf den jungen Senator, unbeeindruckt von rund zweitausend ihn umjubelnden Fans, in der Empfangshalle des Hotels *Ambassador* in Los Angeles, mehrere Schüsse ab. Zwei davon trafen Robert tödlich.

Und auch John-John, John F. Kennedys einzigen Sohn, der ebenfalls überlegt hatte, sich um das Präsidentenamt in den Vereinigten Staaten zu bewerben, traf, gemeinsam mit seiner Frau, ein tödliches Geschick. Nach wie vor sind die Ursachen für den überraschenden Absturz seiner Privatmaschine nicht geklärt.

Jimmy Carter wiederum verdankt es äußerst glücklichen Umständen, daß er bei einer Feierlichkeit, der er beigewohnt hatte, keinem Mordanschlag zum Opfer fiel, der gegen einen weiteren amerikanischen Präsidenten geplant gewesen war. Auch hier waren Kräfte im Spiel gewesen, die einen ganz bestimmten Verdacht nicht unbegründet erscheinen lassen: Der Anschlag auf Jimmy Carter stand in unmittelbarem Zusammenhang mit den »Männern in Schwarz«.

Attentat auf Jimmy Carter

Am Abend des 5. Mai 1979 entging Amerikas damals 55-jähriger Präsident James Earl »Jimmy« Carter nur durch großes Glück einem tödlichen Verhängnis.

Präzise war der Plan für seine Ermordung ausgeheckt worden, und ähnlich wie bei den gelungenen Anschlägen auf die Kennedy-Brüder John F. und Robert, siebzehn bzw. elf Jahre zuvor, sollte auch Carter inmitten einer riesigen Menschenmenge sterben.

Die Attentäter hatten an alles gedacht. Alles war vorbereitet, um dem amerikanischen Bundeskriminalamt FBI sofort nach vollbrachter Tat einen »Mörder« präsentieren zu können. Gegen ihn würden dann die Indizien sprechen. Wie schon beim »Mörder« Lee Harvey Oswald.

Auch die Örtlichkeit für den Mordanschlag auf Jimmy Carter war mit Vorbedacht ausgewählt worden, hatte sich doch in Los Angeles auch das Schicksal von Robert Kennedy erfüllt. Los Angeles feierte am 5. Juni 1968, einem Samstag, den mexikanischen Unabhängigkeitstag, und das mit einem fulminanten Fest, zu dem viel Volk geladen war. Auch Präsident Jimmy Carter hatte sein Kommen zugesagt. Sein Vorhaben alarmierte die Gegner im Dunkeln.

Am Vorabend dieses Ereignisses schlenderte der 35-jährige Raymond Lee Harvey durch die Straßen der Stadt. Er war gut gelaunt und daher arglos, als er unvermutet von einem dunkelhäutigen Mann angesprochen wurde, der sich Julio nannte. Dieser »Julio« gab vor, Mexikaner zu sein. Er animierte Raymond Lee Harvey dazu, ihn zur nächsten Bar zu begleiten. Auf einen Drink. Harvey stimmte freudig zu. Daß sich in dieser Bar, rein zufällig, zwei »Freunde« des angeblichen Mexikaners hinzugesellten, kam damals dem Amerikaner keineswegs verdächtig vor. Was die drei noch jüngeren Männer die meiste Zeit miteinander besprachen, verstand er allerdings nicht. Harvey war des Spanischen nicht mächtig.

Die Stimmung an der Theke war gelöst, man prostete sich zu, und die Drinks nahmen kein Ende. Irgendwann ließ sich Raymond Lee Harvey von seinen drei Begleitern dazu überreden, in ihr Hotelzimmer mitzukommen. Wo das lag, bekam er nicht mehr mit. Die alkoholischen Nebel hatten sich schon längst wie ein Vorhang des Vergessens auf ihn niedergesenkt.

Als Jimmy Carter am Abend des 5. Mai die Rednertribüne betrat, brandete stürmischer Beifall auf. Der Präsident fletschte wieder einmal die Zähne zu seinem berühmten Lächeln. Es wäre ihm wahrscheinlich vergangen, hätte er geahnt, was sich zu diesem Zeitpunkt gegen ihn zusammenbraute.

Nur eine Startschußpistole

Vermutlich war es eine verräterische Bewegung der Hände, die mehrere FBI-Agenten, fast wie auf Kommando, auf einen Mann losstürzen ließ, der nur fünfzehn Meter von der Rednertribüne entfernt wie gebannt auf den Präsidenten starrte. Sein Blick war trüb, seine Bewegungen wirkten irgendwie mechanisch. Raymond Lee Harvey kam nicht mehr dazu, seine Pistole zu ziehen. Im nächsten Augenblick hatten ihn die FBI-Leute eingekreist, und die Waffe wurde ihm aus der Hosentasche gerissen. Dann eskortierten ihn die Carter-Leibwächter unauffällig aus der Menschenmenge.

Aber bereits eine erste Kontrolle der Waffe ergab: Damit hätte man niemanden ermorden können.

Es handelte sich lediglich um eine Startschußpistole!

Raymond Lee Harvey hielt seinen Namen bei der Vernehmung durchaus nicht geheim. Freimütig berichtete er über sein seltsames Erlebnis am Vorabend. Von den drei Männern, von denen sich einer »Julio« genannt hatte. Von dem gemeinsamen Besuch einer Bar, und schließlich von dem Vierertreffen im Hotelzimmer an einem ihm unbekannten Ort. Fast so, als hätte man es ihm suggeriert, schilderte er beim Verhör, auf welche Weise er vorgehen sollte:

»Während der Rede des Präsidenten sollte ich auf den Boden schießen, um die Aufmerksamkeit der Sicherheitsbeamten abzulenken. Während dieser Sekunden wollten die drei Mexikaner die allgemeine Verwirrung nutzen und auf Jimmy Carter schießen.«

Eine intensivere Untersuchung Harveys durch ein Ärzteteam ergab, daß der Mann offensichtlich unter Alkohol- und Drogeneinfluß stand. So gesehen, hätte er zweifellos ein willenloses Werkzeug in der Hand der drei Attentäter abgegeben.

»Ich erhielt die Pistole erst kurz vor dem Volksfest zugesteckt. Von jenem Mann, der ›Julio‹ hieß«, erinnerte sich Harvey beim Verhör. In seinen Taschen hatten die FBI-Agenten zusätzlich noch siebzig Platzpatronen sichergestellt.

Raymond Lee Harveys Erzählungen wirbelten in den USA einigen Staub auf. Die Schleusen einer Gerüchteflut öffneten sich. Da fällt einmal der Name des verhinderten Komplizen der Attentäter auf. Die Ähnlichkeit mit dem Namen des angeblichen Kennedy-Mörders Lee Harvey Oswald sticht dabei in die Augen. Hatte sich der Festgenommene die Geschichte von den drei Unbekannten bloß aus den Fingern gesogen? Stand er mit der gleichen geheimnisvollen Organisation in Verbindung, die das Leben John F. Kennedys und Abraham Lincolns auf dem Gewissen hat?

Den Men in Black?

Raymond Lee Harvey verweigerte hierzu jedwede Auskunft. Ob

aus Berechnung oder tatsächlichem Nichtwissen, darüber rätselte das FBI vergeblich. Man zerbrach sich vor allem über die Identität der eigentlichen Attentäter den Kopf, die das Mordkomplott ausgeheckt hatten. Jene drei Männer, die als angebliche Mexikaner aufgetreten waren und von denen einer »Julio« geheißen haben soll. Manches spricht dafür, daß die drei weder Mexikaner waren, noch der Name »Julio« stimmte. Ihre Spur erwies sich seither als unauffindbar.

Planten die MIB vor fünfundzwanzig Jahren einen Anschlag auf Jimmy Carters Leben? Warum stand er ihnen im Weg? Und die eigentlichen Drahtzieher: Waren es die »Männer in Schwarz«?

18. Teds »geistlicher« Beistand

»Ich will meinen jüngsten Sohn noch zu meinen Lebzeiten als neuen Präsidenten der Vereinigten Staaten erleben!«

Diese überraschende, vor vierundzwanzig Jahren getätigte Aussage stammte von keiner Geringeren als der damals ungekrönten Patriarchin des einflußreichen Kennedy-Clans, Rose Kennedy. Die damals bereits 89-jährige Mutter der drei Brüder John, Robert und Edward schuf damit in der politischen Hierarchie Amerikas – siebzehn sowie zwölf Jahre nach der Ermordung ihrer Söhne John und Robert – eine völlig neue und veränderte Situation.

1980 war wieder ein Sproß dieser steinreichen Familie, der 47-jährige Ted, Vater von drei Kindern, auf dem Sprung ins Weiße Haus. Mit seinem Entschluß, für die Präsidentschaft zu kandidieren, war der jüngste Sohn von Rose allerdings seiner eigenen, früher geäußerten Ankündigung untreu geworden, sich keineswegs um das höchste Amt in den USA bewerben zu wollen, »solange meine Mutter lebt«.

Mit ihrem unerwarteten Meinungsschwenk eröffnete die alte Dame nunmehr auch dem jüngsten Kennedy-Sproß die einmalige Gelegenheit, seinen ermordeten Bruder John Fitzgerald als Präsident der Vereinigten Staaten zu beerben. Noch zwölf Jahre zuvor, 1968, als auch Rose Kennedys zweitältester Sohn Robert, der Justizminister des Landes, einem Pistolenattentat zum Opfer gefallen war, hatte die greise Chefin des Kennedy-Clans ein striktes Verbot ausgesprochen: »Mein jüngstes Kind darf nicht Präsident werden. Ich will nicht auch noch Ted verlieren!«

Plötzlich sah sie es aber anders. Und auch ihr Sohn Edward, Senator von Massachusetts, war willens, nunmehr auch selbst um die Präsidentschaft zu kämpfen. Seine Chancen erwiesen sich nämlich als durchaus günstig, diesem Ziel nahe zu kommen. Präsident Jimmy Carter befand sich damals auf einem politischen Tiefpunkt, und niemand im Land hielt es für wahrscheinlich, daß es ihm gelingen könnte, die ursprüngliche Popularität zurückzugewinnen. Die sowjetische Invasion in Afghanistan sowie das iranische Geiseldrama vermochten aber Carters Chancen dann tatsächlich zu steigern, vielleicht doch noch einmal wiedergewählt zu werden.

Eine verhängnisvolle Nacht

Aber war andererseits Edward Kennedy selbst völlig unumstritten? Besaß er eine »reine Weste«? Hatte die amerikanische Öffentlichkeit vergessen, was sich in der Nacht zum 19. Juli 1969 ereignet hatte?

Dieses Datum schien die bisher große Polit-Karriere des jüngsten Kennedy-Sprosses mit einem Schlag beendet zu haben. Der landesweit auch als Frauenheld bekannte Teddy wurde bezichtigt, ein Menschenleben auf dem Gewissen zu haben.

In jener Nacht war er auf der Insel Chappaquiddick (Massachusetts) Gast auf einer Party gewesen und dann mit seiner 28-jährigen Sekretärin Mary Jo Kopechne mit dem Auto weggefahren. Kurz darauf stürzte er mit seiner Limousine von einer Brücke zwei Meter tief in einen Meeresarm. Das Auto versank, und mit ihm die beiden Insassen. Ted vermochte sich schwimmend zu retten, seine Sekretärin ertrank im Fond des Fahrzeugs.

Wo lag die Verschuldensfrage? Mußte der Tod der hübschen Mary Jo ihrem Begleiter Edward Kennedy angelastet werden? Waren seine Angaben über den Unfallhergang von ihm verfälscht worden? Stimmten die Gerüchte, die behaupteten, Ted habe den Tod seiner Sekretärin mit voller Absicht herbeigeführt, weil diese bereits schwanger gewesen war und von ihm ein (uneheliches) Kind erwartete? Oder lag die Ursache für dieses tragische Geschehen in der Trunkenheit Kennedys, der dadurch nicht mehr in der Lage war, sein Fahrzeug kontrolliert zu steuern? Ließ sich der Senator deshalb so lange Zeit, die nächste Polizeidienststelle aufzusuchen, um einer ihm dort drohende Blutabnahme zu entgehen? Ted bestritt damals diese Beschuldigung. Die gerichtlichen Untersuchungen erbrachten zwar eine Menge Hinweise und noch mehr Vermutungen, aber keine Klärung.

Wäre es denkbar, daß Edward Kennedy in die für ihn mehr als triste Situation hineinmanövriert wurde? Vielleicht deshalb, um seine 1969 beabsichtigte und damals durchaus aktuelle Kandidatur für die Präsidentschaft zu hintertreiben? War seine Mutter Rose zu diesem Zeitpunkt von ihrer ursprünglichen Absicht bereits abgerückt, ihrem Sohn die Bewerbung für das höchste Amt der Vereinigten Staaten von Amerika zu verbieten?

Das sind keine bösartigen Fragen, um die Gerüchteküche zum Brodeln zu bringen; solche Verdachtsmomente kursierten vor fünfunddreißig Jahren tatsächlich landesweit – um dann doch wieder als »erledigt« zu den Akten gelegt zu werden.

Eine Frage allerdings blieb bis zum heutigen Tag unbeantwortet: Warum ließ sich Edward Kennedy am 19. Juli 1969 volle *neun Stunden* Zeit, ehe er seinen Unfall bei der Polizei meldete? War es bloß seine Angst vor den Folgen? Angst um seine weitere politische Karriere? Oder (be)hinderte ihn jemand an weiteren Unternehmungen in eigener Sache?

Lassen wir noch einmal die Geschehnisse der Nacht zum 19. Juli 1969 Revue passieren. Folgen wir den Ereignissen jener Stunden, die das Leben des jüngsten Kennedy-Bruders für eine geraume Zeit entscheidend veränderten.

Der Senator war an jenem Wochenende von Washington nach Massachusetts geflogen, hatte in Marthas Vineyard an einer Segelregatta teilgenommen, und wollte sich am Samstag mit seiner Familie am Landsitz der Kennedys in Hyannisport treffen, um die Mondlandung zu verfolgen.

Am Freitagabend zuvor ging es bei einer Party im Haus von Teds Freunden auf der Chappaquiddick-Insel hoch her. Auch mehrere ehemalige Mitarbeiter von Teds Bruder Robert waren gekommen. Unter ihnen befand sich Mary Jo Kopechne, die ehemalige Sekretärin des ermordeten Justizministers.

Irgendwann gegen Mitternacht bot Edward der hübschen Mary an, sie in ihr Hotel in Edgartown auf dem Festland zu bringen. Die Gelegenheit bot sich dem Senator gleichsam an, denn Ted Kennedy war dort in unmittelbarer Nähe in einem anderen Hotel abgestiegen. Die Zeit drängte, die letzte Fähre von der Insel ging um ein Uhr nachts.

Die Orientierung verloren

Edward Kennedy stieg aufs Gaspedal, verlor aber in der Dunkelheit die Orientierung. Er verfuhr sich, geriet auf eine Seitenstraße und bremste schließlich vor einer schmalen Holzbrücke, die jedoch nicht für Fahrzeuge gebaut worden war. Nur Fußgänger benutzten üblicherweise den Holzsteg. Edward Kennedy befand sich jedoch in

Zeitnot, er wollte es deshalb trotzdem riskieren. Der Versuch mißlang total: Sein Wagen rutschte ab und stürzte ins Wasser. Nur der glückliche Umstand, daß der Meeresarm an dieser Stelle nicht sehr tief war, rettete wahrscheinlich Kennedys Leben.

Ted selbst will später nicht mehr gewußt haben, wie er aus dem nunmehr verkehrt auf den Meeresgrund liegenden Fahrzeug herauszukommen vermochte. Bei seiner Vernehmung strapazierte der Senator sein Erinnerungsvermögen und versuchte den Hergang des Geschehens zu rekonstruieren. Seine Aussage ist protokolliert:

»Ich merkte, wie das Wasser in den Wagen schoß, der sich überschlagen hatte und mit dem Dach nach unten lag. Ich fühlte, wie Mary Jo mit den Beinen strampelte und ebenso wie ich mit den Armen nach einem Ausgang suchte. Irgendwie schaffte ich es, herauszukommen. Ich kam an die Oberfläche und machte sieben oder acht Tauchversuche, um Mary Jo zu befreien.«

Jedoch wurde gerade letztere Behauptung Kennedys von John Farrar, dem Hauptmann der Freiwilligen Feuerwehr, einem erfahrenen Taucher, bestritten. Farrar hatte die Tote am nächsten Morgen aus dem Autowrack geborgen.

»Hier haben wir gleich ein ganzes Paket von Lügen«, meinte er, um danach mehrere unangenehme Fragen aufs Tapet zu bringen.

»Wieso schaffte es der knapp 1,90 Meter große, breitschultrige und über zwei Zentner schwere Kennedy, der außerdem ein Stützkorsett trug, aus dem Wagen zu kommen, und die zierliche, gertenschlanke Mary Jo nicht? Sie wurde von keinem Steuerrad behindert. Und seine Tauchversuche – da kann ich nur lachen. Wir haben das ausgerechnet, und ziemlich genau: In der Nacht war eine heftige Gezeitenströmung, bei der konnte nur ein Experte tauchen. Kennedy hat mit Sicherheit nicht ein einziges Mal nach ihr getaucht.«

Damit waren die Unklarheiten in Kennedys Angaben noch längst nicht zu Ende. Nachdem er sich an Land gerettet hatte, will der Senator die knapp zwei Kilometer zurück zum Ferienhaus zu Fuß bewältigt haben. Daß er dabei nicht die einfachste Lösung wählte und darauf verzichtete, die Polizei telefonisch von dem Unglücksfall zu informieren, mutet auch heute noch äußerst seltsam an. Nicht weniger als fünf zum Teil erleuchtete Häuser passierte er auf seinem Rückweg. In jedem von ihnen gab es ein Telefon. Ted aber machte von dieser Möglichkeit keinen Gebrauch. Er ignorierte selbst die

Feuerwache. Und schließlich schwieg er auch über den Vorfall zu Ray Larosa, einem Partygast, der sich vor dem Ferienhaus die Beine vertreten hatte. Larosa war immerhin ein routinierter Sporttaucher – und Edward Kennedy hatte von dieser Tatsache durchaus Kenntnis besessen.

Dieser Ray Larosa wiederum (so las man es später im Gerichtsprotokoll) wunderte sich angeblich, seiner Aussage nach, gar nicht über dieses unvermutete Wiedererscheinen Kennedys. Er wollte auch nicht bemerkt haben, daß der Senator völlig durchnäßt, verschmutzt und wahrscheinlich auch sehr aufgeregt gewesen war. Überhaupt hüllte sich die ganze Gesellschaft dieser Party in (verständnisvolles?) Schweigen. Angeblich stellte niemand Fragen und man blieb scheinbar diskret – sollten die dort getätigten Aussagen den Tatsachen entsprochen haben. Da die Fähre über den Meeresarm um diese späte Stunde nicht mehr verkehrte, sprang Edward Kennedy, den Freunde zur Fährstation gebracht hatten, kurzentschlossen ins Wasser und schwamm zum anderen Ufer. Dort marschierte er schnurstracks zu seinem Hotel, dem *Shiretown Inn*, legte sich ins Bett und schlief den Schlaf des Gerechten bis zum Tagesanbruch. Erst dann bequemte er sich, die Polizei aufzusuchen.

Unklarheiten und Widersprüche

So reihen sich Unklarheiten und Widersprüche aneinander, aber Edward Kennedy hat bis zum heutigen Tag nichts unternommen, um endlich Licht in das mysteriöse Dunkel seines Autounfalls zu bringen.

– Mit wem, beispielsweise, hat der junge Senator am Morgen nach dem tragischen Geschehen telefoniert?

– Welche uns immer noch unbekannten Personen zog er an jenem 19. Juli 1969 ins Vertrauen?

– Warum schwieg er seither über alle Ferngespräche, die er von seinem Hotelzimmer aus führte?

– Welche (ihn möglicherweise belastenden) Hintergründe hält er seither vor den Behörden wie auch vor der Öffentlichkeit verborgen, die in jener Julinacht den Tod der jungen Mary Jo Kopechne nach sich zogen?

Solche provokanten Fragen stellen sich nicht unbegründet, denn die Aussage des Tauchers John Farrar, der die ertrunkene Sekretärin von Edwards ermordetem Bruder Robert aus dem Autowrack im Wasser bergen konnte, gibt zu denken:

»Mindestens noch eine Stunde nach dem Sturz, wenn nicht viel länger, hat sie gelebt«, behauptete der Experte gegenüber der Polizei. Seine Begründung: Er hatte die tote Mary Jo im auf dem Dach liegenden Wagen aufgefunden. Sie lag mit dem Kopf im Fußraum vor dem Rücksitz, und zwar ziemlich genau an jener Stelle, wo sich eine Luftblase gebildet hatte. John Farrars Erkenntnis: »Mary Jo hätte mit Sicherheit gerettet werden können, wenn Kennedy zum nächsten Telefon gelaufen wäre.«

Farrars Angaben blieben nicht ohne Reaktion. Anonyme Briefschreiber nahmen ihm gegenüber kein Blatt vor den Mund: »Wenn dir deine Gesundheit lieb ist, dann hältst du besser deinen Mund«, wurde gedroht. Noch deutlicher waren die anonymen Schreiben an den jungen Drogisten und Apotheker Leslie Leland sowie verschiedene Telefonanrufe, natürlich ebenfalls anonym, die ihm nahelegten: »Wenn du nicht dein Maul hältst, wirst du umgelegt und dein Laden in die Luft gesprengt!«

Und dies alles, weil er für den Zeitraum der Untersuchung der Todesursache von Mary Jo Kopechne zum Obmann der Geschworenen gewählt worden war und hellhörig reagiert hatte, als man ihnen weiszumachen versuchte, sie seien auch unter Ausschluß der Öffentlichkeit nicht berechtigt, Zeugen zu vernehmen. Leland, dem manches am Verhalten des Staatsanwaltes verdächtig erschien, stellte deshalb dem Juristen einige unangenehme Fragen. Noch am Abend desselben Tages kamen die ersten anonymen Anrufe. Man drohte mit Mord und Totschlag.

Die gerichtliche Untersuchung blieb ergebnislos. Ebenso ergebnislos wie die polizeiliche Befragung Kennedys nach dem Unfall. Teds merkwürdiges Verhalten, das er mit einem Schock und einer Gehirnerschütterung zu erklären versuchte, bleibt dennoch auch weiterhin rätselhaft. Nicht einmal Kennedys eigener Arzt vermochte damals eine Gehirnerschütterung festzustellen.

Noch weitere Fragen blieben seither unbeantwortet.

Wieso zeigte der Führerschein Ted Kennedys keinerlei Spuren von Wassereinwirkung? Ein hoher Beamter der Verkehrsbehörde von Massachusetts – sein Name blieb aus unerfindlichen Gründen geheim – gestand einem Reporter der Zeitung *Manchester Union* freimütig, Kennedys Führerschein sei »sei offenbar niemals im Wasser gewesen«.

Kennedy versuchte zu retten, was zu retten war. Dem Polizeichef von Edgartown, Dominik Arena, erklärte er später, er habe in jener Nacht seinen Führerschein nicht bei sich gehabt. Eine Nachprüfung ergab allerdings, daß der Senator damals sehr wohl einen gültigen Führerschein besessen hatte.

Auch ein weiterer merkwürdiger Umstand konnte niemals aufgeklärt werden: Der Distriktsanwalt Edmund Dinis behauptete nämlich, »etwas Blut« im Mund und in der Nase von Mary Jo Kopechne gesehen zu haben, als man ihren Leichnam barg. Auch ihre Bluse habe Blutspuren gezeigt. Diese Angaben wurden zwar von Polizeichef Arena bestritten – er hatte keine Blutspuren an der Leiche bemerkt –, gleichzeitig aber wurde Dinis Antrag abgelehnt, nach der Bergung eine Autopsie durchzuführen.

War nun Mary Jo Kopechne tatsächlich ertrunken, wie allgemein angenommen wurde? Oder hätte nach einer anderen Todesursache gesucht werden müssen?

Mary Jo wurde in ihrer Heimat in Pennsylvania beerdigt – ohne Obduktion. Amtsarzt Dr. Donald Mills mutmaßte schlicht »Tod durch Ertrinken« und schrieb das auch auf den Totenschein, trotz aller vorgetragenen Einwände, wie sie beispielsweise von dem Taucher John Farrar erhoben wurden. Seine Behauptung: Mary Jo ist in der verbrauchten Luft der Luftblase erstickt. Und noch etwas war Farrar aufgefallen: Die Kleidung der Toten zeigte auf dem Rücken Blutspuren.

Die immer lauter geäußerten Zweifel der Zeitungen an der offiziellen Todesversion von Ted Kennedys Begleiterin führten zu einer Gesinnungsänderung der Staatsanwaltschaft. Sie stellte selbst einen Antrag, die Leiche zu exhumieren, um nachträglich eine Obduktion vornehmen zu können. Mary Jo Kopechnes Eltern gaben hierzu zunächst ihre Einwilligung, zogen sie aber einen Tag später überraschend wieder zurück. Der Grund hierfür war für die Allgemeinheit zunächst nicht ersichtlich, begründeten die einfachen Leute ihre Entscheidung doch mit dem durchaus einleuchtenden Argument, sie wollten die Obduktion ihrer toten Tochter nur deshalb verhindern, »weil wir glaubten, daß festgestellt werden sollte, ob unsere Mary

Jo zur Zeit des Unfalls schwanger war. Warum sollten wir es zulassen, daß ihr Andenken in den Schmutz gezogen wird?«

Diese Aussage, das steht heute fest, wurde den Eltern des Mädchens »in den Mund gelegt«. Beide Leute hatten nämlich kurz nach ihrer anfänglichen Zustimmung zur Obduktion ihrer Tochter höchst ungewöhnlichen Besuch erhalten.

Am Abend desselben Tages waren bei den Kopechnes überraschend zwei dunkel gekleidete Männer erschienen und hatten sich gegenüber dem Ehepaar als Geistliche ausgegeben. Die Eltern von Mary Jo zeigten sich von den Argumenten der Besucher überaus beeindruckt und schenkten deshalb den Ausführungen der beiden unbedingten Glauben. In einem sehr intensiv geführten Gespräch war von den angeblichen »Priestern« nichts unversucht gelassen worden, den Gastgebern einzureden, die ursprünglich gegebene Zusage, den Leichnam ihrer Tochter obduzieren zu lassen, zurückzunehmen. Beide Besucher verstanden es jedenfalls meisterhaft, die naive Gutgläubigkeit der frommen Leute auszunützen, um eigene Interessen durchzusetzen.

Erst später gelang es einigen findigen Journalisten, Mister und Misses Kopechne den tatsächlichen Grund herauszulocken, weswegen sie von den angeblichen »Geistlichen« aufgesucht worden waren. Es sei gegen die Gesetze Gottes, eine Tote in ihrer Grabesruhe zu stören, hatten die dunkelgekleideten Unbekannten den verunsicherten Eltern von Mary Jo vorgehalten. Nach und nach gelang es ihnen, das Ehepaar Kopechne zu einem Gesinnungswechsel zu veranlassen. Beide ließen sich letztendlich überzeugen und zogen bereits am folgenden Tag die Zustimmung zur Obduktion ihrer Tochter wieder zurück.

Eine ganze Schar von Anwälten unterstützten die Kopechnes mit rechtlichen Argumenten. Bis heute ist allerdings ungeklärt, wer seinerzeit die sicherlich nicht geringen Honorare bezahlte. Ebenso unbeantwortet blieb auch die Frage, um welche »Geistlichen« es sich damals gehandelt hatte.

In diesem Zusammenhang lohnt es sich, nochmals auf Albert K. Bender zu verweisen, der bei den »Männern in Schwarz« einen durchaus passenden Vergleich angestellt hatte:

»Sie sahen aus wie Geistliche ...«

Deshalb läßt sich heute mit einiger Gewißheit behaupten, daß im

»Fall Ted Kennedy« niemals irgendwelche »Geistliche« das Ehepaar Kopechne besucht haben. Vielmehr muß angenommen werden, daß die beiden angeblichen »Priester« in Wirklichkeit zwei Angehörige der Men in Black gewesen sind, denen es damals erfolgreich gelungen war, die ahnungslosen Eltern der ertrunkenen Sekretärin zu täuschen und die Obduktion von Mary Jo Kopechnes Leichnam dank ihres frommen Getues zu verhindern.

Die Verhinderung der Obduktion bescherte Mary Jo's Eltern später das Geschäft ihres Lebens: Als nämlich Gras über diese Affäre gewachsen war, finanzierte ihnen Ted Kennedys Versicherung eine Villa …

Die tödliche Autofahrt vom 19. Juli 1969 könnte durchaus bewußt provoziert worden sein. Es gibt da nämlich eine Aussage des Senators, Frau Kopechne habe die Mitternachtsfähre von Chappaquiddick nach Marthas Vineyard noch erreichen wollen, und er habe sie deshalb dorthin gebracht. Plötzlich aber sei er »verwirrt« gewesen, habe das Steuer seines Wagens verrissen und sei so von der Fahrbahn der geländerlosen Brücke abgekommen.

Wodurch könnte Edward Kennedy so entscheidend »verwirrt« worden sein, daß er ganz unvermittelt das Steuerrad verriß? Waren an dem mysteriösen Unfall möglicherweise mehr als nur *zwei* Personen beteiligt gewesen?

Unterschiedliche Aussagen

Über den Zeitpunkt des Unfalls existieren interessanterweise unterschiedliche Aussagen. Laut Kennedy sei sein Wagen um 23.15 Uhr ins Wasser gestürzt. Ein Augenzeuge will aber Teds Fahrzeug erst um 0.40 Uhr – also fast anderthalb Stunden später – kurz vor der Unfallstelle gesehen haben. Und noch etwas Bemerkenswertes wurde damals in diesem Zusammenhang behauptet: Angeblich soll sich in Kennedys Limousine noch ein *weiterer*, somit also *dritter* Insasse befunden haben. War also dieser »Faktor X« für das mißglückte Fahrmanöver auf der Brücke verantwortlich gewesen? Wäre es denkbar, daß die Men in Black, auf deren Todesliste bereits Teds älterer Bruder John aufgeschienen war, im Jahr 1969 auch den jüngsten Sproß dieser einflußreichen Familie unschädlich machen wollten? Oder es zumindest verstanden hatten, durch diesen Unfall (der mit Hilfe einflußreicher Kreise vertuscht werden konnte) eine von Kennedy angestrebte Kandidatur für das höchste Amt im Staate unmöglich zu machen? Teds Ruf, darüber gab es keinen Zweifel, war »beschädigt«, und so überrascht es nicht, daß sich der Senator eine Zeitlang in eine Art »innere Emigration« zurückzog und auch später keinerlei Ambition mehr erkennen ließ, die Präsidentschaft der Vereinigten Staaten ernsthaft anzustreben.

Was das Strafmaß betraf, kam Edward Kennedy 1969 relativ glimpflich davon: Das richterliche Urteil – zwei Monate *bedingt* – ist längst getilgt.

Seitdem sind fünfunddreißig Jahre vergangen. Edward Kennedy hat es inzwischen längst aufgeben, Präsident der Vereinigten Staaten werden zu wollen. Heute gibt er sich mit der Position des »weisen« Ratgebers seiner Demokratischen Partei zufrieden. Denn abgesehen von seinem fortgeschrittenen Alter, erinnert er sich noch viel zu gut an jenen gefährlichen Vorfall vom 28. November 1979 sowie an weitere Schicksalsschläge, die ihn in der Folge ereilten. Zu jener Zeit hatte er noch gehofft, sich trotz dem für ihn ein Jahrzehnt zuvor so unrühmlich verlaufenen Unglück von Mary Jo Kopechne das höchste Amt der USA ein weiteres Mal für den Kennedy-Clan zu erobern.

An dem betreffenden Novemberabend hatte die 38-jährige Suzanne Osgood aus Boston vor, den mit Jimmy Carter um die Kandidatur wetteifernden Senator mit einem zwölf Zentimeter langen Jagdmesser in seinem Büro zu erstechen. Kennedys Leibwächter vom Geheimdienst gelang es gerade noch, den Anschlag zu verhindern. Später beeilte man sich, die Attentäterin für schizophren zu erklären. Dennoch blieb offen, über welche Wege und Beziehungen es der Frau gelungen war, unbemerkt bis in das Vorzimmer des Kennedy-Hauptquartiers vorzudringen. Hatten damals die MIB dafür gesorgt, ihm ein weiteres Mal einen »Warnschuß« vor den Bug zu setzen?

Das Gesetz einer Unglücksserie riß damals weiterhin nicht ab: Ein für die Wahlwerbung und zu Teds Rehabilitierung geplanter Film über die Kopechne-Tragödie von Chappaquiddick erwies sich als Bumerang. Beide Hauptdarsteller, die Kennedy sowie die ums Leben gekommene Sekretärin spielen sollten, sagten im letzten Moment ab und legten ihre Rollen nieder. Sie weigerten sich standhaft, an diesem ihrer Meinung nach »fragwürdigen Projekt« mitzuwirken.

Damit verpufften rund vier Millionen Dollar wirkungslos, die Edward Kennedy in seine Kampagne gesteckt hatte, um die erste Vorwahl zu gewinnen. Sein schärfster Konkurrent, Jimmy Carter, gewann damals ganz überlegen.

Doch nach wie vor war Ted nicht bereit, kampflos aufzugeben. Die Warnungen wohlgesonnener Freunde schlug er in den Wind. So wurde der Präsidentschaftsanwärter zur Zielscheibe einer Macht, der Kennedys Ambitionen ganz offensichtlich ein Dorn im Auge waren. Auch Jeane Dixon, Amerikas sybillinische Seherin, die bekanntlich den Mord an Teds Bruder, Präsident John F. Kennedy, mit erschreckender Genauigkeit unmittelbar davor prohezeit hatte, meldete sich wieder zu Wort. Was sie damals in ihren Visionen wahrzunehmen vermeinte, ließ im Lager der Kennedys die Alarmglocken schrillen:

»Alpträume quälen mich. Und ich sehe immer nur das gleiche Bild: Ted Kennedy liegt tot auf dem Boden. In einer enormen Blutlache …«

Möglicherweise scheint die seherische Warnung den ehrgeizigen Senator endlich zur Vernunft gebracht haben. Er zog seine Kandidatur zurück.

Rettete diese kluge Vorgehensweise Ted Kennedys Leben?

19. Seltsame Todesfälle

Im Verlauf meiner umfangreichen Nachforschungen über Aktivitäten der Men in Black begnügte ich mich nicht damit, nur gegenwärtige Eingriffe sowie solche in jüngerer Vergangenheit aufzuspüren, die Neugier trieb mich schließlich auch dazu, einige interessante, jedoch rätselhaft gebliebene historische Ereignisse etwas genauer unter die Lupe zu nehmen. Ich vertrete jedoch keineswegs stur den Standpunkt, nunmehr jedes einzelne von mir aufgegriffene Ereignis ausschließlich den »Männern in Schwarz« zur Last legen zu wollen. Das wäre sicher zu einfach, zu billig und vermutlich auch falsch. Aber hierfür zumindest einige Verdachtsgründe vorzulegen, erscheint mir dennoch durchaus legitim.

In jedem dieser Fälle stieß ich nämlich auf bestimmte Anhaltspunkte, die meinen Verdacht, wonach hier Zusammenhänge mit den MIB bestehen könnten, deutlich bestärkten. Aber meine Vermutungen können natürlich auch falsch sein, und ich gebe gerne zu, daß sich schon mancher, der sich zu intensiv in eine Sache hineingekniet hatte, in Gefahr lief, »betriebsblind« zu werden.

Das ist auch der Grund, weshalb ich es bei den folgenden Beispielen allein dem Leser überlassen möchte, nach eigenem Gutdünken zu entscheiden: War ich auf der richtigen Fährte – oder folgte ich einer falschen Spur?

Der schweigsame Gast

Jener Fremde, der den kleinen eleganten Arbeitsraum betrat, war völlig schwarz gekleidet. In der rechten Hand hielt er einen versiegelten Briefumschlag. Der Hausherr erhob sich, sichtlich überrascht, von seinem Schreibtisch. Der Unbekannte war ihm ohne Namensnennung angekündigt worden, was keineswegs den gesellschaftlichen Regeln entsprach. Wortlos überreichte der Besucher seine schriftliche Botschaft.

Die Neugier des noch sehr jungen Gastgebers war geweckt. Einen derart schweigsamen Gast hatte er bisher noch nie empfangen. Er brach das Siegel des Umschlages und überflog die Zeilen der Nachricht. Vergeblich suchte er nach einer Unterschrift des

Schreibers – der Brief war anonym abgefaßt worden. Darin hieß es unter anderem:

»... möchte ich Sie ersuchen, ob Sie willens sind und in der Lage, für mich ein Requiem zu komponieren. Es wäre für mich wichtig zu erfahren, in welcher Zeit Sie Ihre Arbeit fertigstellen können und welchen Preis ich dafür zu bezahlen hätte.

Ich wäre Ihnen sehr verbunden, wenn Sie Ihre Entscheidung meinem Boten schriftlich überreichen könnten und auch den Kaufpreis Ihrer Komposition, falls Sie meiner Bitte positiv entgegentreten sollten.«

Nachdenklich betrachtete der Hausherr seinen so auffällig dunkel gekleideten Gast. Das Alter des Mannes war schwer abzuschätzen, ebenso das ausdruckslose Gesicht. Die Frage, wer ihn hergeschickt hatte, ließ er deshalb ungefragt. Statt dessen bedeutete er seinem Besuch höflich, Platz zu nehmen, entschuldigte sich kurz und verließ dann den Raum.

Wolfgang Amadeus Mozart war es gewohnt, schwerwiegendere Entscheidungen, auch solche über kompositorische Aufträge, nie ohne vorherige Beratung mit seiner Frau Constanze zu treffen. Und die hatte sich dieses Vertrauens bisher immer würdig erwiesen.

»Es ist ein seltsamer Gast«, meinte der Komponist. »Er sagte nichts Bestimmtes, gab mir lediglich diesen Brief zu lesen.«

Constanze las ihn aufmerksam.

»Und?« Ihre Blicke waren fragend auf den Ehemann gerichtet. Mozart runzelte die Stirn.

»Alles ist irgendwie merkwürdig. Dieser unbekannte Bote, der anonyme Brief, dazu noch der Auftrag, ein Requiem zu schreiben. Ich weiß nicht ...«

»Mißfällt dir das Angebot?«

»Eigentlich nicht. Ich würde mich recht gerne an einem solchen Werk versuchen«, gab Mozart zu, doch Constanze bemerkte sein Zögern.

»Dann würde ich es an deiner Stelle auf den Preis ankommen lassen«, meinte sie entschlossen. »Nenne deinem Besucher eine entsprechende Summe ... sagen wir ... fünfzig Dukaten! Warte ab, ob dein Gast auf diese Entlohnung eingeht.«

Mozart wirkte noch immer irritiert.

»Ich weiß ja nicht einmal, ob der Fremde nur ein Bote – oder in

Wirklichkeit der sich tarnende Auftraggeber selber ist. Und dann – diese Kleidung. Auf mich wirkt alles irgendwie unheimlich. Geradeso, als wäre es ein Symbol des Todes ...«

Constanze hob energisch den Kopf.

»Laß' doch diese deprimierenden Gedanken – denk' an den Preis. Fünfzig Dukaten sind eine stolze Summe. Wenn sie dem Fremden zu hoch sein sollte, wird er von sich aus auf das Requiem verzichten. Wenn nicht ..., dann steht sich dieser Auftrag doch dafür, oder?«

Mozart hatte sich jetzt offenbar entschlossen und sein Unbehagen verdrängt. Seine Gestalt straffte sich.

»Du hast Recht, Constanze. Man soll nicht vorschnell trüben Gedanken nachhängen. Ich werde das Angebot annehmen und das von meinem Gast gewünschte Requiem komponieren!«

Mozarts Frau lächelte erleichtert.

»Es wird schon gutgehen, Wolferl ...«

Überrascht konstatierte er danach, mit welcher Selbstverständlichkeit der Unbekannte die von ihm geforderte Honorarnote akzeptierte. Mozart hatte immerhin auf die Hälfte der Summe als Vorschuß bestanden. Der schweigsame Besucher versprach, die vereinbarte Summe binnen kurzem zu begleichen.

»Ehe ich das Geld nicht in Händen halte, rühre ich keinen Finger«, versprach Mozart seiner Frau, als sein Gast gegangen war. Zwar war ihm ein so stolzer Betrag wie diese fünfzig Dukaten durchaus willkommen, davon sogar fünfundzwanzig Goldstücke im Voraus – dennoch durchschauerte ihn bei dem Gedanken an das verlangte Auftragswerk ein seltsames Gefühl des Unwirklichen.

Mozart war nicht wohl zu Mute. Irgend etwas stimmte nicht, schien wie eine Bedrohung. Das Kalenderblatt zeigte ihm an: Man schrieb den 2. August 1791. Es war ein warmer Tag, aber Mozart fröstelte trotzdem.

Seine heimliche Hoffnung, der fremde Bote würde von dem Auftrag von sich aus zurücktreten und nicht mehr wiederkehren, erfüllte sich nicht. Wenige Tage später stand der Schwarzgekleidete abermals in Mozarts Arbeitszimmer. Er überreichte dem Komponisten einen prallgefüllten Lederbeutel, und das wohlklingende Klimpern darin verriet Mozart, was er an Verheißungsvollem barg: Die vereinbarte Anzahlung von fünfundzwanzig Dukaten.

»Mein Auftraggeber war von der Bescheidenheit Ihrer Forderung sehr angetan«, meinte Mozarts Gast, um noch hinzuzufügen: »Ich bin deshalb beauftragt, Ihnen mitzuteilen, daß Sie zuzüglich ein großzügiges Geschenk zu erwarten haben, wenn Sie dem Ansinnen meines Auftraggebers nachgekommen sein sollten, für ihn das gewünschte Requiem zu komponieren.«

Mozarts Neugier war geweckt.

»Wer ist eigentlich Ihr Auftraggeber?«

Mit eisiger Miene entgegnete der Fremde: »Ich bin lediglich befugt, mit Ihnen handelseinig zu werden. Man wünscht sich ein Requiem aus Ihrer Feder. Folgen Sie daher dem Impuls Ihres Genies – aber kümmern sie sich nicht um die Identität meines Auftraggebers. Er legt keinen Wert darauf, seinen Namen publik zu machen.«

Dann eine energische Handbewegung des Besuchers, und Mozarts Versuch einer Gegenfrage erstickte schon im Keim. Der Rest klang wie eine versteckte Drohung: »Und versuchen Sie ja nicht, die Identität meines Auftraggebers festzustellen. Ihre Bemühungen wären gefährlich und zudem völlig aussichtslos!«

Danach empfahl sich der Unbekannte mit kurzem Gruß.

Constanze fand wenig später ihren Mann in Gedanken versunken. Seine Stirn war sorgenumwölkt. Ein untrüglicher Instinkt ließ sie sofort erkennen: Ihr Wolferl hatte Angst!

Es dauerte eine Weile, ehe sich Mozart zu entschließen vermochte, seine kompositorische Arbeit am Requiem zu beginnen. Doch kam er damit nicht so richtig voran, hatte er doch zunächst einen anderen Auftrag zu erfüllen: Seine bis dahin noch unvollendete Oper *Titus*, deren Premiere am 6. September 1791 stattfinden und deshalb für die Krönung von Kaiser Leopold II. in Prag rechtzeitig auskomponiert sein sollte. Kaum fertiggestellt, wartete danach ein weiterer Auftrag auf den arbeitsmäßig stark strapazierten Komponisten: Er mußte dringend nach Wien zurück, um dort seine *Zauberflöte* zu vollenden. Ihre Erstaufführung erfolgte am 30. September 1791.

Wolfgang Amadeus Mozart besaß leider keine sehr robuste Natur. Deshalb belastete der so plötzlich aufgetretene Arbeitsanfall die sensible Gesundheit des Komponisten ganz erheblich. Als dann endlich die liegengebliebene Arbeit am Requiem fortgesetzt werden konnte, glich er einem menschlichen Wrack. Seine alarmierende körperliche Verfassung schrieb Mozart aber nicht seiner beruflichen Überbeanspruchung zu. Vielmehr war der Komponist von dem eigenartigen Gedanken besessen, man habe damit begonnen, ihn auf irgendeine Weise zu *vergiften*. Vergeblich versuchte seine Frau, ihm diese fixe Idee wieder auszureden. Mozart war jedoch davon einfach nicht abzubringen. Er äußerte mehrmals die Überzeugung, daß sein schweigsamer Gast, der schwarz gekleidete Fremde, für sein miserables Befinden verantwortlich sei und offenbar vorhabe, ihn zu ermorden. Inzwischen bereits krank darniederliegend, röchelte er mit fiebrig glänzenden Augen: »Ich ahne es, das Requiem ist kein Zufallsauftrag. Es wird meine Todeskomposition, und der Zeitpunkt hierfür wurde satanisch ausgeklügelt ...«

Mozart sollte tatsächlich Recht behalten. Das Requiem blieb unvollendet und sein letztes Werk. Am 5. Dezember des Jahres 1791 schloß das nur 35 Jahre altgewordene Musikgenie für immer die Augen.

Ich wollte dennoch feststellen, wer oder was den Tod von Wolfgang Amadeus Mozart verursacht hatte. Deshalb studierte ich die verschiedensten Biographien, die seither über diesen schöpferisch so kreativen Mann geschrieben wurden. Fast jeder Verfasser hatte versucht, für sich selbst herauszufinden, wodurch Mozarts Ableben herbeigeführt worden war. Die seither angebotene »Todespalette« umfaßt inzwischen gleich mehrere angebliche Ursachen. Wir stoßen darin auf sogenannte »natürliche« Krankheiten, aber auch auf denkbare Mordanschläge.

Vor allem die Identität des unbekannten Besuchers wurde im späteren Verlauf der Untersuchungen zum Gegenstand der verschiedensten Mutmaßungen. So schrieb man den fremden Unbekannten den Freimaurern zu, denen Mozart bekanntlich ebenfalls angehört hatte. War er womöglich mit seinen vormaligen Gesinnungsfreunden in einen schwerwiegenden Konflikt geraten? Hatte ihn ein Racheakt ereilt? Oder war vielleicht sogar der Urteilsspruch eines anonymen Femegerichts an ihm vollstreckt worden? Wurde also Wolfgang Amadeus Mozart tatsächlich vergiftet, wie er vor seinem Ableben noch auf dem Totenbett behauptet hatte?

Selbst anerkannte Musikwissenschaftler sind sich darin nicht einig. Ich vermochte jedenfalls keinen einzigen *wirklich zielführenden* Hinweis zu entdecken, der mir meine Zweifel an diesem oder jenem

Todesgrund dieses außergewöhnlichen Komponisten zu nehmen vermochte.

War Mozart ebenfalls ein Opfer der Men in Black geworden? Stand er, aus der Sicht einer (zu)künftigen Machtclique gesehen, irgend jemand im Weg? War er, wie so viele andere Menschen der Gegenwart und vergangener Epochen, ebenfalls ein »Stolperstein« gewesen, den es (mit tätiger Hilfe der MIB) »wegzuräumen« galt? Nur deshalb, um spätere (kommende) unabänderbare Ereignisse nicht zu gefährden?

Ich sagte es schon zu Anfang dieses Kapitels: Es sind nur Vermutungen, die ich hier geäußert habe, *Indizien*-»Beweise« sozusagen. Sie könnten aber durchaus das berühmte »Körnchen Wahrheit« in sich bergen und vielleicht hinführen zu den ominösen, oft schicksalsbestimmenden »Männern in Schwarz« …

Das rätselhafte Auto

Zeitlebens galt er als eine schillernde, umstrittene Persönlichkeit. Mit der Wahrheit nahm er es auch nicht so genau – aber Thomas Edward Lawrence, der eigentlich Chapman hieß (weil sein Vater, um Diffamierungen zu entgehen, den Namen gewechselt hatte), ist auch nach seinem nie völlig aufgeklärten Tod eine geheimnisumwitterte Legende geblieben.

Sein Aufstieg vom Oxford-Gelehrten zum größten politischen Abenteurer des vergangenen Jahrhunderts war Gegenstand zahlreicher Bücher, und auch die Filmindustrie ging an der bunten, ungewöhnlichen Lebensgeschichte des T. E. Lawrence nicht achtlos vorüber. Zwar war dieser Mann nur 1,64 Meter groß, also von eher kleiner Statur, doch besaß er die beneidenswerte Fähigkeit, sich überall in Szene zu setzen. Im Jahr 1914 hatte man Lawrence, seiner geringen Größe wegen, zunächst die Aufnahme in die Armee verweigert, doch hinderte ihn dies später nicht an einer erfolgreichen militärischen Karriere.

1916 organisierte er (als britischer Agent) mit viel List und noch mehr Geld den Aufstand der Araber gegen die Türken, und im Mittleren Osten begegnete der homosexuell veranlagte T. E. seiner großen Liebe: dem jungen Araber Dahoum. Um sich ihm stets nahe zu fühlen, kleidete sich Lawrence nur noch in arabischer Tracht.

Dieser Spleen legte den Grundstein für die spätere Berühmtheit des britischen Obersts, den die Nachwelt als »Lawrence von Arabien« in Erinnerung behielt.

An diesem Mann war eigentlich alles exzentrisch. Seine Art zu leben, seine seltsamen Begierden, seine gleichgeschlechtliche Leidenschaft zu dem Araberjungen Dahoum – und nicht zuletzt seine besondere Vorliebe für das faschistische Gedankengut.

Am 18. Mai 1935 erhielt Lawrence eine telegraphische Einladung, sich mit Adolf Hitler zu treffen. Nach Erhalt der Depesche stieg der vormalige Offizier – er war 1934 von der Air Force entlassen worden – aufs Motorrad. Motorräder waren nämlich inzwischen zu Lawrence' großer Leidenschaft geworden.

T. E. nannte sich im übrigen damals nur noch Shaw, weil ihn kein Geringerer als der berühmte britische Dichter adoptiert hatte. Doch ausgerechnet jener »Feuerstuhl«, der ihm von seinem Adoptivvater geschenkt worden war, wurde dem nunmehr arbeitslos gewordenen arabischen Helden zum Verhängnis.

Ein dunkles Geheimnis

Bis zu heutigen Tag blieb die wahre Ursache von Lawrence' tödlichem Motorradunfall ein dunkles Geheimnis. Auch die wenigen Augenzeugen vermochten den Unfallhergang nicht aufzuhellen, da ihre Aussagen zu sehr voneinander abgewichen waren.

Aber lassen wir vorerst den tragischen Vorfall noch einmal vor unserem geistigen Auge ablaufen. Ein Vorfall, der dem Dasein des Thomas Edward Lawrence-Shaw ein viel zu frühes und abruptes Ende setzte.

Der Ex-Oberst war am 18. Mai 1935 auf der Straße des Militärlagers Bovington unterwegs gewesen. Es war eine ideale Strecke für Motorradenthusiasten, wie T. E. einer war. Trotz seiner Fahrleidenschaft war Lawrence keineswegs leichtsinnig unterwegs gewesen. Vor allem auf kurvigen Bahnen fuhr der vormalige Offizier stets vorsichtig, und die drei langgezogenen Biegungen der Lagerstraße in Richtung Clouds Hill hatten es ganz besonders in sich. Lawrence fuhr übrigens immer ohne Sturzhelm und war zudem ein typischer Gewohnheitsmensch. George Brough zum Beispiel, der die Herstellung von Lawrence's Motorrädern beaufsichtigte, beschrieb den

Ex-Agenten als den besten Fahrer, der ihm jemals untergekommen war. Brough wußte genau (und ebenso manche andere, die T. E. gut kannten), an welchen Stellen des Heimwegs der Star auf zwei Rädern sicherheitshalber auf die Bremse stieg. Die Geschwindigkeit auf 120 Stundenkilometer hinaufzusetzen, so etwas riskierte Thomas Edward Lawrence-Shaw nur auf übersichtlichen Strecken – so etwa in der Ebene von Salisbury.

So war es auch an jenem 18. Mai gewesen. Doch diesmal kam der Araberheld nicht weit. In einer Kehre der Lagerstraße schlug das Schicksal grausam zu.

Es gab verschiedene Aussagen über den angeblichen Ablauf von Lawrence's Unglücksfahrt. So etwa die zweier vierzehnjähriger Burschen, Frank Fletcher und Albert Hargreaves. Beide radelten zu ungefähr derselben Zeit auf Lawrence's Landhäuschen auf dem Clouds Hill zu. In ihrem Rücken vernahmen sie den Lärm eines heranrasenden Motorrades. »Dann krachte es furchtbar, Berties Rad prallte gegen meines, und ich stürzte auf die Straße«, erinnerte sich Frank Fletcher später bei seiner polizeilichen Aussage. Er beobachtete, wie ein Motorrad über die Fahrbahn schlitterte, und er sah dessen Lenker etwa fünf Meter neben seinem Fahrzeug liegen. Sonst wollte aber der Junge nichts Besonderes bemerkt haben. Auch sein Freund sah angeblich nichts weiter Verdächtiges.

Völlig anders hingegen lauteten die Angaben eines anderen zufälligen Beobachters, des Gefreiten Ernest Catchpole. Der Soldat war mit seinem Hund unterwegs gewesen und hatte das Tier auf dem unwegsamen Gelände westlich der Straße ausgeführt. Auf diese Weise wurde Catchpole zum teilweisen Augenzeugen jener unheilvollen Fahrt von Thomas Edward Lawrence. Dabei sah er zufällig etwas, das dem Tod des einstigen Helden der Araber eine völlig andere Bedeutung verleihen sollte. Catchpole hatte Lawrence auf seinem Motorrad nicht ununterbrochen beobachten können. Bei jeder Straßenwindung waren Fahrzeug und Fahrer aus seinem Blickfeld entschwunden. Dennoch vermochte der Gefreite genug zu sehen, um sich darüber danach ernsthaft Gedanken zu machen.

»Hinter dem Motorradfahrer tauchte plötzlich eine schwarze Limousine in den Straßenkehren auf«, gab Catchpole zu Protokoll. »Im nächsten Augenblick versuchte der Lenker des Motorrades dem Auto auszuweichen. Dann sah ich nur noch, wie sich das

Motorrad überschlug. Vom Fahrer sah ich nichts.« Den fand der Soldat bewußtlos auf der Straße liegend. »Sein Gesicht war mit Blut beschmiert, und ich versuchte es dem Schwerverletzten abzuwischen.«

Daß die beiden Burschen das mysteriöse schwarze Auto unerwähnt gelassen hatten, war ihren Vätern zuzuschreiben. Diesen war angeblich von bestimmter Seite »nahegelegt« worden, ihren Söhnen aufzutragen, die dunkle Limousine »zu vergessen« und damit spätere polizeiliche Erhebungen durch die Nichtnennung dieses »Corpus delicti« zu erleichtern.

Aber allen Falschaussagen zum Trotz: Das schwarze Automobil ist ein Faktum. Und der tödliche Motorradunfall des Exoberst Lawrence-Shaw war von dem Lenker dieses Fahrzeuges verursacht worden. Wer aber waren die Insassen des Wagens gewesen? Und wer hatte das Fahrzeug gesteuert?

Totales Schweigen

Es muß gewichtige Gründe gegeben haben, daß darüber in England bis heute totales Stillschweigen gewahrt wurde. Der offensichtlich mit Absicht herbeigeführte Unglücksfall wurde nie ernsthaft untersucht, und wenn doch, dann unter strengster Geheimhaltung. Wer immer die Auftragstäter gewesen sein sollten, sie blieben ungeschoren. Was man weiß, ist, daß der unberechenbare britische Exagent seiner Regierung damals einigen Kummer bereitete. Nicht zuletzt auch deshalb, weil man dort wußte, wie sehr Lawrence unter den Einfluß des britischen Faschistenführers Sir Oswald Mosley geraten war. Mosley hatte Kreide gefressen und es auf diese Weise verstanden, dem arbeitslos gewordenen Araberhelden ein Treffen mit dem deutschen Reichskanzler Adolf Hitler nahezulegen. Beide Männer – hatte Mosley dem eitlen Motorradfan vorgeschwärmt – wären in gemeinsamer Aktion besser als andere Politiker imstande, einen neuen Weltkrieg zu verhindern.

Waren es gedungene Mörder gewesen, die Lawrence' Motorrad gerammt hatten? In wessen Auftrag hatten sie gehandelt? War der eigene (britische) Geheimdienst in dieses Attentat verwickelt gewesen? Oder hatten hier völlig andere Auftraggeber ihre schmutzigen Hände im Spiel gehabt?

Lawrence selbst war nicht mehr in der Lage, zur Aufklärung des eigenen Falles Entscheidendes beizutragen. Schwerverletzt war er in das Militärhospital Bovington eingeliefert worden – dort war er, ohne das Bewußtsein wiedererlangt zu haben, am Sonntag, den 19. Mai 1935, um acht Uhr früh gestorben. Eine hastige und lediglich routinemäßige Untersuchung war kurz vor Lawrence' Bestattung durchgeführt worden.

Rückblickend wird offenbar, daß die Behörden von Anfang an keinerlei Bereitschaft gezeigt hatten, das rätselhafte Ende ihres Landsmannes auch wirklich aufzuklären. Je mehr Zeit verstrich, desto schleppender wurde den Unglücksursachen nachgegangen. Unglaublich nachlässig – war es Absicht gewesen? – waren die Untersuchungen vorgenommen worden. Und weil man die wahrheitsgemäße Aussage des Gefreiten Catchpole, er habe ein »schwarzes Auto« gesehen, nicht gänzlich vom Tisch wischen konnte, stellten die Untersuchungsbehörden die Behauptung auf, es habe sich hier in Wirklichkeit um einen »Lieferwagen« gehandelt, der täglich diese Strecke gefahren sei.

Ein klarer Widerspruch zur manipulierten Aussage der beiden vierzehnjährigen Augenzeugen, denen man das »schwarze Auto«, das auch sie zweifellos gesehen haben mußten, verdächtig schnell wieder ausgeredet hatte.

So bleibt der mysteriöse Unfalltod des T. E. Lawrence weiterhin ungeklärt und – wie ein Richter in einem späteren Resümee zu Recht vermerkte – in der Aufklärung seiner wahren Ursache »ziemlich unbefriedigend«.

Ob die britischen Behörden bei der Untersuchung des Unfalltodes ihres Kriegshelden »Lawrence von Arabien« Hinweise auf die Men in Black besaßen, können wir aus unserer Sicht nicht beantworten. Doch was immer sich auch ereignet hatte: Das tragische Ende dieses politisch fehlgeleiteten Mannes entsprach damals in jeder Weise den Wünschen und Hoffnungen seiner Regierung, des Geheimdienstes und des Militärs.

20. Besuch aus einer anderen Zeit?

Küstenbewohner leben oft in großer Gefahr. Denn sie müssen immer darauf vorbereitet sein, irgendwann von einer tödlichen Flutwelle überrollt zu werden. Das geschieht dann ganz plötzlich und fast immer ohne jede Vorwarnung. So wie es vor fünfundzwanzig Jahren an der französischen Cote d'Azur geschehen ist. Innerhalb von wenigen Sekunden starben damals sieben Menschen. Die Unglücklichen hatten keine Möglichkeit, ihrem tragischen Geschick zu entgehen: Sie wurden von der Flutwelle überrollt und ertränkt.

Die Geologen standen vor einem Rätsel. Nichts hatte auf dieses katastrophale Ereignis hingedeutet. Alles war furchtbar schnell gegangen. Augenzeugen berichteten übereinstimmend, das Meer sei zunächst um dreihundert Meter zurückgewichen, um gleich danach in Form einer riesigen Woge wiederzukehren. Gleich einer Lawine brachen die Wassermassen über die Hafenanlage der Stadt Nizza und über ihren nahen Flugplatz herein und bereiteten sechs Hafenarbeitern ein nasses Grab.

Ähnlich tragisch war auch das Schicksal eines Touristen im Urlaubsort Antibes, der am Strand von der Flutwelle überrascht und getötet wurde.

Doch diese Todesziffer verblaßt vor der Anzahl an Opfern, die vor achtundzwanzig Jahren zu verzeichnen war. So registrierte man am 27. Juli in der Volksrepublik China das folgenschwerste Erdbeben seit mehr als 450 Jahrhunderten. Obgleich man offiziell keine genaueren Angaben machte, dürften damals mehr als 650 000 Menschen ums Leben gekommen sein.

Noch mehr unter die Haut ging uns 1976 jene Katastrophe vor unserer Haustür, die die südlich von Kärnten liegende Landschaft Friaul innerhalb von zwei Minuten fast völlig verödete. Durch dieses schwerste Erdbeben, das bis dahin jemals in Mitteleuropa gewütet hatte, wurden neunzehn Ortschaften auf italienischem Gebiet teilweise völlig zerstört. An die fünfhundert Menschen starben unter den Trümmern einstürzender Häuser, mehr als 1500 Einwohner der davon betroffenen Provinzen Udine und Pordenone wurden verletzt.

Innerhalb von zwei Minuten

Innerhalb von zwei Minuten wurde dieses Gebiet völlig von der Außenwelt abgeschnitten. Kein Telefon funktionierte mehr, Hilfsmaßnahmen kamen nur schleppend in Gang, da die verwüsteten Straßen jede Verbindung verhinderten. Erste Todesmeldungen trafen ein. Dies dank einiger Funkamateure, denen es gelang, die Behörden zu alarmieren. Von Stunde zu Stunde stieg damals die Anzahl der Opfer. Verschiedene Ortschaften in diesem Gebiet waren durch das Beben zu über neunzig Prozent zerstört worden. Die beiden Kleinstädte Osoppo und Forgaria – sie zählten insgesamt 7500 Einwohner – wurden dem Erdboden gleichgemacht.

Es gab unzählige Augenzeugen, die später über ihre grauenhaften Eindrücke berichteten. Auch die Zeitungen waren voll davon. So schilderte eine 61-jährige Frau aus Magnano:

»Zuerst spürte ich ein leichtes Beben und ging auf den Balkon meines Hauses. Mein Hund bellte wie wild, Sekunden später ließ ein gewaltiges Dröhnen die Luft erzittern. Der Boden hob und senkte sich fürchterlich, und ich dachte, ich würde von meinem Balkon geschleudert, aber mein Haus blieb stehen. Sobald ich mich von dem Schock erholt hatte, lief ich auf die Straße. Angst- und Schmerzensschreie waren um mich herum in der Dunkelheit zu hören. Ich weiß nicht, wie lange das Erdbeben dauerte – es kam mir wie eine Ewigkeit vor.«

Drei Jahre nach diesen Schreckensminuten wurde auch Kalifornien, ein bekanntermaßen erdbebengefährdetes Gebiet, von Angst beherrscht. Fünfundneunzig Menschen wurden durch eine gewaltige Erschütterung verletzt. Das Epizentrum lag fünfzehn Kilometer östlich von Calexico im Imperial Valley des mexikanisch-kalifornischen Grenzgebietes. Es war ziemlich genau vier Uhr nachmittags (Ortszeit), als es völlig überraschend geschah: Hauswände erzitterten und stürzten gleich darauf krachend zusammen; Dächer knickten ein, gewaltige Risse machten die Straßen unpassierbar, Autos wurden unter dem Schutt zerstörter Gebäude begraben. Seismographen in Pasadena ermittelten eine Erdbebenstärke von 6,5 Ball auf der Richterskala. In Friaul lag sie noch weit höher. Fachleute stellten fest, daß dort eine Energie von 150 000 Megawatt freigesetzt wurde, was der Antriebskraft von rund vier Millionen Autos entspricht, bei angenommenen 50 PS pro Auto. Eine wahrlich gigantische Kraftquelle.

Ende des Jahres 1979, am 12. Dezember, wurde ein neuerliches Erdbeben, begleitet von zahlreichen Nachbeben, im Grenzgebiet zwischen Kolumbien und Ecuador registriert. Diese südamerikanische Naturkatastrophe kam völlig überraschend und forderte hunderte Todesopfer. Ersten Berechnungen zufolge lag das Epizentrum im Pazifik, sechshundert Kilometer vor der kolumbianischen Küste. Die Stärke des Bebens wurde zwischen 7,5 und 8,5 nach der Richterskala eingeschätzt. Erdbebenspezialisten in Wien sprachen in diesem Zusammenhang von einem »Weltbeben«, das die Geräte in den seismologischen Stationen rund um die Erde zum Ausschlagen gebracht hatte.

Beben derartigen Ausmaßes hat es im Verlaufe der Menschheitsgeschichte schon viele gegeben. Zieht man einen ungefähren Querschnitt der spektakulärsten Katastrophen von 1556 bis 1979, so kommt man auf eine Verlustziffer von über 2,4 Millionen Menschen. Trotz modernster Meßgeräte sehen sich aber die Seismologen oft außerstande, den genaueren Zeitpunkt einer neuerlichen Erderschütterung exakt vorauszusagen. Diese geodynamischen Prozesse im Erdinnern sind nicht kontrollierbar, Kapazitäten vom Range eines Professor Icilio Finetti, führender Erdbebenexperte Italiens, scheuen sich daher nicht, öffentlich einzugestehen: »Wir können keinerlei Voraussagen über die Stärke weiterer Erdstöße treffen.« Nicht nur ihn hatte 1976 die Katastrophe, die damals über Friaul hereingebrochen war, überrascht. Er hatte sie mit dieser Vehemenz nicht erwartet.

Erdbeben und ihre Ursache stellen für unsere Wissenschaftler schon lange keine Rätsel mehr dar. Sie gehen auf Erschütterungen der Erdkruste, die meist nur Sekunden dauern, zurück; aber auch auf Verschiebungen der Erdkruste. Man bezeichnet diese als »tektonische Beben«. Sie unterscheiden sich von sogenannten »vulkanischen Erdbeben«, die dann auftreten, wenn es zum Ausbruch eines Vulkans, der sich auch unter dem Wasser befinden kann, kommt. Und schließlich gibt es noch die »Einsturzbeben«, die, wie schon die Bezeichnung andeutet, durch den Einsturz unterirdischer Hohlräume ausgelöst werden. Seebeben z. B. sind besonders tückisch, da sie in der Regel meist eine verheerende Flutwelle bewirken.

Ein Erdstoß setzt sich von seiner Ausgangsquelle wellenförmig fort. Messungen haben ergeben, daß dabei bis zu fünfzehn Zentimeter Bodenbewegung erzeugt werden. Bereits fünf Zentimeter können zu großen Zerstörungen führen, sofern sich der Erdbebenherd (das Epizentrum) unter dem Meeresboden befindet.

Auf unserem Planeten werden jährlich im Durchschnitt ungefähr zehntausend Erdbeben registriert, aber nur die Hälfte davon wird auch ohne Instrumente wahrgenommen. Wirklich zerstörerisch sind aber nur an die einhundert Erschütterungen.

Gibt es »künstliche« Beben?

Sind alle diese Beben ausschließlich auf natürliche Ursachen zurückzuführen? Oder könnten sie auch »künstlich« herbeigeführt werden?

Eine für viele provozierende Frage – doch stelle ich sie keinesfalls unberechtigt. Denn »künstliche« Erdbeben können tatsächlich erzeugt werden.

Die Universität von Canterbury, Neuseeland, führte entsprechende Versuche durch. Für ihr Erdbebenexperiment nahm man dort eine mächtige Maschine von eintausend Tonnen Gewicht in Betrieb. Die gigantische Apparatur wurde von der englischen *Dartec Limited* konstruiert, und die Firma gewann damit den Auftrag für das neuseeländische Zentrum zur Erdbebenforschung gegen ähnliche Konstruktionen in Deutschland und den USA.

»Dartec-1000«, so der Name dieser Maschine, wurde konstruiert, um Materialien und Konstruktionsart einzelner Bauteile echten Erdbebenbedingungen aussetzen zu können, ohne den Umweg über Modelle nehmen zu müssen. Auf diese Weise ist man in der Lage, einzelne Gebäudeteile im Original unter Druck zu setzen. Allein der Rahmen, in den die Gebäudeteile eingespannt werden, ist acht Meter hoch und wiegt fünfunddreißig Tonnen. Alle Bauteile bis zu zehnmal 7,5 x 4 Meter können von »Dartec-1000« getestet werden. Hydraulische Pressen und Zusatzverstärker sorgen dafür, daß sogar die großen Kräfte der ersten Erdstöße erreicht werden können.

An alles haben die Konstrukteure gedacht. Ihr monströses »Kind« wird elektronisch kontrolliert. Die Erdbebenmaschine spricht innerhalb von 0,02 Sekunden auf das erste Signal an, so daß für die

Prüfung der Widerstandsfähigkeit eines Bauteiles die aufgezeichneten Signale echter Erdbeben verwendet werden können.

Man sieht also: Unsere Wissenschaft ist bereits in der Lage, Erderschütterungen zu simulieren. Könnte es vielleicht auch bei echten Beben zu ähnlichen »Nachbildungen« gekommen sein?

Vielleicht unbeabsichtigt, ungewollt?

Diese provokante Frage stellt sich keineswegs zufällig. Sie ergibt sich vielmehr aus der Fortführung der in diesem Buch diskutierten Hypothese über die mögliche Herkunft der Men in Black. Gehören diese Männer zu irgendeinem Geheimdienst einer Großmacht? Arbeiten sie autonom? Sind sie amerikanische, russische oder vielleicht chinesische Befehlsempfänger? Oder unterstehen sie einer uns noch unbekannten Weltmacht?

Eigentlich ist keine dieser Annahmen wirklich vorstellbar, wenn man weiß, daß den weltweit tätigen Spionagediensten heute selbst die berühmte Stecknadel im Heuhaufen nicht zu entgehen vermag. Tatsächlich ließen sich die »Männer in Schwarz« bisher nicht identifizieren. Sie agieren völlig anonym. Sie sind gewissermaßen der »Faktor X«. Ihrer Spur vermochte noch kein Geheimdienst zu folgen. Sie verlor sich trotz hartnäckiger Fährtensucher buchstäblich im Nichts.

Ein Ding der Unmöglichkeit? Offenbar – wenn man die gegebene Situation mit den uns geläufigen Wertmaßstäben mißt. Und wenn man es unbedingt darauf anlegt, die MIB in unserem Zeitalter zu suchen.

Reisen durch die Zeit?

Was aber, wenn der Ursprung dieser unheilvollen Phantome gar nicht in unserer Gegenwart zu suchen ist? Wenn sie imstande sein sollten, nicht nur räumliche, sondern auch »zeitliche« Entfernungen zu überbrücken? Wenn sie nicht in unserer Zeit, in unserem Hier und Jetzt, zu suchen wären? Wenn diese Unbekannten in der Lage sein sollten, *räumlich unabhängig* zu operieren – und sowohl *in der Zeit* wie auch *durch die Zeit* zu reisen?

Halten Sie, liebe Leser, dies für unmöglich und bloß für irreale Gedankengänge?

Tatsächlich haben unsere Wissenschaftler noch keinen Weg gefunden, auch die *Zeitbarriere* zu überwinden. Derartige Überlegungen spuken nach wie vor ausschließlich durch utopische Romane und sind deshalb Phantasieprodukte geblieben. Lupenreine Sciencefiction.

Aber die theoretische Möglichkeit sollte man dennoch nicht ganz außeracht lassen. Bereits der berühmte Theologe und Philosoph Teilhard de Chardin war sich bewußt:

»Im kosmischen Maßstab (so lehrt uns die moderne Physik) hat nur das Phantastische eine Chance, wahr zu sein.«

Zugegeben: es wäre schon sensationell, zur *beweisbaren* Erkenntnis zu gelangen, daß die Men in Black zwar *irdischer* Herkunft sind, aber *nicht aus unserer Zeit*.

Die MIB in geheimer Mission?

Noch ist es uns nicht möglich, die Grenze in eine andere Dimension zu überschreiten. Dies auch deshalb, weil wir nach wie vor außerstande sind, die Zeit zu *manipulieren*. Das führt »im kosmischen Maßstab« andererseits zu der zwingenden Logik: Diese »Männer in Schwarz« sind in Wirklichkeit ***Zeitreisende***. Sie stammen anscheinend aus einem Zeitabschnitt, der sich noch *vor uns* befindet. Es handelt sich somit um *Besucher aus der Zukunft* »in geheimer Mission«. Der ihnen jeweils gestellte Auftrag ist uns nicht geläufig, wird aber von den MIB, wie sich bisher gezeigt hat, in jedem Fall rigoros durchgezogen. Gnadenlos und (wenn es für ihren Auftrag von Nutzen ist) ohne das Leben der davon betroffenen Person zu schonen. Die Men in Black (im übertragenen Sinn) als »Phantome des Schreckens« zu bezeichnen, erscheint mir daher nicht übertrieben. Was aber hat das alles mit »künstlichen« Erdbeben zu tun? Welche Übereinstimmungen lassen sich feststellen?

Ich empfehle deshalb, liebe Leser, zwei Passagen aus einem der Sachbücher meines Freundes Ernst Meckelburg nachzulesen. Meckelburg ist Naturwissenschaftler, steht aber ebenso auch paranormalen Phänomenen aufgeschlossen gegenüber. Er hält die Zeitschranke für überwindbar und liefert für eine derartige Annahme (*Der Überraum – Expeditionen ins Unfaßbare*; 1978) die entsprechenden Anhaltspunkte:

»John B. Priestley untersuchte in Man and Time *(*Mensch und

Zeit; *London 1964) die Möglichkeiten des Menschen in seiner Relation zur Zeit. ›Zeit Nr. 1‹ nennt er die Uhrzeit, die im Alltag gebräuchlich ist; sie entspricht dem Ich-Bewußtsein. Als ›Zeit Nr. 2‹ bezeichnet er die Zeit, in der wir leben, wenn wir träumen oder in einem veränderten Bewußtseinszustand sind (Welt des Voraustraumes). Schließlich bezeichnet er ›Zeit Nr. 3‹ als dritte Art der Zeit, die irgendwie mit der Fähigkeit zusammenhängt, das Mögliche und das Wirkliche zu verbinden oder zu träumen (übergeordnetes Bewußtsein).«*

Von einer höherdimensionalen Warte aus gesehen, dürfte das Raum-Zeit-Gefüge (RZ-Gefüge) eine »massive, erstarrte Form« besitzen. Kein Wunder, daß der russische Atomphysiker Dr. Nikolai Kozyrew die Zeit als eine Form der Energie definiert wissen wollte. Bei genau überwachten und wiederholten Versuchen hätten seine Meßgeräte eine unbekannte Energie registriert, die sich mit bekannten mechanischen und chemischen Prozessen verband. Dies wäre, so folgerte Kozyrew, die »Zeit«. Er habe festgestellt, behauptete er weiter, daß ein System, das sich entgegen dem Uhrzeiger drehe, positiv sei; also würde offensichtlich Energie hinzutreten. Sich entgegengesetzt drehende Systeme beinhalteten hingegen, so Kozyrew, einen negativen Zeitfluß.

Ernst Meckelburg propagierte in dem von ihm zusammengetragenen Mosaik den sogenannten »Überraum«, faktisch das »Sprungbrett«, von dem aus man – wenn die hierfür erforderlichen Möglichkeiten einmal ausgeschöpft sein sollten – in jede beliebige Zeitphase »eintauchen« könnte. In seinem interessanten Buch ergänzte er seine Anschauung dahingehend:

»Unsere Nachfahren, die – vom Überraum aus gesehen – schon längst existieren, könnten z. B. eine Zeitmaschine erfinden (besser: erfunden haben) und hiermit ihre Altvorderen, also uns, besuchen (d. h. schon besucht haben) ...

Mehrere solcher interdimensionaler Operationsfahrzeuge könnten doch im Verlaufe weniger Jahre oder Jahrzehnte buchstäblich die ganze ›Zeitgeschichte‹ dieses Planeten mühelos ›abfahren‹, Beobachtungen anstellen und auf diese Weise ihre (von uns aus gesehen erst eintretende) eigene Geschichte plastisch studieren ...«

Für Ernst Meckelburg gewann die Hypothese über jederzeit zu vollziehende Zeitsprünge auch deshalb an Wahrscheinlichkeit, weil derartige – uns Heutigen unbegreifliche – Begebenheiten oft beobachtet werden konnten. Der Autor dachte hier in erster Linie an das plötzliche Erscheinen oder Verschwinden von unbekannten Flugobjekten. Sie schienen aus dem Nichts zu kommen, um später in gleicher Weise aus unserem Blickfeld zu entschwinden. Das UFO hätte sich buchstäblich »in Luft aufgelöst«, wurde von fassungslosen Augenzeugen angegeben. Meckelburg folgerte daraus schlüssig:

»Für die interdimensionale Operationsweise dieser Fahrzeuge sprechen zahlreiche Berichte, aus denen hervorgeht, daß sich UFOs auch teilmaterialisieren und in diesem Zustand durchsichtig erscheinen können. Der auf Grand Canaria ansässige Arzt Dr. F. J. Padron Leon ließ sich am Abend des 22. Juni 1976 im Taxi zu einem in Las Rosas wohnenden Patienten fahren, als er plötzlich hinter einer Kurve im Abstand von nur 60 Metern ein fremdartig aussehendes Objekt bemerkte. Reporter der Zeitung La Peovincia *– durch die mysteriösen Vorgänge auf der spanischen Ferieninsel ohnehin alarmiert – wollten später von Leon unter anderem wissen, ob das beobachtete Objekt massiv oder durchsichtig gewesen wäre. Hierzu äußerte sich Leon wortwörtlich: ›Als wir (er und der Taxifahrer) es genauer betrachteten, konnten wir die Sterne hindurchsehen. Es war ungefähr so hoch wie ein dreistöckiges Haus. Außen, an der rechten Seite, hatte es eine ovale Zeichnung. Im Inneren sah man so etwas wie eine Plattform, silbern, mit drei Hebeln, alle drei nach vorn gerichtet.‹*

Befand sich das von Leon beobachtete Objekt zu diesem Zeitpunkt etwa noch im teilmaterialisierten Zustand, in einer Art Halbraum zwischen unserem RZ-Kontinuum und einer übergeordneten Struktur?«

Solche Überlegungen beschäftigten Ernst Meckelburg in seinem Buch. Wir aber müssen uns fragen, welche Folgen ein Durchbrechen der Zeitmauer auf die gegenständliche Welt haben könnte. Der auf mysteriöse Weise ums Leben gekommene amerikanische UFO-Forscher und Wissenschaftler Morris K. Jessup (er verübte angeblich Selbstmord) vertrat beispielsweise die Meinung, daß durch die Energie eines Magnetfeldes Materie verwandelt und auf diese Weise von einer Dimension in eine andere befördert werden könnte. Dabei berief sich Jessup stets auf Einsteins »Einheitliche Feldtheorie«, die ja bekanntlich besagt, daß Begriffe wie Raum, Zeit (Raum-Zeit), Materie und Energie *zusammenhängend* betrachtet werden müssen.

Könnte bei Verwendung und beim Einwirken solch starker, pulsierender elektromagnetischer Felder ein spektakulärer Nebeneffekt entstanden sein, der Folgewirkungen auf die im »Zielpunkt« befindliche Umwelt nach sich zog?

Denken wir doch einmal an den Schall. Er bewegt sich wellenförmig von seinem Zentrum – etwa uns selbst – weg. Mit einer Geschwindigkeit von 333 Mikrosekunden (oder 1200 Stundenkilometern). Die Schallgeschwindigkeit nimmt im Wasser sowie in festen Körpern sogar noch zu.

Unangenehme Begleiterscheinungen

Früher war man davon überzeugt, daß die Schallmauer für alle angestrebten Geschwindigkeitsrekorde im Flugwesen die absolute Grenze darstellen würde. Inzwischen ist es längst gelungen, diese scheinbar unüberbrückbare Barriere zu durchbrechen. Als der erste Pilot die Schallgeschwindigkeit mit seinem Flieger jedoch zu überschreiten vermochte, hatte er damit auch gleichzeitig den auf das Dreifache angestiegenen Luftwiderstand überwunden. Danach waren die Luftmassen in das dabei entstandene Vakuum mit donnerndem Krachen wieder eingebrochen.

Öfters kam es bei derartigen Flugmanövern zu unangenehmen Begleiterscheinungen. So etwa dann, wenn der Düsenjägerpilot mit seiner Maschine zu knapp über menschlichen Ansiedlungen hinwegraste. Zersprungene Fensterscheiben waren da noch die mindeste Zerstörung durch aggressive Schallwellen.

Inzwischen hat man den Schall leider auch als Kriegswaffe entdeckt. Sogenannte Schallkanonen sind, scheinbar lautlos, imstande, mit Hilfe von Schallwellen selbst massiv gebaute Häuser zum Einsturz zu bringen.

Wäre ein ähnlicher Effekt wie beim Schall nicht auch bei einem Übergang von einer Dimension in die andere denkbar? Hervorgerufen durch elektromagnetische Felder? Wenn sich beispielsweise zwei Zeitebenen – was durchaus vorkommen könnte – »überlappen« sollten und sich die Zeitmaschine der Fremden aus der Zukunft zufällig in dem Einflußbereich dieser Zeitebenen materialisieren würde?

Wäre es also denkbar, daß manche auf diesem Planeten registrierte Beben unbeabsichtigte Begleit- beziehungsweise Folgeerscheinungen eines Besuches aus der Zukunft gewesen sind?

Auf den vorangegangenen Seiten des Buches war ich bemüht, die dunklen Rätsel um die Tätigkeit der sogenannten Men in Black im Rahmen meiner Möglichkeiten etwas aufzuhellen. Nach wie vor wissen wir nichts Genaueres über sie auszusagen. Sicher ist nur eines: Es handelt sich bei den mysteriösen Agenten nicht um Angehörige der CIA, des FBI oder der Air Force. Dennoch scheint es den Drahtziehern der Organisation gelungen zu sein, ihre Leute in hohe und höchste Regierungs- und Militärstellen einzuschleusen, weil nur auf diesem Weg Zugang zu wichtigen Akten und strategisch wertvollen Informationen zu erreichen war.

Um hinter das Geheimnis der MIB zu gelangen, ist es notwendig, *drei* wesentliche Fragen zu beantworten:

Wer sind sie?

Was wollen sie?

Woher kommen sie?

Sie allein bieten das Fundament unserer Untersuchungen, der eigentlichen Identität der »Männer in Schwarz« auf die Schliche zu kommen.

Das Treiben dieser »Phantome des Schreckens« auf unserem Planeten scheint bestimmten Gesetzmäßigkeiten zu folgen. Und läßt uns erahnen, daß sie irgendwelchen Aufträgen folgen. Aber wer verfügt derzeit über genügend Einfluß, um ein dermaßen ausgeklügeltes Schachspiel in Szene setzen zu können? Nach meiner Auffassung: keine Großmacht – auch nicht die Vereinigten Staaten, Rußland oder China. Den Weltmächten wird es heute unmöglich gemacht, wirklich geheime Pläne in die Praxis umzusetzen. Zu perfekt funktioniert das weltweite Spionagenetz, das über James-Bond-Phantasien schon lange hinausgewachsen ist. Heute überwacht jeder jeden, und das zu Land ebenso wie auch zu Wasser oder in der Luft. Selbst der nahe Weltraum ist okkupiert. Satellitenspione, mit hochempfindlichen Radaraugen ausgerüstet, sehen inzwischen sogar die »Stecknadel im Heuhaufen«.

Ein ungeklärtes Geheimnis

Dennoch bleibt das Geheimnis um die Men in Black auch weiterhin ungeklärt. Nichts scheint diese Fremden aufhalten zu können. Sie wechseln ihren jeweiligen Standort nach Belieben. Raum und Zeit scheint ihnen kein Hindernis zu sein. Wir erinnern uns wieder an jenen Bericht, in dem vom seltsamen Verschwinden der Schwarzgekleideten die Rede war. Wo Polizeibeamte beim Überprüfen von bestimmten Autotypen eine unfaßbare Tatsache zur Kenntnis nehmen mußten: Das Fahrzeug – eine dunkle Limousine – löste sich vor ihren Augen in Luft auf ...

Wer nun meint, derartige Meldungen seien bloß auf die überhitzte Phantasie der betreffenden Ordnungshüter zurückzuführen, irrt. Polizisten sind in der Regel absolute Realisten, was allein bereits ihr Beruf mit sich bringt. Und doch wurden sie mit dem Unglaublichen konfrontiert. Dinge und Menschen verschwanden von einer Sekunde zur anderen spurlos, als hätten sie nie existiert.

Sind die »Männer in Schwarz« *Zeitreisende*? Ist ihnen die Fähigkeit gegeben, Vergangenheit, Gegenwart und Zukunft miteinander in Einklang zu bringen? Vor die Frage gestellt, aus welcher Zeitphase sie kommen mögen, scheint uns jene am reizvollsten zu sein, die wir aus eigener Anschauung noch nicht kennen, deren Ablauf noch im Dunkeln liegt.

Die *Zukunft*!

Schon das Wort »Zukunft« vermag die Phantasievollsten unter uns zu faszinieren. Denn von einer Rampe wie dieser wäre man – hypothetisch – in der Lage, Gegenwärtiges (zumindest aus dem Ablauf der eigenen Geschichte) zu überblicken. Und obendrein imstande, Unzulänglichkeiten, die sich dabei ereigneten, wahrzunehmen. Sollte es dann womöglich auch noch die Gelegenheit geben, solche »Unzulänglichkeiten« nachträglich zu *korrigieren*, wäre sogar die Möglichkeit gegeben, die Geschichte nach eigenen Interessen zu beeinflussen.

Sollte das der Auftrag sein, den die MIB auszuführen haben?

Handelt es sich bei den Men in Black um Agenten, die die Zeitebene *kontrollieren* sollen? Müssen sie koordinieren? Korrigieren?

Sind die »Männer in Schwarz« eine aus der *Zukunft* abkommandierte Überwachungstruppe?

»Zeitkorrektoren« aus der Zukunft?

Oder – um es noch deutlicher zu sagen – sogenannte *Zeitkorrektoren*?

Traten sie, fallweise, auch unter anderen Identitäten in Erscheinung? Manche Geschehnisse scheinen diese Vermutung zu bestätigen. Beispiele wie die überlieferten Erzählungen über den geheimnisvollen Grafen von Saint-Germain oder Episoden aus dem Leben des rätselhaften Milliardärs Howard Hughes scheinen derartige Überlegungen zu bestätigen. Diese und noch so manche andere Persönlichkeiten der Menschheitsgeschichte (denken wir nur an das Erfinder- und Malergenie Leonardo da Vinci) stammten möglicherweise aus einer anderen (vermutlich: zukünftigen) Zeitphase, und waren beauftragt, in ihre historische Vergangenheit zu reisen, um bestimmte geschichtliche Vorgänge zu beeinflussen. Vielleicht handelte es sich bei diesen Personen aber auch um *illegale* Zeitreisende, und den Men in Black war es als den offiziell eingesetzten »Zeitkorrektoren« zur Aufgabe gestellt worden, diese »Stolpersteine« auf dieser in der Vergangenheit liegenden Zeitebene dingfest zu machen oder überhaupt aus dem Weg zu räumen. Was wiederum manches, bisher unaufgeklärte (uns heute unverständliche) politische Attentat motivieren würde.

Es scheint eine erbarmungslose Aufgabe zu sein, die den Besuchern aus der Zukunft aufgetragen ist – für spätere Generationen aber möglicherweise die einzige Chance, die eigene Gegenwart vor »Vergangenheitssünden« zu verschonen.

In dem einen oder anderen Fall reichten, zugegebenermaßen, die vorhandenen Indizien nicht aus, um den oder die Täter zu überführen. Doch vermochte ich, da und dort, den Nachweis zu erbringen, daß dabei die MIB eine bestimmte Rolle spielten.

Anscheinend gibt es auch zwischen UFOs und den »Männern in Schwarz« eine bestimmte Verbindung. Sollte die womöglich darin bestehen, daß es sich bei diesen Flugobjekten *nicht* um Raumfahrzeuge außerirdischer Wesen, sondern (wie übrigens auch Ernst Meckelburg vermutet) um flugfähige »Zeitmaschinen« handelt, dazu geschaffen, Reisende aus der Zukunft in eine andere Zeitepoche (in ihre Vergangenheit und unsere Gegenwart) zu befördern?

Gewisse vielfach beobachtete Symptome scheinen das zu bestätigen.

Wer diverse UFO-Zeugenaussagen aufmerksam studiert hat, wird sich gewiß daran erinnern, daß UFOs, scheinbar völlig unmotiviert, vor aller Augen plötzlich verschwanden. »Wie ein Licht, das in der Dunkelheit ausgeschaltet wurde«, wie überraschte Augenzeugen konstatierten, wenn man sie nach dem Hergang des Verschwindens des von ihnen beobachteten UFO befragte. Eine Fähigkeit, die die MIB anscheinend beherrschen.

Auch der Amerikaner John Keel hat sich in seinen Büchern mit den Men in Black mehrfach auseinandergesetzt. Er ist davon überzeugt, daß die Zeitagenten der Menschheitsgeschichte bis in die fernste Vergangenheit hinein ihren Stempel aufgedrückt haben. Anhand verschiedener Überlieferungen in alten Schriften und »heiligen« Büchern hat der Autor mehrfach versucht, seine zunächst nur hypothetische Annahme überzeugend zu belegen.

Als geeignetes Beispiel nennt Keel die *Bibel*. Nach seiner Auffassung findet sich darin (und zwar sowohl im Alten als auch im Neuen Testament) zumindest *ein* Geschehnis, das mit den MIB in Verbindung gebracht werden könnte. Wobei nicht unbedingt darauf hingewiesen werden muß, daß die »Zeitkorrektoren« (wie ich die Men in Black bezeichnet habe) nicht immer ausschließlich dunkel gekleidet in Erscheinung treten. Aus früheren Beispielen wissen wir längst, daß sich diese Herrschaften niemals verlegen zeigten, in stets jener Bekleidung aufzutreten, die dem jeweiligen Anlaß nützlich war. Diese Auffassung teilt auch John Keel. In seinem 1976 erschienenen Sachbuch *The Cosmic Question* (*Die kosmische Frage*) bemerkt er zu Recht, daß sich die MIB der verschiedensten Identitäten und Verkleidungen bedienten, um ihre Vorhaben auszuführen.

Sie gebrauchten ihren Einfluß auf die Umwelt als begüterte Bankiers ebenso wie als Freimaurer, Jesuiten, Alchimisten oder sonstige einflußreiche Persönlichkeiten.

Das läßt mich an ein vergleichbares Beispiel im Alten Testament der *Bibel* denken: Wer waren jene beiden Männer, die Abraham und Lot veranlaßten, die vom unweigerlichen Untergang bedrohten (angeblich »sündigen«) Städte Sodom und Gomorra unbedingt zu meiden? Woher wußten diese Fremden so genau, daß der Count-down für die Vernichtung beider Ansiedlungen bereits begonnen hatte und nicht mehr aufgehalten werden konnte?

Und wer waren (um ins Neue Testament überzuwechseln) jene drei »Weisen«, die angeblich aus dem Morgenland kamen, um einem neugeborenen Knaben mit Namen Jeschua (Jesus) zu huldigen? Wie immer auch ihr richtiger Name gelautet haben mag: Kaspar, Melchior und Balthasar hießen sie jedenfalls *nicht*, und sie waren weder »Heilige« noch echte »Könige« gewesen. Ihre Wanderschaft gründete sich (laut Bibeltext) auf einen *Stern*, der angeblich vor ihnen hergezogen sein soll, um dann (so wird uns überliefert) ausgerechnet über jenem Stall zu halten, in dem sich das Jesuskind in einer Krippe befand. Erstaunlich genug, wo doch Sterne (wie auch Kometen) nur schwerlich in der Lage sein dürften, nach Belieben voranzufliegen und danach über einem Zielort einfach stehenzubleiben.

Aus unserem Umgang mit den »Zeitkorrektoren« wissen wir aber inzwischen, daß diese Geheimagenten in irgendeiner Weise mit *beweglichen Sternen* – sprich: UFOs (!) – in Verbindung zu stehen scheinen. Doch jetzt darüber nachzudenken, welche unmittelbare Bedeutung deren Besuch damals gehabt haben könnte, welche Pläne dahinter steckten, erscheint mir aus heutiger Sicht ziemlich hoffnungslos.

Im übrigen ist natürlich keineswegs erwiesen, daß die sogenannten »Weisen« tatsächlich aus dem Morgenland angereist waren. Man nahm es vorwiegend deshalb an, weil jene drei Männer angeblich »orientalische« Gesichtszüge hatten. Sollte aber diese Beschreibung den Tatsachen entsprechen, dann wäre dies ein deutlicher Hinweis auf die »Männer in Schwarz«.

Ein »Steckbrief« der MIB

Ich habe schon in einem früheren Abschnitt des Buches auf Beschreibungen hingewiesen, die uns von Augenzeugen über das Aussehen der MIB zugänglich gemacht worden sind. Dabei gab es überraschenderweise recht einheitliche Wiedergaben. Es gibt demnach drei verschiedene Typen von Men in Black. Es lohnt, ihren »Steckbrief« zu wiederholen:

– Große Männer von schlankem Wuchs mit Bürstenhaarschnitt und hellem Teint:

Erinnern entfernt an Skandinavier.

– Fremde von unterschiedlicher Größe, die als seltsames Paar in Erscheinung treten:

Ein langer Blonder, beispielsweise, sowie ein kleingewachsener Begleiter mit dunklem Haar.

– Kleine Männer mit dunklem Teint, schwer verständlichem Akzent, orientalischem Gesichtsschnitt.

Der bekannte amerikanische UFO-Autor Brad Steiger erinnert sich an ein mit einem Journalisten geführtes Ferngespräch. Dieser Zeitungsmensch, der mit Steiger befreundet war, ärgerte sich darüber, daß er mit einem UFO-Fall, den er für sein Blatt untersuchte, nicht zurande kam. Zeugen, die der Journalist hierzu befragt hatte, hatten sich hartnäckig geweigert, ihm die gewünschte Auskunft zu geben. Darüber hinaus war Steigers Freund auch noch von Leuten, die sich als UFO-Forscher bezeichnet hatten, in seiner Arbeit behindert worden.

Steigers präzise Befragung brachte dann die wahren Hintergründe für diesen »UFO-Boykott« ans Licht: Die angeblichen Experten hatten sich als Angehörige der bekannten UFO-Organisation NICAP ausgegeben, doch ein tatsächliches Mitglied dieser Forschungsgruppe, mit dem Brad Steiger befreundet war, dementierte anhand der Beschreibung dieser Leute und der Namen, die sie angegeben hatten, deren Zugehörigkeit. »Es waren kleine Männer in dunklen Anzügen, und alle trugen dunkle Brillen«, beschrieb Steigers journalistischer Freund seine seltsame Begegnung. »Jeder dritte von ihnen hatte eine tief gebräunte Gesichtshaut.«

Daß sich die MIB manchen UFO-Forschern oft hartnäckig und gelegentlich auch sehr energisch verweigerten, sie bei ihrer engagierten Tätigkeit immer wieder behinderten, wird von vielen dadurch Betroffenen häufig beklagt. Aber es gibt auch Fälle, wo eine solche Begegnung keineswegs so glimpflich verlaufen ist. Colonel George Freeman, der Pentagon-Sprecher des von der US-Regierung offiziell geförderten *Project Bluebook*, wünschte sich damals: »Ich würde gerne einmal einen dieser schwarz Gekleideten oder als Air-Force-Offiziere getarnten Männer fangen.«

Leichter gesagt als getan, ganz abgesehen davon, daß ein derartiger Versuch für den oder die Betreffenden lebensgefährlich sein könnte. In seinem Buch *Le Livre Noir des Soucoupes Volantes* (deutsch: *Das Schwarzbuch der Fliegenden Untertassen*) warnt der

Franzose Henry Durrant unverhohlen davor, sich auf ein derartiges Abenteuer einzulassen: *»Es hat sich herausgestellt, und die Statistiken beweisen es, daß ernsthafte UFO-Forscher, die in der Öffentlichkeit Beachtung finden, etwas zu häufig einem Herzinfarkt erliegen oder durch Selbstmord zu Grunde gehen …«*

Mysteriöse Todesfälle

In solchen Hinweisen scheint anscheinend mehr Wahres enthalten zu sein, als wir bereit sind, uns einzugestehen. Einige Fallbeispiele machen dies deutlich:

Einer der prominentesten UFO-Experten, Dr. James E. Donald, wurde am 13. Juni 1971 bei der Canyon-del-Oro-Brücke in Arizona tot aufgefunden. Mit einer Kugel im Kopf. Die offizielle Version hierfür lautete: Selbstmord.

Nach der Veröffentlichung seines Buches *Unidentified Flying Saucers* erlag der bekannte Physiker Charles A. Maney vom *Defiance College* in Ohio einem Herzschlag. Zu diesem Zeitpunkt hatte er das Manuskript zu seinem zweiten Buch gerade fertiggestellt. Die Witwe des Physikers hat es aber nie veröffentlicht.

Durch Herzinfarkt endete interessanterweise auch der Chef des zuvor erwähnten *Project Bluebook*, Edward Ruppelt. Der Luftwaffenoffizier hatte, wie sich später herausstellte, geheime UFO-Dokumente dem UFO-Forscher Major Donald E. Keyhoe weitergereicht.

Wilbert B. Smith, Leiter des *Project Magnet* (ebenfalls eine geheime UFO-Sache), starb mit 52 Jahren. Ursache: unbekannt.

Mysteriös war auch der Tod von Frank Edwards, Autor mehrerer kritischer UFO-Bücher und populärer Radiokommentator, der 1966 verstarb. Er wurde eines Morgens im Bett seines Hotelzimmers tot aufgefunden. Mutmaßliche Todesursache: Herzversagen.

Besonders geheimnisvoll und nach wie vor nicht zufriedenstellend geklärt ist der Tod des amerikanischen Wissenschaftlers Dr. Morris Jessup. Sein Spezialgebiet war die Erforschung grenzwissenschaftlicher Phänomene. Am 20. April 1959, gegen 18.30 Uhr, hatte man Jessup, der auch als Autor von UFO-Büchern bekannt geworden war, nur noch schwach atmend in seinem Kombiwagen aufgefunden. Das Auto parkte nur unweit von seinem Haus in Coral Gables entfernt. Noch während seines Transportes ins Krankenhaus erlag der Wissenschaftler einer Kohlenmonoxydvergiftung, die er – laut einem offiziellen veröffentlichten Kommunique – angeblich selbst herbeigeführt hatte. Jessup soll einen Schlauch über das Auspuffrohr seines Wagens gestülpt und dann das Gas durch ein fast geschlossenes Fenster ins Wageninnere weitergeleitet haben.

Diese Version wurde (und wird) von nicht wenigen Menschen, die Dr. Jessup persönlich näher gekannt hatten, ernsthaft bezweifelt. Vor allem von dem Tiefseeforscher J. Manson Valentine, der zu den engsten Freunden von Jessup zählte, mit ihm an jenem Abend verabredet gewesen war und vergeblich auf dessen Ankunft gewartet hatte. Kurz vorher war Valentine (der übrigens auch mit dem »Bermuda-Dreieck«-Spezialisten Charles Berlitz mehrfach zusammenarbeitete) von Jessup angerufen worden, wobei ihm der UFO-Forscher sensationelle Dokumente zu zeigen versprach. Es braucht wohl nicht eigens darauf hingewiesen werden, daß sich im Fond des Kombifahrzeugs nicht die geringste Spur irgendwelcher von Jessup verfaßter Notizen finden ließ. Mit einer Ausnahme: Ein Zettel, auf dem der Wissenschaftler handschriftlich ankündigte, sich selbst töten zu wollen.

In ihrem (bereits erwähnten) Buch *Das Philadelphia-Experiment* legten Berlitz und Co-Autor Moore ernstzunehmende Hinweise für die Unglaubwürdigkeit dieser Selbstmordversion vor:

»Der erste Anhaltspunkt kommt von Mrs. Anna Genslinger aus Miami, die sich zusammen mit einem befreundeten Polizeileutnant Zugang zu den Akten des Leichenbeschauers von Dade County, Florida, über den Fall Jessup verschaffte. Aus diesen Unterlagen geht hervor, daß Jessups Blut zum Zeitpunkt seines Todes mit einer normalerweise mehr als tödlichen Menge Alkohol übersättigt war. Mrs. Genslinger zufolge nahm Jessup zu dieser Zeit auch ständig Medikamente, die zusammen mit einer derartigen Menge Alkohol sofort tödlich gewirkt haben könnten, zumindest aber weit mehr als ausreichten, ihn völlig bewegungsunfähig zu machen. Er wäre absolut nicht in der Lage gewesen, aus eigener Kraft ins Auto zu kommen, geschweige noch mehrere Kilometer bis zum Country Park zu fahren, eine Selbstmordankündigung zu schreiben und dann den Schlauch am Auspuffrohr seines Wagens zu befestigen. Übrigens wurde nie eine Autopsie vorgenommen – eine höchst ungewöhnliche Vorgangsweise bei einem Selbstmord ...«

Dr. Morris K. Jessup hatte sich neben UFO-Phänomenen auch mit den geheimnisvollen Versuchen der amerikanischen Kriegsmarine befaßt und war dabei den als Top Secret gehandelten Hintergründen auf die Spur gekommen, die als sogenanntes »Philadelphia-Experiment« – die Dematerialisation eines Schiffes samt Mannschaft im Jahr 1943 – bezeichnet werden. Nicht wenige Matrosen, die dabei in eine andere Dimension und wieder zurück geschleudert worden waren, fielen danach dem Wahnsinn zum Opfer. An der vollständigen Vertuschung dieses mißlungenen Versuchs waren damals höchste Kreise (in Regierung und Marine) verständlicherweise sehr interessiert gewesen. Politiker blamieren sich nicht gerne, und es hätte wohl große Aufregung unter den amerikanischen Wählern gegeben, wäre diese Sache öffentlich bekannt geworden.

Daß das »Philadelphia-Experiment« letztlich so kläglich scheiterte, könnte noch einen guten Grund gehabt haben. Es sieht nämlich ganz so aus, als hätte damals jemand seine Hände im Spiel gehabt – jemand, dem es gar nicht gelegen sein konnte, wären die Manipulationen der amerikanischen Wissenschaftler mit dem Faktor *Zeit* erfolgreich verlaufen und hätten diese Experimente womöglich *zukünftige* Fundamente erschüttert.

Die Men in Black!

War es wirklich Selbstmord?

Was das rätselhafte Ableben des Dr. Jessup betraf, stellten Berlitz und Moore in ihrem Buch die nicht ganz von der Hand zu weisende Frage:

»War es wirklich Selbstmord, wie es den Anschein hatte, oder Mord, weil er zuviel wußte?«

Alle diversen, später vorgelegten Indizien sprechen jedenfalls für sich. Hier wurde offensichtlich ein Mann aus dem Weg geräumt, dessen Forschungsarbeit und eifriges Nachspüren den Interessen der »Zeitkorrektoren« zuwiderlief. Daher mußte Dr. Morris K. Jessup sterben.

Auf unerklärliche Weise verschwand einige Zeit danach der Schriftsteller und Forscher James R. Wolfe, der sich ebenfalls mit dem »Philadelphia-Experiment« befaßt und Jessup zudem auch persönlich gekannt hatte. Er hatte eben damit begonnen, selbst ein

Buch über diesen ungewöhnlichen Fall zu schreiben. Kurz vor dem rätselhaften Verschwinden dieses Autors war es William L. Moore noch möglich gewesen, mit Wolfe ein Gespräch zu führen. Der hatte übrigens zu keiner Zeit an der Ermordung von Jessup gezweifelt. Von Wolfe erhielt Moore einen höchst merkwürdig klingenden Hinweis: Demnach hatte Jessup einfach zu viel über dieses mysteriöse Verschwinden eines Schiffes in der Marinewerft von Philadelphia im Oktober 1943 in Erfahrung gebracht. Nicht so sehr der Schaden, den die Marine durch die Offenlegung des »Philadelphia-Experiments« erlitten hätte, sei der Hauptgrund für die fortdauernde Geheimhaltung gewesen, behauptete James R. Wolfe, vielmehr habe »ein gewisser Mann« dadurch sein Image gefährdet gesehen.

Wolfe schwieg sich allerdings aus, um wen es sich bei dieser geheimnisvollen Persönlichkeit handeln könnte. Er deutete aber an, der Ungenannte habe über mehr als genügend Einfluß verfügt, um die Ermordung von Jessup zu veranlassen, er sei auch in der Lage gewesen, für den reibungslosen Ablauf des Attentats auf den UFO-Forscher zu sorgen. Möglicherweise war auch Wolfe für den geheimnisvollen Mann im Hintergrund – aus den bekannten Gründen – ein zu großer Risikofaktor geworden. Jedenfalls hat man in der Öffentlichkeit seither nichts mehr über das weitere Schicksal dieses Schriftstellers vernommen.

Ich warnte davor schon in einem früheren Buchabschnitt: Es wäre ein verhängnisvoller Fehler, die »Männer in Schwarz« als bloßes Phantasieprodukt anzusehen und ihre Tätigkeit zu leugnen oder als harmlose Wichtigtuerei abtun zu wollen. Die Spuren, die sie da und dort – in überseeischen Gebieten sowie auf europäischem Boden – hinterlassen haben, sind deutlicher, als viele von uns vermuten. Die MIB selbst haben sich zu keiner Zeit namentlich zu erkennen gegeben. Die auf sie gemünzte Bezeichnung Men in Black besagt nicht mehr als die Beschreibung ihrer äußeren Erscheinung, so wie diese merkwürdigen Gestalten von den meisten Augenzeugen wahrgenommen worden sind.

Als verläßlicher »Kronzeuge« ihrer tatsächlichen Existenz vermag uns dabei ein Mann dienlich zu sein, über dessen Seriosität keinerlei Zweifel besteht:

Dr. Jacques Vallee.

Dieser populäre, in Frankreich geborene Mann hatte in seiner

Heimat, ehe er als Autor populärer Sachbücher in die Öffentlichkeit trat, eine profunde Ausbildung in Astrophysik erhalten. 1962 übersiedelte er in die Vereinigten Staaten und promovierte fünf Jahre später an der *Northwestern University* über Computerwissenschaften. In diese Zeit fällt auch Jacques Vallees enge Zusammenarbeit mit Amerikas mittlerweile verstorbenen »UFO-Papst« Dr. J. Allen Hynek. Vallee verfaßte zahlreiche Fachbeiträge sowie drei Bücher über Themen des High-Tech-Bereichs und entdeckte sein Interesse für das UFO-Phänomen, als er unfreiwilliger Zeuge wurde, wie in einem angesehenen Observatorium Bänder mit Bahndaten unbekannter Flugobjekte vernichtet wurden. Seine Forschungen führten den Wissenschaftler an viele Orte innerhalb der USA und in zahlreiche Länder der Erde: So etwa in seine Heimat Frankreich sowie nach Schottland, Australien, Brasilien und Rußland. Der Bekanntheitsgrad von Jacques Vallee blieb auch dem prominenten Filmregisseur Stephen Spielberg nicht verborgen: Der einzigartige Ansatz zur Erklärung des Phänomens durch diesen Wissenschaftler veranlaßte den amerikanischen Filmemacher dazu, die Überlegungen des UFO-Experten in seinen Science-Fiction-Film *Unheimliche Begegnung der dritten Art* einzubauen und ihm darin gewissermaßen eine Symbolrolle zu übertragen. Sie wurde von einem Landsmann Vallees, dem Schauspieler und Regisseur François Truffaut, in diesem Streifen verkörpert.

In zwei seiner drei (auch in deutscher Sprache erschienenen) Sachbücher – *Dimensionen* und *Konfrontationen* –, 1994 veröffentlicht, beschäftigt sich der Autor u. a. mit den »Männern in Schwarz«. Dabei vermag Jacques Vallee einen überraschenden Zusammenhang mit der Gründungslegende der Mormonen herzustellen. Wörtlich meint der Autor in seinem Buch *Dimensionen*:

»In einem Artikel, der 1974 in der Zeitschrift Occult *erschien, erklären Jerome Clark und Loren Coleman, in der Geschichte des Mormonentums fänden sich viele Anspielungen auf drei geheimnisvolle Wesen, die angeblich die drei amerikanischen Apostel Christi seien und die auf Erden bleiben sollten, bis er wiederkehrt. Die drei ›Nephiten‹ wurden seit der Zeit Joseph Smiths mehrmals gesehen. Sie sind ein interessantes, schillerndes Gegenstück zu den drei in Schwarz gekleideten Männern der modernen UFO-Geschichten …«*

Kein Umgang mit Messer und Gabel

Noch auffälliger ist die Nennung von einem dieser schwarzgekleideten Phantome in dem Vallee-Sachbuch *Konfrontationen.* Darin berichtet der UFO-Forscher aus eigenem Erleben:

»Die Ereignisse in Happy Camp umfaßten Entführungen, erstikkenden Nebel, große Vögel, kleine Wesen mit Schweißhelmen, Verfolgungsjagden mit Jägern, Poltergeister, Schwerkraftanomalien und zerbrochene Bäume. Für eine isolierte Stadt, in der es nicht einmal ein Kino gibt, ist diese Häufung bemerkenswert. Doch die Liste wäre ohne Erwähnung des ›Mannes in Schwarz‹ nicht vollständig.

So war ich fast erleichtert, als ich erfuhr, daß Anfang 1976 ein Fremder, den man noch nie in der Stadt gesehen hatte, in Lois's Cafe *geschlendert kam. Helen und Pat waren da und aßen an verschiedenen Tischen schweigend zu Abend.*

Die Gespräche brachen ab, als der Mann hereinkam. Er bestellte ein Steak, konnte aber anscheinend nicht mit Messer und Gabel umgehen und verschwand, ohne zu bezahlen, was eine sichere Methode ist, wenn man von den Ortsansässigen nicht vergessen werden will. Pat erzählte mir, er habe bleiche Haut und ›asiatische‹ Augen gehabt. Er trug ein bizarres Hemd und keinen Mantel, obwohl es mitten im Winter war. Er lächelte die Leute ständig mit einer seltsamen, gezwungenen Grimasse an. Zu den eigenartigen Dingen, die er während seines eigenartigen Mahls tat, zählte auch der tapfere Versuch, Götterspeise aus seinem Glas zu trinken.«

Seit den ersten Nachkriegsjahren

Die Tätigkeit der Men in Black reicht bis in die ersten Nachkriegsjahre zurück. Spätestens am 22. Juni 1947 traten die »Zeitkorrektoren« nachweislich in Aktion. Drei Holzfäller hatten tags zuvor an der Küste von Tacoma, Maury Island, Washington, ein gewaltiges »krapfenartiges« Objekt sich vom Waldboden erheben sehen, wobei hinterher schwere weiße Metallstücke niederprasselten. Ein Trümmerstück traf den Hund der drei Männer so unglücklich, daß das Tier auf der Stelle starb. Auch ihr Boot wurde dabei ziemlich beschädigt. Dennoch sammelten die Holzfäller einige Metallproben und nahmen diese mit nach Hause. Wortkarg, wie diese Leute nun einmal sind, erwähnten sie nichts über ihren Fund. Auch Harold Dahl, einer von ihnen, hüllte sich in Schweigen. Deshalb war er auch sehr überrascht, als es am nächsten Morgen schon um sieben Uhr früh an seiner Wohnungstür klopfte. Er öffnete und sah sich einem ihm unbekannten Mann gegenüber, der mit einem schwarzen Anzug und einem ebensolchen Mantel bekleidet war.

Dahls Überraschung verwandelte sich in Bestürzung, als sich zeigte, daß der Fremde über die vortägige UFO-Beobachtung der drei Holzfäller genau Bescheid wußte. Obwohl von den Arbeitskollegen Dahls bestimmt keiner geplaudert hatte, zeigte sich der Besucher über alle Details des sonderbaren Vorfalls informiert. Er sprach eine deutliche Warnung aus: Dahl solle nur ja darüber schweigen und mit niemandem über die Sache sprechen. Würde er jedoch diese Warnung mißachten – drohte der Fremde –, dann könnte die Familie des Holzfällers zu Schaden kommen.

Harold Dahl war vorsichtig. Er versprach, den Mund zu halten, da er annahm, daß der unbekannte Besucher dem Geheimdienst angehörte und das gesichtete Flugobjekt offenbar eine neue amerikanische Geheimwaffe war.

Später aber wurde der Holzfäller doch noch wortbrüchig. Die berühmte Sichtung des Privatpiloten Kenneth Arnold über dem Mount-Rainier-Gebirge am 24. Juni 1947, nur zwei Tage nach Dahls unheimlichem UFO-Erlebnis, hatte ihn hellhörig gemacht. Er schrieb dem Piloten einen Brief. Dieser antwortete und versprach Dahl, ihn zu besuchen. In der Zwischenzeit begann sich der Holzfäller in eine Unheilskette zu verstricken. Sein Sohn entrann nur um ein Haar dem Tod, als ein gefällter Baumstamm knapp neben ihm niederstürzte. Zu allem Unglück erkrankte dann auch noch Dahls Gattin an einem nicht zu diagnostizierenden Leiden. Ihm selbst ging eine Ladung gefällter Baumstämme im Wert von rund 3500 Dollar auf mysteriöse Weise verloren, wodurch er fast seinen Arbeitsplatz eingebüßt hätte.

All das erzählte Harold Dahl dem Piloten Kenneth Arnold, als ihn dieser in Tacoma besuchte. Arnold verständigte die Luftwaffe vom Fund der drei Holzfäller. Kurz darauf meldeten sich bei Dahl zwei Offiziere der Air Force. Captain William Davidson und Leutnant Jack Brown erhielten von ihm einige Proben der aufgefundenen UFO-Artefakte ausgehändigt. Sie beabsichtigten, dieses Material nach Hamilton Field, California, zu bringen, aber ehe es dazu kam, schlug das Schicksal (oder jene, die es möglicherweise beeinflußten) neuerlich auf grausame Weise zu.

Davidson und Brown kamen auf dem Weg zu ihrem Zielort bei einem bis dato unaufgeklärt gebliebenen Flugzeugabsturz ums Leben. In Hamilton Field hat man nie etwas von diesen UFO-Beweisen zu sehen bekommen.

Wer stirbt schon gerne?

Manches deutet darauf hin, daß den »Männern in Schwarz« Mittel und Wege zur Verfügung stehen, um unliebsame Zeugen auf die ihnen geeignetste Weise mundtot zu machen. Das oft überaus rigorose Eingreifen der »Zeitkorrektoren« scheint in bestimmten Fällen durchaus lebensbedrohend zu sein. Sie scheinen jedoch auch über die Möglichkeit zu verfügen, ihnen gefährlich werdende UFO-Augenzeugen auf eine sehr bestimmte Art zu behindern: mittels Krankheiten.

Mehrere derartige Fälle sind bekannt. Denken wir etwa an die Probleme des Phänomene-Forschers Albert K. Bender, den man mit Psychoterrormethoden gesundheitlich bedrohte und der sich danach mehrere Jahre davor hütete, seiner Leidenschaft für das UFO-Phänomen weiterhin nachzugehen. Und denken wir ebenso an den Holzfäller Harold Dahl und an die Folgen seiner Redefreudigkeit. Die Unglücksserie, die ihn daraufhin ereilte, sowie die rätselhafte »Krankheit« seiner Frau lassen uns Schlimmes erahnen.

Auch Dr. Reilly H. Crabb, Direktor der *Borderland Sciences Research Foundation, Inc.*, Vista, Kalifornien, kennt einen ähnlich mysteriösen Fall. Ihn erreichte vor etlichen Jahren der Brief eines Freundes, in dem dieser von der Sichtung eines vom Boden aus startenden unbekannten Flugobjekts berichtete. Er hatte das UFO gemeinsam mit einem Bekannten, der als Detektiv tätig war, beobachtet. Wahrscheinlich hätte Dr. Crabb der Sache nicht allzu viel Bedeutung beigemessen, wäre er nicht an den folgenden Tagen durch seltsame Telefonanrufe drangsaliert worden. Stets meldete sich eine anonyme Männerstimme und warnte Crabb davor, die Mitteilung seines Freundes in der Öffentlichkeit bekanntzugeben. Und wäre der Wissenschaftler nicht so aufmerksam gewesen, dann hätte ihn um ein Haar eine schwarze Limousine überfahren. Es gelang ihm gerade noch zur Seite zu springen. Die Insassen des Autos konnte er, trotz seiner raschen Reaktion, nicht erkennen: Die Fenster des Fahrzeuges waren offenbar mit einer rauchigen Farbe beschichtet und ließen den Blick ins Innere des Wagens nicht zu. Nur das Kennzeichen der Limousine registrierte Direktor Crabb mit großem Unbehagen: XXX.

Crabbs Freund entging einem Pistolenattentat nur durch großen Zufall. Er befand sich, wie öfter, in seinem Lieblingskaffeehaus, um dort einen Mokka zu trinken. Als er den Kopf kurz senkte, um an seiner Schale zu nippen, wurde von der Straße aus ein Schuß auf ihn abgefeuert. Das Projektil bohrte sich über ihm in die Wand. Vielleicht hatte der unbekannt gebliebene Schütze gar nicht beabsichtigt, Crabbs Freund zu töten. Vielmehr scheint auch hier Psychoterror im Spiel gewesen zu sein, denn kurz danach erkrankte der Mann und zeigte sich in der Folge nervlich ziemlich am Ende. Das kostete ihn zusätzlich den Studienplatz an der Universität.

Aber auch jener Detektiv, der gemeinsam mit Crabbs Freund das UFO bei dessen Aufstieg gesehen hatte, blieb von einer Lebenskrise nicht verschont. Er bekam Streit mit seiner Frau, und diese ließ sich daraufhin von ihm scheiden.

So erreichten die Men in Black abermals, was sie angestrebt hatten: die Einschüchterung ihnen nicht gefügig gewesener Augenzeugen.

Es scheint, daß die »Zeitkorrektoren« dabei in gewisser Weise meist *stufenweise* vorgehen: Zuerst warnen sie, dann drohen sie, danach greifen sie zu drastischeren Methoden. Wenn aber alles wirkungslos geblieben sein sollte, dann schlagen sie unbarmherzig zu. Und ihre Methoden sind »todsicher«.

Zahlreiche Zeugen, die am 22. November 1963 in Dallas das Attentat auf Amerikas jungen Präsidenten John F. Kennedy mit ansehen mußten und unfreiwillig mehr beobachteten, als offenbar erlaubt war, sind, wie wir wissen, allesamt diversen Mordanschlägen zum Opfer gefallen. Es kann kein Zweifel darüber bestehen, daß der sogenannte *Warren-Report* von den MIB, dank ihrer Verbindungen bis in höchste Regierungs- und Geheimdienstkreise, indirekt manipuliert wurde. Verräterische Spuren (eventuelle Augenzeugen), die auf die Attentäter hinzuweisen schienen – so auch bei dem gelungenen Attentat auf John F. Kennedy – vermochte man rechtzeitig zu entfernen. Die dabei bewußt ausgelöste, bedrohliche Atmosphäre führte dazu, daß heute kaum noch jemand ein Risiko eingeht und ernsthaft versucht, die *wirklichen* Hintergründe dieses Mordes aufzuhellen. Schließlich: Wer ist schon freiwillig bereit, der Wahrheit zu ihrem Recht zu verhelfen und dafür womöglich das eigene Leben aufs Spiel zu setzen?

Seien wir doch ehrlich: Im Falle eines Falles ist sich jeder selbst der Nächste …

Die MIB: Theorie und Praxis

Um die rätselhaften Men in Black ranken sich seit vielen Jahrzehnten die verschiedenartigsten Theorien. Die bequemste davon behauptet, die MIB seien von phantasievollen UFO-Gläubigen lediglich *erfunden* worden, um das Thema der fliegenden Untertassen »am Köcheln« zu halten und es auch weiterhin diskussionsreif bleiben zu lassen.

Andere Überlegungen, die zunächst mal eine *tatsächliche* Existenz der »Männer in Schwarz« voraussetzen, halten es wiederum für denkbar, daß diese bislang unidentifizierbare Agentengruppe über hellseherische Fähigkeiten verfügt, die es ihr jederzeit ermöglicht, mit jenen Menschen in telepathische Verbindung zu treten, die zuvor freiwillig oder auch unfreiwillig mit einem UFO konfrontiert worden sind. Ein solcher Kontakt kann durch eine bloße Sichtung, aber auch durch ein direktes Aufeinandertreffen mit einem oder mehreren Piloten des unbekannten Flugobjekts erfolgt sein, oder auch nur durch den zufälligen Fund eines UFO-Bestandteils.

Das wiederum könnte bedeuten, daß die *Men in Black* so etwas wie eine Schutzpolizei jener Außerirdischen sind, die keinen Wert darauf legen, ihre Anwesenheit auf unserem Planeten allzu publik werden zu lassen, und wahrscheinlich daran interessiert sind, ihre Identität sowie ihre Stützpunkte auf der Erde geheimzuhalten.

Doch scheint hier auch die Annahme durchaus diskutabel zu sein, wonach es sich bei den UFOnauten *nicht* um extraterrestrische Raumfahrer, sondern in Wirklichkeit um Besucher aus der *Zukunft* handeln könnte – um »Chrononauten«. *Zeitreisende!*

Die »Männer in Schwarz« könnten hierbei vielleicht als Überwacher solcher in ihre Vergangenheit (unsere Gegenwart) führende Reisen fungieren. Aber auch – wie ich bereits an anderer Stelle im Buch angedeutet habe – in offiziellem Auftrag unterwegs sein. Als Befehlsempfänger einer zukünftigen demokratischen Weltregierung oder – im schlimmsten Fall – eines vielleicht diktatorischen Regimes.

Vielleicht agieren diese nicht an unsere Zeit gebundenen Agenten für unsere positiven oder negativen Nachfahren konkret als eine Art von Geheimpolizei, damit beauftragt, wesentliche in ihrer Zeit aufgetretene Unzulänglichkeiten bereits im Keim zu ersticken. Sie an ihrem Auftreten in *vergangenen* Epochen (etwa in unserer *Gegenwart*) auf friedliche oder (wenn es erforderlich sein sollte) auch gewalttätige Weise *zu hindern*.

Handelt es sich also bei den Men in Black um »Zeitkorrektoren«?

Ist das die eigentliche Absicht ihrer zumeist unerfreulichen Vorgehensweise auf der Erde? Erklärt dieser den »Männern in Schwarz« befohlene Auftrag letztlich deren nach wie vor ungeklärte Identität?

Eine weitere Theorie hält es für möglich, daß es sich bei den MIB nicht um Wesen aus Fleisch und Blut handelt, sondern um Androiden, Automaten oder Roboter. Das könnte ihr oft seltsames Verhalten erklären, ihre mangelnde Weltkenntnis, ihre Unfähigkeit zu essen sowie ihr Bedürfnis, die Wohnstätte eines von ihnen aufgesuchten Augenzeugen jeweils dann zu verlassen, wenn ihre »Energie« nachzulassen droht. Auch die offensichtliche »Gefühllosigkeit« der geheimnisvollen Fremden könnte damit im Zusammenhang stehen.

Doch wie auch immer: Mehr und mehr spricht dafür, daß meine auf den vorangegangenen Buchseiten zur Diskussion gestellte Auffassung realistisch sein dürfte, wonach es sich bei den Men in Black um »Zeitkorrektoren« handelt.

Sie sind jedenfalls keine Zerrfiguren, wie sie uns etwa in zwei Klamaukfilmen nahegebracht worden sind, und es wäre daher trügerisch, die MIB zu unterschätzen.

Es gibt sie wirklich, die »Männer in Schwarz«. Und sie sind fürwahr alles andere als lächerliche Figuren. Im Gegenteil: Sie sind gefährlich!

Hüten wir uns deshalb davor, so gut wir es vermögen, den Men in Black irgendwo auf der Welt zu begegnen!

Danksagung

Was bei Romanen nicht unbedingt erforderlich scheint, wird bei der Niederschrift eines Sachbuches geradezu zur Pflicht: Die namentliche Nennung jener Personen, die dem Autor als Informanten zur Hand gingen, ihm wertvolle Unterstützung gewährten und wichtige Informationen in Wort und Bild zugänglich machten, ohne die seine sonstigen schriftstellerischen Recherchen vermutlich ungenügend geblieben wären.

Auch diese Publikation bedurfte verschiedener Quellenangaben.

Daß sie mir – über meine eigenen Anstrengungen hinaus – zugänglich gemacht wurden, das habe ich in erster Linie meinen Wiener Freunden Reinhard Habeck und Dietmar Rücker sowie der mit mir ebenfalls befreundeten Witwe von Gerhard R. Steinhäuser – Trude Steinhäuser-Stemmer – zu verdanken, ohne deren tätige Hilfe dieses Buch sicher nicht so informativ geworden wäre.

Gleicher Dank gebührt ebenso meinem deutschen Freund und Autorenkollegen Andreas von Rétyi, der sich, auf mein Ersuchen hin, sofort bereit erklärt hatte, meine Arbeit durch ein kongeniales Vorwort zu bereichern.

Hingegen fußt meine Zusammenarbeit mit der deutschen Romanautorin Christiane Müller auf kollegialer Verbundenheit über E-Mail. Wir sind es gewohnt, unsere jeweils neuesten (noch unveröffentlichten) Manuskripte (Roman oder Sachbuch) den Partner vorab lesen zu lassen und die sich daraus ergebende gegenseitige Beurteilung abzuwarten. Eine Art »Vor-Lektorat«. Dafür möchte ich ebenfalls danken.

Mein herzliches »Dankeschön« gilt auch jenem Mann, dessen kreative Einfälle sämtliche Cover meiner bisher in diesem Verlag erschienenen Bücher (so wie des hier vorliegenden) zieren: dem Münchner Graphiker Peter Hofstätter.

Auch das »Layout« einer Veröffentlichung, die Gestaltung des jeweiligen Buches, darf bei dieser Danksagung nicht unbeachtet bleiben: Thomas Mehner hat das bisher in hervorragender Weise zu Wege gebracht.

Last but not least habe ich meinem Verleger Jochen Kopp herzlich zu danken. Ohne dessen unbedingtes Vertrauen in die schriftstellerischen Fähigkeiten des Autors hätte dieses Buch wohl nie das Licht der literarischen Welt erblickt.

Peter Krassa

Literaturverzeichnis

Adamski, George: *Gedanken über die Men in Black*, Palomar G. 1958

Berlitz, Charles, Moore, William L.: *Das Philadelphia-Experiment*, Wien 1979

Brand, Illo (Hsg.): *MUFON-CES-Bericht Nr. 8*, Feldkirchen 1981

Brookesmith, P. (Hsg.): *UFOs: So rund wie Untertassen*, Luzern 1986

Brookesmith, P. (Hsg.): *UFO*, Schindellegi 1995

Cave, Janet P., Foreman, Lauro: *Die ominösen Männer in Schwarz*, Hamburg 1991

Day, Markus: *Aliens – Begegnungen mit Außerirdischen*, Bindlach *1998*

Dohrn, Dr. Susanne: *Rätselhafte Phänomene*, München o. J.

Keel, John A.: *Our Haunted Planet*, Greenwich 1978

Keith, Jim: *Casebook on the Men in Black*, Lilburn 1997

Krassa, Peter: *Phantome des Schreckens*, Wien 1980

Lammer, H. und M.: *Verdeckte Operationen*, München 1997

Meckelburg, Ernst: *Der Überraum*, Freiburg 1978

O. V.: *Wer sind die Männer in Schwarz?*, Erlangen 1996

O. V.: *Unheimliche Besucher*, Erlangen 1996

Parrish, John: *We are the Men in Black* (aus *Me*), London 1991

Randles, Jenny: *The Truth behind Men in Black*, New York 1997

Renaud, Bob: *Meine Kontakte mit Außerirdischen*, Wiesbaden 1998

Stemman, Roy: *Fremde sind unter uns*, Clarus 1978

Spencer, John: *Fall-Chronologie* (aus *Geheimnisvolle Welt*), London 1993

Spencer, John: *The UFO-Encyclopedia*, London 1991

Spencer, John und Anne: *Die Männer in Schwarz* (aus *50 Jahre UFOs*), München 1987

Vallee, Jacques: *Dimensionen*, Frankfurt 1994

Vallee, Jacques: *Konfrontationen*, Frankfurt 1994

Walters, Ed und Frances: *UFOs – Es gibt sie*, München 1990

Bildquellen

Die im Buch verwendeten Illustrationen entstammen fast durchweg dem Archiv des Autors.

Obwohl Verlag und Autor bemüht waren, die erforderliche Nachdruckerlaubnis zu diversen Abbildungen einzuholen, die in dem Buch veröffentlicht wurden, ist es nicht immer gelungen, die jeweiligen Rechteinhaber ausfindig zu machen. Sofern uns die betreffenden Eigentümer davon in Kenntnis setzen, werden wir selbstverständlich bemüht sein, sie in sämtlichen künftigen Buchausgaben als Rechteinhaber auszuweisen.

Personenregister

T

U

V

W

Z